厄瑪奴耳團體創辦人皮爾·高山的靈修語錄

我是可憐的傢伙

Pierre Goursat, Paroles

瑪婷·卡達 Martine Catta 著　厄瑪奴耳團體 譯

星火文化

CONTENTS

CONTENTS

目錄

法文版原序

這是一份給衆人的禮物

伯爾納德・沛護

值此第三個千禧年開始之際，人類正在尋找自我，在整個歷史中他從未這樣尋找過。我們清楚地看到舊的世界正在消失，新的時代開始了。緊接著，我們就面對著許多重要的問題。

最深刻且主要的問題是：天主關心世界嗎？天主還照顧我們嗎？我們看得見祂在工作嗎？《聖經》上確實是這樣說的：我們讀到一段漫長歷史的進程，我們看到天主組成一個民族、對他們講話，逐漸地向他們顯示祂的面容。接著，默西亞來到這個民族中，啟示得以圓滿地呈現出來。基督離開時，賜下了祂的聖神，並且建立了教會，直到今日。但現在呢，天主對世界感到興趣嗎？如果天主關心世界，一切將會是可能的，未來會是開放的，在我們面前的障礙都能被克服。如果天主不跟我們在一起，如果祂不幫助我們，如果祂變得與我們保持距離，那麼世界將直接導向衰亡。

這個問題不純粹是理論上的問題，且的確是我們要面對的。這個問題穿越了整個現代社會的思想。從十八世紀中葉開始，人類做出巨大的努力，為建設一個沒有天主的社會。

的確，在技術和科學方面有了顯著的進步，但在人與人的關係方面，在尊重生命方面——社會中最基本的事情，在彼此關愛方面，卻近乎失敗。我們追求人類的幸福（純粹人性的），而事實上，我們卻在黑暗中漂泊。我們在上個世紀可怕的戰爭以及種族大屠殺中看到這樣的結果。如此，一種模糊不清、但卻非常真實的感受蔓延開來，甚至許多哲學家與神學家都這樣懷疑：天主缺席了，祂不在；祂不再存在了。多少人這麼想啊！於是我們創造了一個孤兒的世界。

天主給世界的答覆

對於這一切，天主給予任何答覆嗎？是的，祂自稱為「厄瑪奴耳，天主與我們同在」，祂曾經多次承諾將永遠不離棄我們。這也是耶穌升天時最後向宗徒們說的話：「**所以你們要去使萬民成為門徒……看！我同你們天天在一起，直到今世的終結。**」（《瑪竇福音》廿八章19－20節）

如果這是真的，那麼我們在哪裡能看到祂呢？祂如何顯示祂自己呢？這些記號並不缺乏，如果我們的思考夠清楚，這個問題是有答案的。天主不僅僅藉著日常的聖事顯示祂自己，而且，也經常像一陣大風一般，藉著聖神的更新滲透環境，並且強有力地為教會和社會帶來新的氣息。這些更新顯示天主的存在，就像五旬節那天一樣，它們是聖神的記號，顯示了聖神在初期教會所做的工作。它們使教會變得年輕、充滿活力，更能夠使天主親臨於每個人心中。

一個典型的例子就是神恩復興運動（Charismatic Renewal）[1]，它於七〇年代遍布整個世界，並且觸動今日世界各國的上百萬人們。它是使天主教會更新最強有力的因素之一。教宗碧岳十二世（Pius XII）和之後的若望廿三世（John XXIII）都在聖神的推動下，向聖神祈求更新教會。梵蒂岡第二屆大公會議也在這個願景中召開，並且為世界召喚一次新的「五旬節」，一次愛的「五旬節」。天主教需要這份新的氣息，它並不會使教會失敗。

天主教神恩復興運動於一九六七年起源於美國，並於一九七二年來到了法國，隨後快速地蔓延開來。目前，我們在法國教會，以及在其它地方教會所經驗到的，大部分都歸功於神恩復興運動。無數的皈依，無數的聖召都歸因於它。它給許多人帶來希望：或與教會的未來有關，或與社會自身相關。

然而，這些復興是透過天主的見證人體現出來的。在法國教會中，位於神恩復興運動核心中的當屬皮爾・高山（Pierre Goursat），他是厄瑪奴耳團體（Emmanuel Community）的創始人，一九一四年八月十五日出生於巴黎，一九九一年三月廿五日逝世於巴黎郊區的納伊（Neuilly）。

一九七〇年間，那些在街上看到皮爾・高山從他們身邊經過的人，很可能從來沒有在意過他。不久後，當他和瑪婷・拉菲特（Martine Laffitte）——也就是今日的瑪婷・卡達[2]（Martine Catta）——創立了厄瑪奴耳團體時，也並沒有受到更多人的注意。他的謙卑使他隱藏了起來。

1. 本書由厄瑪奴耳團體按照法文版翻譯，為讓讀者更容易了解，在一些專有名詞上採用了英文版的譯法。此處 Charismatic Renewal 在全書中出現多次，按照上下文意思，或譯為神恩復興運動，或譯為神恩的復興，或譯為神恩復興事件，在原文是一樣沒有區別的。
2. 瑪婷後來與 Hervé Marie Catta 結婚，因此成為瑪婷・卡達。

過去和未來的中間人

皮爾是個非常簡單的人，大多時候並不會吸引人的注意。然而，從現在看來，人們會發現這位謙虛的創始人做了一件偉大的事。他直接或間接地影響了眾多人；他開始了強有力的工作；他向世界顯示並且傳播了天主和人的愛。

他個人的貧乏與對人豐富的影響力是一個突出的對比。隨著時間的遷移，他的人格魅力變得明顯，富於聖德的名聲亦隨之散播。二〇一〇年在巴黎開始了對他立真福品的進程。我們都感到，除了在地上的生活之外，他在天上已開始了一個新生活，而且是相當豐富的！毋庸置疑的是，皮爾．高山將與自己所熟悉的樞機主教盧斯蒂傑（Cardinal Jean-Marie Lustiger）、瑪德．羅賓（Marthe Robin），亨利．卡發烈神父（Fr. Henri Caffarel）一樣，成為廿世紀末法國教會的重要人物之一，在將來也會成為教會歷史上影響遠大的人物之一。我們看到，他是一個非常適應這個時代的人，扮演著過去、傳統和未來中間人的角色。他是一個被天主充滿的人，滿心渴望將自己領受的、深信的喜樂給予別人。總之，對將來的時代而言，他是一位父親和導師，是黑暗時期中來自天主的光明，以及被遺棄時期的希望之光。

然而，人們並不容易效法皮爾以及汲取他的思想。首先，我們前面說過，他深度的謙卑為他蒙上了一層面紗。其次，由於藝術家的性格，他有著不同尋常的直覺，是精心思考過，並且是建立在豐富經驗和濃厚文化上的，但同時，他又難於將這些清楚地表達出來。他富於形象與詼諧的語言確實有助於人們欣賞他所說的，但隨後這些話語需要被深入地了解並加以內化。最後，皮爾・高山並沒有寫下任何偉大的思想，因為這會迫使他必須加以闡明及解釋。

幸好，很多皮爾的公開談話都被存錄了下來。經過多年的蒐集整理之後，一些重要的資料得以歸類。但是，我們仍然需要去領會這些資料的內涵。

共同創始人協助整理

有一個人可以指點我們，以一種深刻且易於理解的方式，將我們帶入這些整編資料的深處：瑪婷・卡達，厄瑪奴耳團體的共同創始人。從一開始，她便與皮爾一起經歷了這些過程。像皮爾一樣，她也給予人們教導。她有自己的個性，但卻是一種不同於皮爾卻又與之互補的神恩。她相當聰明，但也許因其所受的醫學訓練，總是客觀小心。因此，她有獨特的能力去理解並詮釋皮爾的思想。

非常感謝她花時間完成這本書，承擔思考上百頁關於皮爾話語文稿的工作。為了編纂整理這些說明，以及評論皮爾許多重要且有益的話語，確實需要花費不少時間。她為我們開啟一扇通往皮爾內心及其思想的大門。

但請大家不要弄錯：在這本書中，是皮爾在說話。每一個認識他的人將會在任何一頁的文字當中與他相會，感到他就在我們身邊，帶著他那深情的、略為調皮的、兄弟般的微笑，甚至都能聽到他的聲音。皮爾的思想被澄清與介紹，於是更具力量、更平易近人。他的話語使我們有多麼大的進步啊！皮爾期望我們「**燃燒起來**」。如果人們不想改變，總是想要自我保護，這是他所無法容忍的。他是個靈修領域的冒險家，總是走向更遠更深。閱讀這本書的人也不得不會想要和他一樣。

這本書不是一個關於神修的系統性論文，更不是一本神學書。讓我們重申：本書是一個關於「天主的人」的靈魂的介紹。為了更能體會皮爾帶領人的活力，我們需要付出必要的時間來閱讀這本書，並使之內化。真福紐曼樞機（Blessed Cardinal Newman）的座右銘是：「*Coradcor loquitur*」（心與心交談），用在這裡真是恰如其分。

在整理這部作品時，瑪婷．卡達帶著令人感動的友愛，為她深愛的厄瑪奴耳團體的兄弟姊妹們，準備了這一份美好的禮物，我可以為此作證。但同時，這份禮物也是為那些尋找天主的人準備的，不論他們是誰；同時，這也是一份禮物，為贈與那些愛基督、願意與祂生活、並且在祂內生活的人。整個教會都能從中不斷地受益。德國大神學家羅曼諾．郭蒂尼（Romano Guardini）有過這樣一句話：「教會誕生於眾人的靈魂。」（The Church is born in souls.）願皮爾．高山幫助教會在眾多的靈魂裡誕生與成長！

二〇一一年六月

本文作者：伯爾納德．沛護（Bernard Peyrous），厄瑪奴耳團體神父，法國波爾多第一大學歷史博士，也是靈修學歷史與靈修神學專家。二〇〇九至二〇一四年擔任巴萊毛尼亞（Paray-le-Monial）朝聖地主任司鐸，出版多本關於教會歷史與靈修等書籍。

中文版序

新興團體是教會的希望

伯爾納德・沛護

天主教會於其漫長的發展歷史中，有過輝煌的時刻，也曾遭遇危機。這些危機有各種原因：內部的分裂、福音價值的淪喪、為順應時代不得不做出的改變……然而，她卻成功地克服上述的各項危機，走出困境，向不同的文化和民族發聲。

天主教會究竟是如何得以出離危機，逐步邁進？人們注意到，儘管危機發生的時代不同，天主卻每次都以類似的方式令教會脫困。通常祂會使某些人悔改，向他們顯示祂自己，一個一個的召叫他們投身服事祂和服事人的工作，然後藉由這些人，祂要掀起靈修運動和建立修會團體。

只消提及幾個人名就可印證：比如歐洲中世紀（十三世紀）的聖方濟・亞西西（Francesco d'Assisi，一一八二－一二二六），其個人曾親自與基督相遇，之後他漸漸了解，即將有重大事件發生；天主要藉著他完成一項計畫，他必須積極投身其中，因此隨後誕生了方濟會，該修會散播「天主因愛造萬物，吾人應愛受造物」的靈修精神，並對教會改革做出貢獻，發展至世界各地。方濟會的會士立時希望能跨過歐洲邊界。當時的教宗所派遣的方濟會士若望・柏朗嘉賓（Giovanni da Pian del Carpine，一一八〇—一二五二）甚至毫不猶豫地穿越整個西伯利亞，來到現今屬於蒙古國的首都和林，覲見韃靼國王大汗。其他方濟會士亦長征伊斯蘭教國家；聖方濟・亞西西本人還曾遠訪埃及。

到了十六世紀，出現了另一位大聖人依納爵・羅耀拉（Ignacio de Loyola，一四九一—一五五六），創立了耶穌會。耶穌會革新了西歐的福傳，並派遣無數的傳教士抵達南美。此外，依納爵也派遣聖方濟・薩威前往亞洲，直到日本，最後死於上川島，未能進入距離僅一線之隔的中國。不久後，耶穌會士利瑪竇即成為首位深入了解、並愛慕中華文化的歐籍神父，不只如此，他還向中國人介紹基督信仰。

相似的例證不勝枚舉。但吾人必須了解，時至今日，同樣的情況正持續發生。西方世界自十八世紀以來，已經進入劇變。西方文明的改變，在宗教方面形成了某些後果。傳統的宗教受到質疑，必須接受新的挑戰。再者，不同文明之間，正經歷一場前所未見的交流，天主教會更應順應此一重大之新興現實。

新興團體更新教會

聖教宗若望廿三世為了回應這些挑戰，並與現世對話，特地於一九六二至一九六五年間，召開梵蒂岡第二屆大公會議。此次會議為一重大事件，在會議中主教們做出許多明智決定，但會議本身卻不容易被人接受。梵二會議使許多教會內的事務獲得革新，但偶而在執行上欠缺明智，甚至因此遭遇危機。儘管如此，眾人皆見證了天主再次召喚聖者組織新興運動和現代團體，使能向當代的人們介紹基督信仰。從一九六〇年代開始，至少有超過八百個新興團體在教會內誕生。部分團體擁有為數眾多的成員。其中約兩百個團體出自義大利，另外兩百個團體源自美國，有一百六十個團體來自法國，其他團體則散見世界各國，而且這股潮流仍在持續。在教會內，大量的新興運動和團體如雨後春筍般湧出，可謂史無前例。前教宗聖若望保祿二世對此現象極度敏感，曾數度召集新興團體齊聚羅馬，每次總要召見成千上萬名相關人士。他洞見天主教會藉著新興團體得以再度更新，重拾年輕活力。

在諸多團體中，部份隸屬於神恩復興運動。神恩復興運動起源於美國，受到基督新教的啟發，於一九六七年開始在天主教會發展。以喜樂、活潑的祈禱會為方式，以讚美的祈禱為中心，接受聖神的引導。在此等神恩復興運動的祈禱會中，《宗徒大事錄》中所記載有關初期基督徒的種種，歷歷在目。天主向人顯示祂自己，祂臨在於一股不可置信的喜樂當中，不僅於人的靈魂做工，有時也於人的身體做工。後來，部分神恩復興運動團體的參與者希望能夠更進一步：他們渴望繼續一起生活、一起讚美天主、一起傳福音，因而誕生了神恩性的團體。最早的神恩性團體源自美國，其形式變化繁多，有些頗接近傳統的修會團體，另有些團體則聚集了平日各自工作及生活的成員，於固定時間經常聚會。

厄瑪奴耳團體

法國的神恩復興運動始於一九七二年。巴黎是其中一個最早開始的都市。其中皮爾・

高山和瑪婷．卡達兩人創立了一個祈禱會，從五個人開始，一年以後，聚集了五百人，因著上主的臨在和祂所賜予的無窮喜樂，無數的悔改、皈依、靈命的轉變與日俱增。參加的人都覺得重新尋回初期教會的清新活力。和美國的神恩復興運動同出一轍，部分參與者在經過一段時間以後，都希望能夠有更長遠的發展，厄瑪奴耳團體於是誕生，皮爾．高山是第一任團體負責人。厄瑪奴耳團體於巴黎開始，迅速發展到全法國，然後延及歐洲其他國家，最後到達世界各地。二〇一五年，團體擁有約一萬名團員，分布於全世界六十餘國，團員中有年輕人、夫婦、司鐸、獨身奉獻男女等等。皮爾．高山於一九八五年因身體健康因素卸任，並於一九九一年逝世。

皮爾．高山因其個人對天主及教會的熱愛，以及他渴望令人認識基督信仰、渴望更新教會、及其喜樂與智慧而著稱於時。吾人察覺他絕大多數的直觀、直覺都很正確，並結出正向的果實。他洞悉世代的演變、當代人的需要，以及天主教會可以做出的回應。他希望司鐸、獨身奉獻男女、未婚男女、夫婦和家庭能夠一起祈禱、一起傳福音，於此他的確深具先知遠見。因此，二〇〇八年，人們開始為其封聖做準備。他屬於梵二之後的重要教會聖賢之一，與他同期的有德蕾莎姆姆、聖教宗若望保祿二世、以及普世博愛運動的創始人盧嘉勒等等。皮爾．高山雖然較不為人知，他獨特的個人影響力卻普及世界各地。學習他的智慧，必有其用，因吾人將從中與天主相遇。

推薦語

天主教榮休洪山川總主教＊

「在這獻身生活年內，台灣教會非常感謝厄瑪奴耳團體提供這本書，讓我們在走向成聖之路途中多了一位教友成聖的楷模。

這本書讓我們看到，天主如何藉著一位平信徒在今日世界工作，這也證明平信徒時代真的來臨了。祈願本書讀者都能從皮爾・高山平易近人的話語中，深切體會到教會的寶藏與信仰真諦，並能從中找到自己的信仰之路。」

＊本書初版於二〇一五年，洪總主教時任台北教區總主教。

推薦序

我們需要平信徒的教會運動

已故天主教狄剛總主教*

鮑立仁神父（Fr. Francois Baumann）是厄瑪奴耳團體成員，我們台北總教區，詔安街聖維雅納天主堂主任司鐸。去年他送我一本書《火與希望》，這是關於厄瑪奴耳團體創始人及該團體創始與發展情形的一本書，不是嚴格意義的傳記或歷史書。最近鮑神父又寄給我《我是可憐的傢伙：厄瑪奴耳團體創立人皮爾．高山的靈修語錄》書稿，要我寫一篇推薦序。我不會寫序——一般人心目中的序，我也不喜歡寫。我比較喜歡寫讀後感。但是為這本書，我只想告訴讀者，我只想寫一點，我對像厄瑪奴耳團體這一類，教會內許多新興的，從廿世紀初到梵蒂岡第二屆大公會議前後成立的，經過教會當局批准的「平信徒運動及團體」，談談它們在教會內的定位、意義、功能，以及跟教會的生命及使命的密切關係。

教宗聖若望保祿二世在梵二前後聖神所興起的「平信徒運動及團體」中，看到了在我天主教靈修歷史上開始了一個全新的階段。他把傳統的靈修視為「個人靈修」，這並不意味著個人不重視團體，或認為團體不必一定能對個人有什麼影響，而是說，從個人到團體，或團體之於個人，個人常是出發點、中心及歸宿；用一句話來說，就是我個人的靈修操之

＊本書初版於二〇一五年，本序文乃狄總主教當年為讀者撰寫。

在我，我的靈修是我個人跟天主之間的關係。

而新興的平信徒運動或團體的成員，他們的靈修，聖若望保祿二世教宗稱之為「團體靈修」或「集體靈修」。這一類靈修是在教會當局——教廷教友委員會批准的平信徒運動或團體內，成員們度合一共融的基督徒生活，透過該運動或團體共同享有的神恩，以他們特別的方式、方法及精神，互愛互助，相輔相成，實踐信仰，共修此生：成員們在團體內一起修德成聖。比如聖若望保祿二世教宗及榮休本篤十六世教宗，兩位都曾在談「團體靈修」時特別指出盧嘉勒（Chiara Lubich）創立之普世博愛運動、朱撒尼蒙席（Don Luigi Giussani）的共融與釋放運動、齊考·阿古埃勞（Kiko Arguello）的新慕道團等等。本書所談及的厄瑪奴耳團體、神恩復興運動等等都是。

聖神年共同見證大會

一九九八年聖神年，在聖神降臨節前（五月廿七至廿九日），聖若望保祿二世教宗召集了一個「平信徒教會運動及團體共同見證大會」，教廷的教友委員會受命負責籌備並實施這件聖神年的一項超級大事。教友委員會及平信徒教會運動及團體一起合作進行了籌備工作。教宗並邀請五十多個運動及團體，不但要派代表參加大會，還請這些運動及團體盡量邀請所屬成員，在大會結束後，於五月卅日聖神降臨節參加教宗在聖伯鐸廣場的盛大感恩祭，懇請天主聖神實實在在像在耶路撒冷晚餐廳那樣，降臨到聖伯鐸廣場聖化、活化基督的聖教會。

被邀請參加共同見證大會的人士計有三百五十人，除了五十多個平信徒教會運動及團體代表若干人，也特別邀請幾位健在的創立人外，尚有教廷中樞部會代表、普世教會負責平信徒工作的主教代表、若干平信徒事務專家學者，還有幾位我天主教會及友教教會特派觀察員參加。教廷教義部拉辛格樞機主講平信徒運動的神學定位，之後由大會特邀五位專家，對平信徒教會運動的各主要面向，從不同觀點切入，闡述教會的這一重要實體。拉辛格樞機的這篇主講非常精彩，有人竟譽之為平信徒教會運動及團體的經典之作。

以後兩天，大會安排了分組討論、圓桌交談，還有特殊的經驗分享，及見證報告，這是我教會史上，第一次平信徒教會運動，在普世教會的平台上可以近距離接觸、互相認識，探討初步日後合作的可能性，以及加強彼此作為基督妙體肢體，使教會運動能對內深化教會應建設與發展的意識，對外加強廣傳福音的使命。

教會的本質是運動

但是我們現在生活的這個世界，被俗化主義奴化的世界，人們生活的任何模式幾乎都難再找到天主，包括我們的教會在內，多少人在唯物及消費主義嚴苛的挑戰及考驗下，動盪不安、猶疑不決、信仰削弱，心靈都快窒息了，因此我們急需一種強有力的福音宣報、堅實的陶成，使我們的生命毅然革新。我們更需要一批成熟的基督徒意識到我們救世的使命，用基督精神裝備我們自己；我們需要的就是基督的基督化運動，也就是我們平信徒的教會運動。我們的教會本質原本就是運動，我們有聖統制的聖善結構，同時也具有神聖性的本質。平信徒的教會性運動，本質就是我們教會本有的幅度，因此聖若望保祿二世教宗曾歡欣地強調、指出，我們平信徒的教會運動是跟教會同質的運動，所以我們的運動同時屬於普世教會領袖——教宗的管轄，也從屬於地方教會首領的領導。在本堂、在教區、在普世教會，我們應欣然努力與各個層次的神長合一共融，這並且具備了安全的保證與保障。

人既然是依照天主的肖像造成，享有三位一體天主的性質。天主是愛，人也是愛者，愛那造生養育他的天主造主、救恩主是他的天職，遵天主命、愛人與人互愛，是他無可旁貸的重責大任；任重道遠，談何容易？天主仁愛無量，派遣聖神喚起各式各樣的教會運動，使人與人結伴同行、有恃無恐、有備無患。教會運動多采多姿，任君選擇，各取所需。

切望牧者仁兄，開放心扉，排除偏見，虛心探尋；並放眼所牧需求，始得適宜協助。最後願與讀者共勉：懇求聖神降臨，廣施宏恩與我中華教會，人人得充沛聖神活力神能，並賜福傳熱忱，體會師主基督，臨終哀呼渴望救靈之聲。

仰望聖母——聖神的淨配，懇求她幫助我們學習她，常會向天父懷著赤子之心說：「爾旨承行，阿肋路亞！」

二〇一五年四月復活節

本文作者：狄剛總主教，一九二八年生於河南省修武縣，一九五三年晉鐸，一九八九年起擔任台北教區總主教，對於平信徒團體相當支持，一九九五年邀請厄瑪奴耳團體前來台灣，二〇二二年十二月逝世。

推薦序

願我們就像陶工手中的泥土……

厄瑪奴耳團體鮑立仁神父

這本書是一個很好的機會，讓我們認識到聖神仍在今日的世界工作。今天的社會絕對的物質主義，對於基督徒來說，並不容易為天主的愛作證。

皮爾年輕的時候受到了驕傲的誘惑，但是由於結核病的關係，他的智力受到了些許損傷，因此無法好好表達自己想要說的話。皮爾的生活看起來似乎也不怎麼樣，他了解那是天主在淨化他，為了使他變得謙虛。

就像陶工將泥土塑型一樣，皮爾讓天主在他內工作，並且改變他，如此一來，他就能變成天主手中一個有價值的工具。

皮爾的生命完全地被天主的愛改變，他了解到生命的真實意義就是愛天主以及愛他人，於是放棄了從前引以為傲的職業，變成了一個照顧別人靈命成長的人。他之所以能夠這樣做，是因為他長期以來對耶穌聖心的信任與祈禱，以及自己對天主的奉獻。

五十七歲，這個大部分台灣人從職場上退休，並享受自在生活的年歲，卻是皮爾讓天主引導他進入一個更大冒險的年紀。他拋下一切，為了以一種新的方式跟隨基督：離開自己的家與兩位年輕人住在一起，一起分享友愛的生活並幫助他們歸向天主。他也接受了厄瑪奴耳團體負責人的職務，雖然起初他並不願意，但終究在對聖神的順服中接受了。他形容這種經驗就像開著快車，真是可怕，但還好駕駛車輛的是耶穌，所以一切都很好。

這本書能啟發我們，幫助我們像在陶工手中的泥土一樣，讓聖神引領我們進入一個未知而全新的生命。

二〇一五年四月於台北

本文作者：鮑立仁神父，一九八二年加入厄瑪奴耳團體，認識了皮爾・高山，一九八九年在巴黎教區晉鐸，一九九五年來台灣，曾在輔大法文系和英文系教書，之後在台灣總修院服務十年，目前在輔仁聖博敏神學院教授聖經課程，也是中和天主之母堂本堂神父。

推薦序

星星之火，可以燎原

蔣祖華老師

我在大二的時候和耶穌有了生命的相遇，此後，信仰對我而言是個活生生的事實，而非外在的一些規範或儀節。當時每天望彌撒，熱心參與教會活動，忙得不亦樂乎。

隨著對信仰的逐漸深入，我也開始認真考慮，要將福音的精神在自己的生命中實踐出來。當然，這不是容易的，因此心中不免也產生疑惑：「天主啊！祢是真實的天主，但我在這現代的生活裡，好難發現祢的福音喔！」聽說甘地很喜歡福音的訊息，他曾說，若能遇到一位像耶穌一樣活出福音的人，他也會願意成為基督徒。我也有類似的心情，我跟天主說：「主啊！我很軟弱，求祢給我一個奇蹟，好讓我在此生能見到一個『活著的人』活出福音的精神，讓我相信福音在現代是可以生活出來的。」

後來，我們大學社團放映德蕾莎姆姆的影片，我邊看邊流淚，感動不已，我對天主說：「主啊！我感謝你！我不敢再要求更多的記號了，我相信祢在現代世界是真實的，祢的福音也是真實的，求祢憐憫我的軟弱，讓我能將福音的精神生活出來。」自此，無論自己活出多少福音的精神，對我而言，天主、信仰生活和福音生活一直是真實的。

當年德蕾莎姆姆給我的「福音是真實的」這種震撼感，如今在我閱讀此書時又再度出現。她和皮爾的話語都是出自生活中對信仰的真實體悟而非理論，對現代人而言簡單易懂，卻又深入信仰的核心。他們的態度都很直接、不做作，並不多做說明，而是實際地邀請人實行，但卻又有一種迷人的吸引力，使人樂於跟隨。

用皮爾的教導來祈禱

這兩年我曾採用皮爾關於謙卑的教導來祈禱，確實體會到他話語的真實與震撼力。他說謙卑就是真理，「謙卑是唯一的心靈之路，唯一通往基督的道路。沒有謙卑，我們怎能靠近耶穌呢？」（44頁）當我用這些字句祈禱時，剛開始並不太能接受和理解，特別是「謙卑是唯一……」的說法，好像太絕對了；但隨著祈禱的時間漸漸過去，在默想中，這些字句和謙卑的恩寵卻慢慢地擄獲了我，最終我體會到並真的接受「謙卑真是唯一的道路」；我明白了耶穌在福音中說「我是良善心謙的」的意思，它是如此真實而能讓人感受到。祂真是良善而心謙的，是如此平安和溫柔的愛啊！喔！謙卑真是唯一的道路，使我能走在福音的訊息裡。這是很難言傳的經驗，卻遠勝過理性的思辯。

另一次我因閱讀本書而受益的經驗是，當我讀到「陪伴受苦的耶穌」這一段（155－156頁）時。這段話幫助我度過祈禱的無聊時刻：我用愛耶穌的心來陪伴祂，因而我可以繼續祈禱，而非注意自己的祈禱是否有收穫。這樣，祈禱時的無聊感更容易度過，我也增加了對耶穌的愛。在實務經驗上，我也建議許多人用這樣的態度祈禱，對他們幫助不少。正如書上所說的，「這個建議幫助了很多人，直到現在仍然管用」。

沛護神父在〈法文版原序〉說道：「他（皮爾）的話語使我們有多麼大的進步啊！皮爾期望我們燃燒起來」，這也道出了我的感受。皮爾就像一個小火把，被天主所燃燒，他急切地想要將這火延燒到他人（厄瑪奴耳團體的誕生就是這個果實），他甚至希望能將世界燃燒起來。正如耶穌在《聖經》上說的：「**我來是為把火投在地上，我是多麼切望它已經燃燒起來！**」（《路加福音》十二章49節）

全書梗概

本書是由皮爾的生命出發，蒐集他的話語歸納而成，內容包含生活的各個方面。由於敘述的風格不是系統性的表達，剛開始閱讀時，讀者或許會感到有些不適應。經過幾次閱讀之後，我略為掌握了全書的梗概，在此試著分享我的理解，提供幾個閱讀的重點。

全書分為五個部分。第一部分介紹皮爾．高山，這個「在世界中朝拜天主的平信徒」，他的生平與經歷。這些經歷帶給他影響，並形塑他的重要思想。作者在介紹他的生命曲線時，也會將後面各部分的重要教導，綜合性的加以提及。從第二部分開始，則陸續介紹皮爾教導的具體細節，自然有時也會再次提及第一部分已述的內容，特別是他的生命經歷。

第二部分「談祈禱與朝拜聖體」和第三部分「談聖神充滿與讚美」是彼此相關的兩個部分，如同卡發烈神父所說，「如果祈禱幫助人心迎接聖神，聖神也會召喚並引導人祈禱」

（118頁）。所以，對於渴望能有真正祈禱生活的人，可以閱讀第二部分，這樣會學習到，不只是我自己努力於祈禱，更是讓聖神召喚並引導我們祈禱。

對於那些有過、甚至參與神恩復興（靈恩）運動經驗的基督徒，我會建議在閱讀第三部分之後，還要再閱讀第二部分，以便學習祈禱生活：「神恩復興是天上降到世間的火……而我們需要不斷的祈禱使這火更加旺盛。如果我們聆聽上主，祂會給予我們經常性的聖神充滿。」（118頁）皮爾在這部分提到聖神充滿與信仰和祈禱生活連結成一個整體，也將個人的聖神經驗與團體的聖神經驗連成一個整體。印象中，台灣好像還沒有出現過如此深刻反省「聖神充滿的意義」的中文書籍。

第四部分「談愛德與福傳」介紹的是，因祈禱而被天主聖神所燃燒的愛德：「耶穌的愛是這些愛德行動的動力。我們為愛耶穌而做這些，並在祈禱中汲取祂的聖心之愛」（245頁），而愛德就是「用行動和真理去愛」。福傳就是傳播這個愛火：「我們領受這火的洗禮，並不是為了自己，而是為了將它傳給別人。愛就是為了能被傳播。我們不要扼止聖神！」（259頁）

關於愛德，皮爾特別提到同情。「當我們被天主對人溫柔的慈愛所碰觸時，便產生了同情。」（277頁）「我們應該求上主賜予這份深刻的同情，使天主的恩寵能充滿我們、佔有我們、轉化我們，否則，我們就只是停留在表面而已」（279頁）而瑪利亞是我們學習同情最好的榜樣。

第五部分「談謙卑與信德」，特別提出皮爾非常重視的幾個要點：謙卑、信德和對於教會的愛。雖然在前面的章節多少已有提及，但是作者還是特別用幾章的篇幅提醒我們注意這些事。

瑪婷的微笑

最後，我願意分享我和本書作者瑪婷碰面的一個難忘經驗。有一次瑪婷來到台灣，參與台灣厄瑪奴耳團體的活動，並給我們一個分享。她提到第一次組織祈禱會的經驗：「我和皮爾都盡量地邀請我們的朋友來參加，大概邀請了幾十位吧！結果當天他們一個都沒來，來的幾個（五個）人都不是我們邀請的……這就證明這是上主帶領的！」然後她臉上露出一個微笑，非常甜美而單純的微笑，就好像她真的覺得，事情就是這麼的美好！她的微笑是這樣滿意，這麼滿意天主的作為，以至於每次我想到這一幕都覺感動。她的笑容裡有我難以窺盡的喜樂與平安。

感謝她為我們寫了這本書，讓更多的人知道，天主藉著皮爾的生命想告訴我們的許多美好的事。

本文作者：蔣祖華老師，現任輔仁聖博敏神學院教師與靈修輔導。

作者前言

現代生活中的成聖之路

廿世紀後期，教會經歷了嚴重的危機。世界遺失了基督徒的表率，面臨重大危險。天主藉一項屬於聖神、特別的歷史性恩賜予以救援：「神恩復興運動」，或者更準確地講，是「五旬節復興」（Renewal of Pentecost）。梵蒂岡第二次大公會議閉幕後，首先於一九六七年出現在美國的天主教會，然後於一九七一年蔓延到法國，隨後如同森林之火一般，在各地傳播開來。

一九七〇年，一個巴黎人——皮爾・高山，從法國天主教電影辦公室（French Catholic Office for Cinema）祕書長的職位退休下來。他對教會和世界的情況有著強烈的意識，也為此甚感失望。當時到處都在談論教會的冬天。在法國，朝拜聖體和祈禱消失了，許多神父放棄了聖職，基督宗教被簡化為單純的社會活動和道德化的人文主義。

「我感覺到一切開始坍塌，」在一次訪談中他這樣說，「人們費盡心力再也沒有用，天主應當做點什麼了。於是，就在那時候，神恩復興這件事就發生了。」

他表示：

「我對天主說：『上主，祢終究做點什麼吧，我請求祢，做點什麼吧！』我們正在自我毀滅，然而人們卻還覺得這樣很好，這實在令人恐懼。我們都被蒙蔽了。」（77–12）

一九七一年十二月，已經五十七歲的皮爾，從加拿大三位一體修會（Ordre des Trinitaires）的李然跋神父（Jean-Paul Regimbal）那裡聽說了關於神恩復興的事，及其所產生的皈依和影響力。皮爾立刻意識到這是天主對當時情況的回應：天主來救助祂的子民和孩子了。

在法國，皮爾・高山是首批願意讓自己被聖神愛火完全攫取的一位。當時，各式各樣渴望效法初期基督徒共同生活的團體，如雨後春筍般冒出，沒人會料到，他將成為其中一個團體——厄瑪奴耳團體的創始人。

皮爾・高山的生平和厄瑪奴耳團體的初期歷史都在《火與希望》[3]一書中有所介紹。此次出版的這個作品既不是傳記，也不是歷史書，而是一本關於皮爾的教導和神修的介紹，我們的寫作依據是他給的忠告，以及我們從他的座談中所蒐集到的資料：他如何引導每一個人更依附於基督，並以一個基督徒的身分喜樂地成長？他如何鼓舞人們奉獻自己、毫無遲疑地福傳，並且依賴兄弟姊妹們的支持？

關於自己的一切，皮爾總是顯得格外低調。儘管如此，我們還是從他難得吐露的一些心聲中，發現了一些關於他的生活，以及神修經驗的事。

無論如何，誰能說自己真正瞭解某人呢？特別是在他與天主的關係上。當我們面對天主內在的奧祕時，猶如站在一扇微啟的門前，在天主聖三的心裡，我們只看到這奧祕中極小的部分，並將這當作天主的恩賜和生命的話而領受。

我會嘗試在這本書中，不過多地講論涉及皮爾的事，而是讓他自己來表述。

3. Bernard Peyrous and Hervé–Marie Catta, *Fire and Hope*, Editions de l' Emmanuel, Paris, 2005 （English edition）.

資料來源

我們有哪些資料呢？

皮爾並不是個作家。我們只找到一些手稿（在他的遺物中被忘掉的），數量很少，因此尤顯珍貴。我這裡所要講的內容，大部分是來自一九七二至一九八八年間的錄音資料④（品質並不好），因此所用的是口語而不是書寫文體，風格相當直接。

我們同樣也有一些他晚年時期的訪談。在本書中，我們只局限於透過錄音方式收錄的談話。友人們、同事們，以及他家人的見證將是以後研究的對象。

為了更容易理解皮爾的話，我想針對他的表達方式做些說明。

所有從他年輕時期就認識他的人一致指出：他很靦腆，而且口頭表達能力不好。他也因這點而苦惱，並受到影響。一九七二年起，由於受到愛的活力的驅使，以及渴望將自己的一切盡可能傳遞給別人，他不再被這種天生的缺點所束縛了。然而，皮爾在公開場合一直有表達自己的困難，有時也難以清楚地說明自己的思想深處。有時候人們會覺得很難理解他；也因為沒人會懷疑他的聰慧，有些不熟悉他的人甚至會覺得他在故弄玄虛，故意難為他們……。儘管如此，他的思路是清晰的。

皮爾・高山的特徵

一般說來，他會精心地準備將要表達的內容（那些為了一封信、或一個教導而寫的大量草稿可以為此作證）。

4. 本書中楷書部分的文字是皮爾生前的言論記錄資料，有的甚至已經予以編號整理。

對於每次的教導，皮爾都會花很長的時間準備，為此祈禱，甚至有時與別人一起準備，他非常清楚自己想要傳達什麼，朝向哪個方向，即使有的時候會離題。

某些時候，當他明顯地受到聖神的感動而由內心深處發言時，他會即刻發表言論，那時他的發言更加有力而且準確，不帶任何猶豫，而且無懈可擊，所講的內容無論意義和深度都令人讚賞。

皮爾喜歡說笑而且幽默，所有認識他的人都認同這點，並且會想起皮爾的某些故事。有時他會用「文字遊戲」⑤這種有趣的表述方式來表達自己：或是在他疲倦或緊張時，為了找回自己的想法；或是為了喚醒聽眾，或在吐露一些心聲後，用以掩飾內心的激動……。透過說笑，他可以回到自己的想法上，並且使聽眾不要關注於他。此外，說笑也流露了他頑童般的喜樂。許多人也會記得，他開始說話前擺弄麥克風的嗜好，好像是為了克服開頭的困難，又或許是為了試著與聽眾建立關係。

皮爾的話既堅定又直接，相稱於他對人們皈依、彼此相愛的要求。然而，他的話即便嚴肅，卻滿含著詼諧和輕盈，細膩而又真實，使得人們能夠馬上應用。聽的人總不覺得有壓迫感，或是產生罪惡感，而是被激勵，從而導向與基督更加親密的靠近，並對兄弟姊妹產生更大的愛。

皮爾的談話主要是針對初期的厄瑪奴耳團體成員，但更為普遍的，也是給那些來參加活動或公開聚會的人，不論他們的年齡和身分如何。

在與皮爾親近的人們中，有一些感到被召叫與上主度更為親密的生活。皮爾在論及他

5.　特別是諧音和同音異義詞。

們時說：「從一開始，我們感覺到就像是耶穌與祂的兄弟們在一起。我們真的是耶穌的兄弟。這也就是為什麼『耶穌兄弟會』⑥這個名字，會這麼自然而然地出現了。」

這本書理所當然是寫給由皮爾．高山創立的厄瑪奴耳團體中的所有成員，為幫助他們深化這項也屬於他們的神恩。但是，透過這位「天主的僕人⑦」以及他所傳達的，其他人將會發現一條屬於自己的路：一條既簡單又深刻、既徹底又喜樂，適合現代生活，但同時又深深扎根於天主教傳統的成聖之路。

6. 耶穌兄弟會的成員是厄瑪奴耳團體中做出獻身承諾的成員。在團體中，這些人試著徹底地將他們的生命交給上主，特別是為了預備去服務和福傳，成員不限修會士，也有平信徒。
7. 2010 年 1 月 7 日在巴黎開始了對皮爾．高山立真福品的調查程序，因此我們可以稱他為「天主的僕人」。

◀ 皮爾・高山在聖心旅館內的小聖堂朝拜聖體。（聖心旅館位於巴萊毛尼亞，由厄瑪奴耳團體經營管理。）

【第一部分】
在世界中朝拜天主的平信徒

第一章　從皈依到創立一個團體

皮爾於一九一四年八月十五日生於巴黎，九月六日在他的本堂——聖斐理伯・德・魯爾（Saint Philippe Du Roule）領洗。他一生都在巴黎生活。他的父親維克托（Victor）來自法國西南部佩里戈爾（Périgord）小鎮，是位才華橫溢的漫畫藝術家，也就是著名漫畫家賽莫（Sem）最小的弟弟。由於維克托在精神方面受到嚴重的傷害，皮爾在年幼時，父母就被迫分居生活。

皮爾的母親瑪利亞，是一位穩重、精力充沛、信奉基督的婦女，她藉著經營家族留下的供膳宿舍來養活家庭。皮爾非常欽佩母親和她的勇氣，他們關係融洽，但是他還是受了父母分居的影響。

一九二六年七月十四日，他遭受了一次新的痛苦，即他的弟弟伯爾納德（Bernard）在生病三天後去世。伯爾納德當時年僅十歲，皮爾長他一歲。對他而言，這真是一次可怕的打擊。後來他回憶說：「**我彷彿被人切成了兩半。**」從此他與母親相依為命。

皮爾在巴黎的一所天主教學校聖瑪麗・德・蒙索（Sainte-Marie de Monceau）讀完小學和中學，進入羅浮宮學院（Ecole du Louvre），同時在巴黎高等研究實踐學院（Ecole pratique des hautes études）學習考古學和克爾特文化。但是在十八歲那年，他染上了結核病。

與基督相遇

然而，一年後，即一九三三年，這個疾病卻成了他與基督相遇的機會，並且完全改變了他的一生。這個他稱之為「皈依」⑧的事件，與他意識到自己的驕傲有關。在那一刻，伴隨著謙卑的渴望，他的心中同時產生了對基督的大愛，這也成了日後皮爾的一個特徵。經過多年對耶穌的忠信，皮爾也經受了疾病的惡化和暫時平息的更迭。一九三三年至一九五〇年間，他幾番入住療養院，許多時候人們甚至認為他已瀕臨死亡。

他盡自己所能繼續學習，並且成為聖日爾曼昂萊國立古代美術館（Musée des Antiquités Nationales de Saint–Germain–en–Laye）的保管員，但是他決定要在傳播界工作。皮爾之所以選擇這條路，是為了要用最寬廣的方式進行福傳⑨。事實上，他在皈依的時刻，便領受了一個特別的福傳意識。他嘗試向所有遇到的人福傳，並且堅定地在他的生活中實行。

他在皈依時也獲得了保守獨身的召叫，同時領受了度貞潔生活的巨大恩寵。他想過司鐸職，也沒有發現任何阻礙……「但是之後，我想，不行，我不要做神父，因為，如果我成了神父，我將站在柵欄的另一端（表示與人分開），那時人們會說：『當然，講論耶穌是你的工作嘛！』至於我，我應該做個平信徒。」（88–I）

他的聖召逐漸變得明確了，就是在世界上成為「朝拜天主的平信徒」，即聖體聖事的朝拜者。不久後，這個召叫得到了巴黎總主教厄瑪奴耳．蘇哈樞機（Cardinal Emmanuel Suhard）的肯定。皮爾從一九四三年起經常與他見面，直到一九四九年樞機離世為止。

亨利．卡發烈神父對皮爾很熟悉，他跟我（瑪婷）說過：「這個人地位重要，但他卻

8. 關於這個皈依事件的敘述，詳見本書 42 頁。
9. 我說過：「我不想要三、四個人的皈依，我寧願製作更多的錄影帶，這樣，我一開口，就能使十萬人皈依。」（在一九七七年一次訪談中的發言）

為了做一名朝拜者，寧願簡樸地住在一座公寓的五樓⑩。」他做了一個與他個人召叫相符的生活選擇，並且從不引人注意。

一九四一年皮爾的母親過世，當時他仍然經常生病，而且忙於各種活動，例如各種與天主教書店或國際電影雜誌（Revue internationale du Cinema）相關的活動，同時還照管聖斐理伯供膳宿舍。直到一九五〇年，皮爾才將宿舍出售。這期間，他在法國電影界非常活躍，並於一九六〇年當上了法國天主教電影辦公室祕書長（Office catholique du cinema francais，OCCF）。他在電影界是眾所周知的人物，在教會也是這樣。一九七〇年，他離開了法國天主教電影辦公室。

遇見聖神

一九七二年，皮爾經歷了一次震動人心的聖神的經驗，他認識到聖神有「位格」。於是，皮爾向祂敞開，領受了「聖神充滿」。這次的「相遇」是影響他日後生活的決定性事件。

那時，他在聖神內重新擁抱他所經歷過的，以及內在最深的渴望，同時這一切又以一種新的、出乎意料的方式顯示出來，這也使皮爾感到驚奇。厄瑪奴耳團體的發展則是他最為輝煌的果實。皮爾的內心燃燒著渴望世界得救的愛火，他以各種方式、各種盡可能新奇的創造性，特別是透過厄瑪奴耳團體，在自己的周遭傳播這份愛。從此以後，任何考驗或是外來的批評都不能改變他的喜樂，也更不能阻止他回應上主的召叫。

帶病的他在床上度過了大半生，儘管他的結核病痊癒了，但他仍然疲勞虛弱，有段時

10.　在法國，沒有電梯的房子，樓層越高房價越便宜，這裡是說皮爾生活簡樸。

期還為世界以及自己深愛的教會的情況感到失望。就是這樣的一個人將要成為一個團體的創立者，並且勇敢、充滿精力、毫無保留地為教會的更新不斷地工作。

這個孤單、曾為自己唯一弟弟的去世而深痛不已的人，將經驗到一種親密的兄弟友愛的生活，並將成為許多人的扶持者和嚮導。

皮爾・高山負責厄瑪奴耳團體一直到一九八五年九月，當時他心臟病突發，而這件事也讓他決定辭去負責人的職務。

之後的時期，他在團體中過著清淨的生活。他越來越少談論自己，也不談及自己的內心生活。他將自己隱藏在靜默中，首先是自願的，而後，則是完全地被天主所引導。在這段時期裡，他的生活比從前更加集中在聖體聖事上了，他將自己奉獻於朝拜聖體，為兄弟姊妹們、為世界、以及為福傳祈禱。他也用這種方式陪伴厄瑪奴耳團體在當時經歷許多重要的國際性發展。他內心的平安越來越深厚和從容，即使有的時候，他的摯友覺察出他的內心有爭戰的跡象。皮爾總是和藹善意地歡迎那些來看望他、尋求他建議的人，以及前來請他為某個意象或使命代禱的人，就好像他在等著他們一樣。他忠誠地保持著團體生活，只要他的健康允許。

安靜地辭世

那是一九八八年。有一天，他無意中透露了自己的心聲，他以一慣的玩笑方式說：「聖女小德蘭說過：『我要在天上為世界工作。』我現在說：『主耶穌，這樣很好，請準備我，

以便我到天堂後也能做些工作！』」（88–I）

在他生命的最後幾週裡，我們只記得他很疲累，伴隨著支氣管的感染和脊椎下陷的痛苦。他越來越沉默，像是逐步地在離開。他的一個好友安德烈・歐默涅（André Aumonier）在他去世前幾天探望過他，給我們作證說：「他什麼也沒有對我說，但是皮爾的目光卻不同尋常！很顯然，他將所有的位置都給了上主：那深奧的、慈愛的、痛苦的目光，但尤其是慈愛的目光……我們沒有說話，也沒有什麼更多的話要說……。」

皮爾安息於一九九一年三月廿五日星期一，這天是聖母領報瞻禮日，也是那年聖週[11]的第一天。他接受的最後一次訪視，是在去世前一天晚上九點左右，來自聖體聖事中的耶穌。領完聖體後，他不願再見任何人，將他最後幾個小時的奧祕以及與天主的親密關係隱藏了起來。次日早晨大約八點卅分，他獨自地、不出聲地，也沒有妨礙任何人地離開了，就像他的一生那樣，不引人注意，謙遜地離開了。他的葬禮在巴黎聖三堂（Eglise de Sainte-Trinité）舉行，由巴黎總主教盧斯蒂傑樞機主持，有多位主教參加，隨後，於聖週四埋葬在巴萊毛尼亞（Paray-le-Monial）。那一日，是教會慶祝建立聖體聖事和聖秩聖事的日子。這位簡樸平信徒的棺木，由六位神父抬扶著，他們是屬於皮爾創立的「厄瑪奴耳團體」的神父。

生命中的關鍵時刻

讓我們回顧一下皮爾生命中的兩個關鍵時刻：與基督的相遇和發現聖神。這是皮爾密契生活以及投身福傳的基礎，也讓我們更能夠理解皮爾・高山和他的教導。

11. 從復活節前的星期日（聖枝主日）開始，一直到復活節主日的這一週，耶穌經歷了苦難、死亡與復活事件，是基督信仰的核心，因此在天主教會的禮儀中稱之為聖週。

一九三三年，皮爾十九歲，因為患了結核病，住進阿西高原（Plateau d'Assy）的一所療養院⑫。

在住進療養院以前，皮爾都積極地想要從病中振作起來，並利用片斷時間閱讀和培養自己。

我總是很樂觀（他的一位表妹稱他為「樂觀先生」），我曾說：「我們所遭遇的一切，對我們都是最好的。我生病了，於是我說，那太好了，這樣一來，我就能工作了。」（77–I2）

但是，他經歷了自己所說的「大腦貧血」（智力衰竭），使他無法從這被迫的休息中獲得益處。之後他說：「我不再明白自己所發生的一切，我無法工作。我的驕傲在作怪，我仍然是分裂的……就在那時，我皈依了。」（86–I）

事實上，有一天，皮爾突然意識到自己的驕傲，以及由於驕傲而硬化的心。他這樣引證：

那是如此的簡單，以至於我沒法說出來。（86–I）突然，我強烈地感到弟弟的臨在。他好像對我說：「你不再想我了，因為你犯驕傲，你的心變硬了。」

皮爾多次跟我講過這件事，並且表明他的弟弟只向他顯示過這一次。

我意識到自己的心是冷酷的。我跪在床尾，然後事情發生了：上主的愛進入了我的心，我感到自己應該成為溫良的。上主的恩寵臨於我，我明白了基督的犧牲。（88–I）

另有一次他說：

我祈求天主的寬恕，砰！上主臨於我，我不知道發生了什麼，但我知道，當我重新站起來時，我已經不再是從前的那個我了。（77–I2）

12. 阿西高原位於法國 Arve 山谷北部與阿爾卑斯山相接的地方，靠近夏蒙尼（Chamonix）。這裡海拔約 1300 公尺，在那時排列著一間間為結核病患者修建的療養院。

這些不同的記述顯示了皮爾神修經驗的強度和深度。在與基督的相遇中，有兩點值得提出：

首先，朝拜上主的召叫推動皮爾為主作證及從事福傳行動。

成爲朝拜者

皮爾被上主的位格和祂聖愛的力量深深吸引。這個經驗使他改變了。**我獲得了對基督及其聖心的巨大的愛。**（86–I）從那時刻起，基督成了他生命的中心，往後也將永遠如此。皮爾對祂的奉獻是徹底的、絕對的、毫不妥協的。他以全部的熱情愛著基督。

對皮爾而言，有些問題變得重要了：如何繼續迎接天主的愛？如何更好地認識祂以及在與祂的友誼中成長？如何學習跟隨祂以及與祂生活，並接受從祂而來的一切？自然而然的，祈禱佔據了他的生活。他最初受到樂卡耶神父（Fr. Lecailler）的協助，這位神父與他同是阿西高原的病人。這位神父建議他：「此時此刻，請你停留在基督的聖心裡，愛祂、學習被愛，並且讓祂來愛你。」（75–E06）不久，他又得到了堂兄雅各伯．高山神父（Fr. Jacques Goursat）和卡發烈神父的忠告。

就這樣，皮爾成了一個祈禱的人，一個朝拜者⑬。這對他也是最重要的，在往後的餘生中一直如此。伴隨著這一切的，還有他熱切為基督作證，以及向人們講述天主聖愛的渴望⑭。起初，皮爾試著用簡單的方式向他周圍的人傳遞他所經驗的。讓他頗感驚訝的是，人們不明白他所說的，因此他曾說：「**這就好像在我們中間隔了一層玻璃，我們能互相看見，但是聽不到對**

13. 朝拜聖體是皮爾的特徵，關於這點，本書第五、六兩章有更詳盡的描述。
14. 在厄瑪奴耳團體中有些男性團員蒙召度獨身奉獻的生活（皮爾自己也是），皮爾這樣看待這個聖召：這些獨身奉獻的兄弟是朝拜者，他們在世界上有自己的工作，同時也朝拜天主，並燃燒著福傳的熱火。男獨身奉獻者的聖召在團體中的數量本來就不多，更因為沒有成為神父，因此顯得格外珍貴。

方說什麼……」這也促使他長時間思索該如何向人講述上主。

愛上「謙卑」

其次，皮爾永遠忘不了與基督相遇時的震撼，以及當時所意識到的自己的驕傲。對他而言，意識到驕傲與心硬之間的關聯是一個基本的經驗：愛與驕傲是不相容的。驕傲使人不能與基督有真正的友誼。聖伯多祿的話深深地影響了他，他以自己的話這樣表達：「天主反對驕傲的人。」從那一刻起，他對驕傲產生了極大的厭惡，且銘刻終生。

這對他是一個絕對明顯的事實：謙虛是唯一的心靈之路，唯一通往基督的道路。**沒有謙卑，我們怎能靠近耶穌呢？**（77–M8）所以，他愛上謙卑，追尋謙卑，並且將它視為「跟隨與愛慕耶穌」的重要條件。

然而，他渴望謙卑更是因為天主是謙遜的：「**你們跟我學吧，因為我是良善心謙的**」，耶穌說。耶穌邀請他進入祂內在的隱祕和祂的聖心中：謙遜的溫良。進入謙卑就是進入對基督親密的認識中。從那時起，皮爾愛上、並且渴望謙卑，就像他愛慕和渴望基督一樣。

這不只是個顯著的發現，這是一種與謙卑的真正「相遇」。是謙卑引領皮爾迅速地進入與上主的深刻親密關係中。**因為上主的道路，就是「良善心謙的耶穌」**。（77–E27）

他的一生都默存著這句話，也將這話視為根基。他特別透過默觀聖體聖事中、弱小卑微的耶穌來活出謙卑。皮爾幾乎是持久地、經常嚴峻地看到自己的卑微、自己的無能為力，以及自己的罪。他經驗到天主的慈悲之愛，深深地被貧乏的天主所吸引。皮爾願意向眾人講述這一點！

那時天主所賜予的謙卑，不但是給皮爾的恩寵，也是對他個人的召叫，以致在他死後，稱他是一位「謙遜的創會者」是再明顯不過的了。這將成為他的神恩，藉以幫助所有靠近他的人，特別是對誕生於一九七六年的厄瑪奴耳團體。皮爾對謙卑的強調與要求是一種愛的要求，顯示出他強烈渴望每個人都應毫不拖延地與耶穌結合。他將這點講得非常具體，我們在後面的部分可以看到。

最重要的是上主，是內心的生活，是朝拜上主，是祈禱。如果你們不生活在祈禱中、朝拜中，不生活在上主聖心的謙卑與溫良中，所有的事都毫無價值。（79-E39b）

離開職場，爲年輕人服務

一九七一年，皮爾剛剛離開法國天主教電影辦公室的職務，結束了一段輝煌的職業生涯。那年他五十七歲。

「皮爾悄悄地離開了，我們感覺到這是他的願望，所以大家都尊重他的決定。我相信他完全地將自己奉獻給別的事情；也許他想改變那時的生活狀況。」皮爾的同事柯萊特．羅伊（T. Colette Roy）這樣說。

事實上對他來說，剛離開法國天主教電影辦公室的那段時期，是他在人性與精神上遭受苦惱的時期。在輝煌與豐富的職業生涯之後，他進入了一種新的孤獨中，覺得自己似乎是個無用的人。

那時，有誰期待皮爾·高山能做出什麼事呢？

皮爾完全可以重新工作，但是他更願意奉獻自己的時間和精力，去照顧那些孤單的、處於危險中、不認識天主的年輕人。這讓他全神貫注。他買了一艘破舊生銹的大型平底船[15]——罌粟號（le Pavot），想把它做為年輕人聚會和活動的場所。他從不缺少點子！

皮爾就像在等待著什麼事情。他堅定地渴望宣講上主，而且願意更深地自我奉獻，為教會服務。此時，他繼續充滿活力地幫助年輕人在信仰上向前邁進。

那時期，皮爾正陪伴著一個年輕女子走在皈依之路上，皮爾寫信給她（在提到天主聖三含有生命的奧祕之後）：

我們熱愛生命，不是嗎？這就是為什麼我們能如此幸福地識破這個愛的奧祕。我們應該將這個祕密宣講出來。耶穌說：「你們由耳朵聽到的，要站在屋頂上講出來」，他又說：「我來是為把火投在地上，我是多麼切望它已經燃燒起來[16]？」在這座無愛的城市裡，有多少因厭倦生命而死亡的青年們需要聽到這個訊息啊！我們有的是一份美麗的工作，就是向他們宣布這個訊息。（71–L3）

就是這樣的，皮爾讓自己變得卑微，擺脫自己，哀求上主親自做工，並且強有力地顯示給教會和世界。同樣，在一九七一年十二月，當李然跋神父向他介紹神恩復興運動的時候，皮爾當時就非常清晰地領會了它的重要性。「我明白了這是天主教會的，是值得信賴的，」他以高度的興趣如此陳述。他認為這次與神父的會面是天主的安排。

15.　這艘船沒有引擎，只能藉由外力來移動它。這特別的船曾經被用來運送砂石以及笨重的東西。
16.　《路加福音》十二章49節。

新的五旬節來臨

幾個星期後，他寫下自己在神恩復興運動中關於聖神的經驗：

我們可以說聖神充滿是天主賜予教會生活「特殊恩寵」的戲劇性時刻，由於魔鬼的憤怒以及祂的威力，使得我們從人性方面來看，已經看不出基督徒努力的作用。教會中大多數的人似乎顯得無助，而那些最忠誠的人也被嚇得驚呆了。（72–M5–1）

這些或許是個人內心的祕密：

上主在我們內心放置了一個空隙……因此當祂來的時候，便會充滿這個空隙。如果我們的心是滿的，祂便不能進去……現在，有好些靈魂歷經幾十年的渴望，祈求上主來臨，來改變世界、賜予新的五旬節。新的五旬節來了，讓我們行動吧！但要和耶穌一起！（76–E11）

皮爾迫不及待地想要告訴卡發烈神父自己與李然跋神父的會面，但是一直要到一九七二年二月初才能如願以償。那時，卡發烈神父剛與碧瑾・勒皮雄⑰（Brigitte Le Pichon）見了面，她是首批神恩復興運動的見證人之一。皮爾透過錄音帶聽到碧瑾的見證，感到「宏偉且令人震驚」（這份錄音資料早先已使卡發烈神父感到震驚）。

卡發烈神父立刻請求為皮爾祈禱，並為他祈求天主賜予聖神充滿。皮爾講述說：

我說：「好的。」那一刻，我看到了自己的可悲，這真是可怕：我獲得一線光明，看清了我的軟弱。於是我說：「我不能領受聖神充滿，我必須先告解。」他（卡發烈神父）

17. 碧瑾・勒皮雄，鋼琴獨奏家，曾陪伴身為海洋學家的丈夫薩維爾（Xavier）到美國，那時薩維爾剛剛發現並且提出了板塊構造學說——全球板塊運動模式。薩維爾如今是法國科學院院士，以及法蘭西大學教授。他們兩人在美國時，深深被神恩復興的經驗所震撼。回到法國後，他們願意講述他們所經驗到的，並且想見到卡發烈神父，因為他們聽說這位神父對聖神感到興趣。

> 對我說：「不用，不用，沒問題的。」但我說：「不行，我必須先告解。」於是我辦了告解聖事，然後他對我說：「那麼好吧！總之，我們現在不做聖神充滿的祈禱了，之後再做吧！」

皮爾接著說：

> 我非常高興自己辦了告解，我為這軟弱而高興，為能看清這軟弱和感受到聖神而高興。我當時是那麼的高興！我願意天主所願意的一切，這一點都不使我為難。於是我回家了。第二天醒來時，我充滿了喜樂！
>
> 我醒來怎麼會是這個樣子呢？通常，早晨我的膽管都會堵住……我說：「我到底怎麼了？」……突然間我意識到，是聖神親自在我的心裡。
>
> 就像他說的，「我簡單、平靜地，領受了聖神充滿[18]。」（77–II）

卡發烈神父於二月十一至十三日那個週末，在圖旭（Troussures）的祈禱之家集合了大約卅五人，這些都是他認識的人，他同時也邀請了薩維爾和碧瑾，讓大家聆聽這對夫婦的見證。當時皮爾在場，我也在。

碧瑾這樣回憶皮爾：「我記憶中的皮爾是個相當開放的人。他坐在後面，一言不發，他聆聽，滿懷期待地聽。他是一個以謙卑的態度使自己隱沒的人。」皮爾的態度讓不認識他的碧瑾想起了「瑪利亞在天使報喜時的等待態度」。「但是，」她補充說，「我覺得他已經聽過全部的內容了」。

18. 卡發烈神父原想為皮爾覆手祈禱以求聖神充滿，後來沒有進行，事後，皮爾還是得到了聖神的充滿。

領受兄弟友愛的恩寵

皮爾像參與者中的大多數人一樣，請大家為他祈禱。對他而言，這次一九七二年二月十三日的祈禱，其實是第二次讓聖神充滿，我們可以稱為是「團體性的」（我們當時有卅五人聚在一起祈禱）。在此情況之下，皮爾領受了兄弟姊妹的恩寵，第一次經驗了兄弟間的友愛（fraternal love）。為此，我是第一位見證人。

就像五旬節的宗徒們一樣，聖神充滿的祈禱所帶來的第一個記號，就是超乎尋常的、兄弟友愛般的喜樂，那一晚，就像皮爾常常喜歡說的，「我們無法分離」。圖旭的祈禱大廳通常是安靜的，但那一晚充滿了歡笑和喜樂的聲音。

也是在這個時候，在這群喜樂的人群中，皮爾和我，我們在聖神內互相接受對方為兄妹：在完全無償的仁愛恩賜中經驗到的共融，是超越一切觀念、言語和思考的共融，此共融佔據了整個人，並充滿著天主的愛……。同時，我們感到一個尚未知曉的召叫，為此，上主單獨地將我們放在一起。這份召叫是那樣的清晰、強烈，而且明顯，除了我們，任何人都不能阻擋我們向這召叫敞開，並且回應它。我們只知道我們應該讚美、祈禱、宣講上主；我們強烈地知道這點。

這個友愛的層面對皮爾聖神充滿的經驗來說是一個重要的因素，就像對五旬節那天的宗徒們一樣，從此以後，大家團結一致，喜樂地到各地宣講天主的奇妙。不久後，加入到我們中的人們也領受相同的（兄弟友愛）恩寵，這對皮爾而言也是一個肯定。

皮爾．高山是個平易近人的人，他不受約束，是個獨立的人，甚至有一些神祕。他明白了兄弟友愛的恩賜是必不可少的重要性，並對此深信不疑。這個信念將支持他堅定地拓展兄弟友愛的生活，以便宣講上主。而且，他也引導身邊的人在合一、而非孤立的情況下奉獻自己。

皮爾對兄弟友愛生活的承諾，是一個在信德與愛德中的承諾，這是決定性的承諾。如此，對環繞在他身邊的人而言，皮爾成了他們的弟兄，這是一種榜樣。

無法抵擋的喜樂

除了對兄弟友愛的承諾之外，人們會問，對那些已經將生命完全獻給基督，並在一切事上指向使徒生活的人，聖神充滿能為他們帶來什麼？這兩次聖神充滿的經驗——靈性的、神祕的經驗，將成為決定皮爾往後生活的關鍵性事件。

讓我們嘗試說明一下發生在皮爾身上的事。

皮爾為說明聖神充滿的經驗而記下的第一件事，就是喜樂，一種無法抵擋的喜樂。他談到那時的情況：

我們在喜樂中，我們總在歡笑，別人則是對我們說：「你們為何總是在歡笑呢？」（87–I）

對皮爾而言，這份喜樂越來越內在化，非常單純，但卻持久，而且他也將這份喜樂傳遞給其他人。

他確實發現聖神真的是生活在他內的「一位」，而喜樂則是聖神的記號。但不只如此，聖神更「將他引向天父」。

重新擁有父愛

在皮爾內的父親形象受到了傷害。皮爾寬恕了父親在自己成長過程中的缺席，也原諒了父親讓母親遭遇不幸。皮爾於是照顧了他的父親，幫助他與主相遇，並向主的仁慈敞開。但是他心裡一直缺少父親的形象，從某種意義上而言，他其實是個孤兒。忽然間，聖神讓他意識到天主是一位父親。天主是他的父親，就像一位父親一樣愛他⑲。皮爾重新找到了自己孩童般的心，並且獲得了一份再不會離棄他的喜樂，即使是在考驗和掙扎中，因為這份喜樂是基於他對那永不終結的愛的信任。直到去世時，他都對此驚歎不已。

皮爾總是意識到自己的缺乏，並且無法靠自己的能力完成事情。從那以後，他知道自己可以像孩子一樣，完全信賴並且無限的、無條件的等待從天父的愛而來的一切。他的平安就在聖愛裡。跟隨著他的朋友——里修小德蘭的步伐，他走進了「神嬰」小道。這也說明了他在做事時的大膽與極大的自由。

在聖三內找到自己的家

聖神不僅讓他認識了天父，而且將他引入「天父的家」，進入天主聖三的內在。皮爾在那裡找到了「他的家」，聖神邀請他住下來，在不斷的祈禱中與天主合一。

在一封計畫寫給卡發烈神父的草稿信中，他提到：

我認識到聖神的位格，這個事實將我引向了天父，並在祂內獲得休息。如果我要與人

19. 參閱《羅馬人書》八章16節：「聖神親自和我們的心神一同作證：我們是天主的子女。」

說話，我應該與祂（耶穌）在一起，或更準確地說，是將我隱藏在天主聖三內。在那裡，一切都是平靜的，如果我安息在那裡，我不會被外在任何我所必須做的事所煩擾，因為天主聖三就是這樣在他們獨一無二的愛中做事……這些事，我都明白，也生活了一段時間，然後，我慢慢地從他們的手臂中滑落下來⑳。但是我並不擔心，因為聖神向我指明了道路，我讓自己再一次被他捉住，我真的越來越感到，我應該越來越少從他們的手臂中滑落。

（72–LM8）

皮爾的生命得到了整合，他感受到的平安與輕鬆證明了這一點。他與基督的關係也因為這個經驗得到改變：他與基督進入了一種兄弟般的關係中，如同天父的兒子。「我要再見到你們，那時，你們心裡要喜樂，並且你們的喜樂誰也不能從你們奪去㉑。」耶穌曾經這樣承諾。這句話在皮爾身上實現了。耶穌將他引入自己與天父的關係中，引入祂們火一般的愛中，並且讓他分享這一切。皮爾就這樣，由一個熱心祈禱的人，變成了一個充滿童心和愛火的人。

被愛火燃燒

那個時期，皮爾無法抑制那震驚他、並且攫取他整個生命的聖神之愛。皮爾熱情洋溢地在紙上寫滿了簡短的句子：

20. 意思是：沒有那麼親近天主了。
21. 《若望福音》十六章22節。

我來是為了將火帶給世界……[22]，
聖神的火是必須的。
祢居所的火吞噬著我。
聖神親自和我們的心神一同作證，我們是天主的子女。
由聖神引導的就是天主的子女。

聖神請來，祢更新世界的面貌，
現在是時候了，
在聖神的大能內沒有興奮也沒有躁動，
請把我們像印璽一樣刻在祢心上，
愛情比死亡更強烈。
死亡，你的勝利在哪裡？

（一九七二年的個人筆記）

從此以後，在聖神的帶領下，他渴望將自己以及一切事完全交託於聖父的手中，好能在與耶穌的共融中，完成那逐漸顯明的事。皮爾沉浸在火中，用他自己的話說，就是在「愛德的烈火」中，他讓自己被愛燃燒，被基督渴望傳播這愛的熱火燃燒著。「火」將一直是他生命中心的主題；這是他願意傳揚的：

22. 參閱《路加福音》十二章49節。

天主的愛燃燒著我們的靈魂，為使我們也能將這愛帶給別人。這就是五旬節的所有精神：我們應該持續地充滿聖神，直到我們唯一的主，唯一的導師和朋友來臨時。（72–L6）

我們領受了聖神之火的洗禮不是為自己，而是為了將它帶給別人。（72–LM5）

想盡辦法傳播愛火

皮爾已經為新的生命階段做好了準備。如同瑪利亞在天使報喜之後一樣，他也將奔向「那些上主召叫他走近的靈魂」。

在他寫這些話的時候，厄瑪奴耳團體還沒有成立，只有圍繞著卡發烈神父形成的祈禱小組，皮爾和我都參加這個小組，但很快地我們就離開了。皮爾那時還不知道未來會怎樣，但從那時起，他就全力以赴地傳播五旬節的恩寵，與人一起傳播。他火熱地向人講述天主的愛，而這給予他堅持不懈的活力。當他發現任何重要的、而且有助於與人接觸的方法時，他會用一切辦法來實現它；他想要盡可能地接觸到更多的人，而且，毫不遲疑。正是在這種必須傳播的熱火中，厄瑪奴耳團體將要誕生和成長，而皮爾將是這團體的建立與規劃者。

讓我們明瞭聖愛是天主位格，是至高者與全能的主，但也是至溫良的主吧！祂只有一個願望：與人交談，在我們靈魂裡點燃神聖之火，為能焚燒我們內的一切，祂只等待我們的同意。啊！愛的奧祕！無以倫比的喜樂，這是焚燒一切誘惑的火。（72–M3–1）

第二章　對耶穌保持忠誠

一直到六十歲，皮爾過的是一種奉獻給天主、專注於福傳的生活。然而，當他祈禱、工作的時候，聖神準備了他，為能使他走得更遠。

在他經歷與聖神奇妙的相遇之前，他與基督的友誼是如何的呢？透過理解他的神修經驗，我們將更能了解他所想要傳遞的。

「與兩位德蘭的競賽」

皮爾具有熱情的氣質，常常給人留下強烈的印象，所有認識他的人都能為此作證，因為他的言談舉止都顯示了這一點：

我剛一皈依……就熱烈地愛上了耶穌聖心。（88–I）

當我皈依的時候，是很徹底的（86–I）。那位與我談過話的樂卡耶神父（與皮爾在同一個療養院休養的神父），幫助我一點一點地認識了天主教會，否則，我就會陷入極端中。透過他，我明白了教會的智慧。從那以後，我始終愛著教會。

他接著說：

我給你們一個個人的例子。當我十九歲時（我十九歲皈依）……我看著小德蘭，於是我說：「太好了，她廿四歲逝世，我還有五年就能趕上她。」於是我與她做計時賽。你們看到，我輸了，完全地輸在起跑點！另一方面，由於我跑得太猛，我氣喘吁吁，真的是氣喘吁吁[23]。然而，我還有一個德蘭！我對自己說：「我沒趕上那個德蘭，但我要贏這一個」亞味拉的德蘭，她花了廿年的時間。」於是我說：「廿年！廿年住在修院裡都沒有進步，這令人太不爽了。」之後，我看到自己竟花了四十年，仍然沒有什麼進步。然後我對自己說：「我做不到了……。」啪！事情反而有了變化。所以呢，你們有很多的機會啊！最重要的是，等待上主召叫你們。（77–E25）

他稱這個故事為「與兩位德蘭的競賽」，皮爾多次講過這個故事。他從中學會：有必要讓上主來引領我們。天主的時間不是我們的時間。他在別處也說過：「基督用祂的時間，慢慢地獲取我們。那麼，讓我們也使用祂的時間吧！」（77–E25）

很努力，但沒有進步

皮爾如此地渴望謙卑，他在皈依的時候，強烈地意識到自己的卑微。我自己什麼也做不了。（88–I）他甚至頗為嚴厲苛刻地看待自己。真的需要等到接受聖神的充滿，他才真正地接受了自己。

我要告訴你們一個小祕密。我年輕時，曾對我的神師說：「我真是一個糟糕的傢伙，真的是一個糟糕的傢伙，一個糟糕的傢伙，一個糟糕的傢伙。」他卻慢慢地跟我說：「不要說：『我是個糟糕的傢伙』，要說：『我是個可憐的傢伙。』」我說：「就是這樣的，真是棒！

23. 皮爾得了肺結核，同樣的病帶走了年僅 24 歲的小德蘭。在那個年代，他不可能預見自己能活得長久。

那麼，現在我是屬於耶穌的可憐的傢伙！」（80–E47b）

我花了卅或四十年的人生在原地打轉。我對上主說：「我希望祢在那兒」；於是我去參加一次避靜，情況有些好轉，但過後，一切又再度惡化，總是如此惡性循環……。（76–E12）

他還說：

我不知道你們是否曾經瀕臨死亡，我經驗了好幾次。我對上主說：「我在生命中都做了些什麼？啊！真令人難以置信。」每次我都說：「啊！我要改變！」然後，砰！又是重蹈覆轍。

皮爾看不到自己的進步。可以肯定的是，這麼多年來，他總讓上主位於生命中的首位，並且忠實地跟隨祂。

那時，他管理聖斐理伯供膳宿舍，病情嚴重得需要躺在床上，女僕瑪麗・樂努婉・貝甘（Marie Lenouvel–Beghin）講述說，他手裡總拿著一個木製的小苦像，而且總不離手：這是他熱愛基督的表現。

聆聽祂，忠實地跟隨

我覺得，皮爾給身邊年輕人的建議其實是他自己的經歷。在他那些令人震驚的言談中，顯示了他對基督的忠誠和強烈的渴望。

很顯然，在我們靈修生活的開始，我們應該聆聽，坐在（主的）腳前。我們總處於開始的狀態……如果我們開始興奮地說：「感謝上主，我將要為祢做事」，那麼，我們沒有辦法把事情做好，因為我們沒有獲得行動做事的必要恩寵，別人還沒有要我們做。所以，第一步是非常重要的：在天主內安息……是上主向我們說：「在我內休息，聆聽我，如此我將改變你。」

第二步，在我們休息過，從上主的臨在中獲益之後，我們聆聽祂，讓祂真正地進到我們的深處，改變我們，我們因此經過了可稱之為「沙漠」的淨化階段……我們將學會如何去愛，以及上主是如何地隱藏自己，好使我們更加地愛祂。

不再依靠自己

之後我們抵達了天主的愛火。如果當我們在沙漠中，我們祈求上主：「祢知道我總是跌倒，我將無法把事情做好，但我仍然繼續前進；我並非真正知道要往哪裡去，但我仍然前進。」如果我們哀求上主，並且不再依靠自己，如果我們真的求上主來燃燒我們，（祂會做一切的）。

（……）最簡單的方法就是要求火，從天而來的火，讓它臨於我們。它是淨化之火。它將我們的罪轉化成喜樂之火（這當然很好），然後罪就消失了，因為真的是祂的火在燃燒。

愛火焚燃

然後這火來到我們心裡。你們不再知道該去哪裡，因為到處都是這火，而且這火會使你們去愛你們的近人，去愛上主。這將會是極大的痛苦，但這是愛的痛苦，它能真正的轉化我們。既然我們完全地被火焚燃，如果我們自我燃燒著，那麼我們也會照亮別人！最終，這也幫助了所有人。真的是這個火！

只要我們還沒有這火，我們就走不了太遠。這火不會立刻來轉化我們，這火常常是在沙漠的淨化考驗過後才會來到，但是我們需要向天主祈求它。（75–E09a）

皮爾是個有信德的人（後面會談到），他很關心兄弟姊妹們在信德方面的成長。他深信自己在皈依時領受的那個召喚：在朝拜中將一生奉獻給天主。他以一種隱密不宣、忠誠的方式活出這份召叫。

「在祈禱中，你得到過啟示嗎？」某天，有人這樣問他。「沒有，我試著盡力對耶穌保持忠誠，這就是一切」。（88–I）

儘管如此，他與我們分享兩個深深影響他的靈修經驗，人們可以看得出來這對他是強有力的重要時刻。

基督與我在一起

第一個經驗確認了他對基督臨在的信念。在他深受結核病痛之苦時，他被判定「沒救了」，被送進一個病人陸續死去的房間。他自己也認為他快死了。他的一個叔叔對他說：「別留在這裡，搬到單人房吧！」皮爾只是帶著教化意味的仁慈說：

我想留下來陪他們，同時我告訴自己：「我要是呼吸困難，會影響他們睡覺的」……我說：「上主，我該怎麼辦呢？」這時上主對我說：「不要擔心」，然後祂的一句聖言出現在我腦海中：「看，我同你們天天在一起，直到今世的終結㉔。」我多麼強烈地感受到這句話！我感覺到祂就在我身邊。那是戰爭的年代，所有人都是分離的，但我卻感覺到與祂在一起。你們都有過這樣的經驗：在困境中，祂在那裡，祂臨在著。接著瑪利亞也來了！（78–E31b）

最後，醫生發覺是診斷錯誤：皮爾不是「沒救的」人，因此他們將他搬離這個房間。

皮爾喜歡講述的第二個事件，是他與聖母的關係，我們在後面會講。皮爾的童年受到聖母瑪利亞臨在的影響；他的媽媽非常敬愛聖母。但是他皈依時，基督的愛佔據了他所有的位置，皮爾說：「我不是很明白童貞瑪利亞。之後，瑪利亞一點一點、溫和地進入了我的心，但卻在一九四四年，以極強烈的、決定性的方式進入了我的心。」

關於這次與聖母相遇的經驗，在《火與希望》中已經談到了。在此我們只簡要的回憶一事。

賴聖母庇護逃過一劫

有一天，皮爾被一個持槍的德國軍官追趕。皮爾當時沒有逃離的機會。他躲進自己的公寓裡，在那一瞬間，他回憶說：「我心裡清楚地浮現一句話，是童貞瑪利亞說的：『平靜下來吧，你得救了。』這句話非常清楚，以至於我不能懷疑。」（86–I）事實上，那個軍

24. 《瑪竇福音》廿八章20節。

官並沒有看見皮爾進了他的公寓，因而繼續在樓梯間追趕。皮爾看到自己浴室的窗戶外面有一個連接旁邊公寓的梯子，於是從那裡逃走了。皮爾常說，那個地方從來就沒有過梯子，之後也沒有見到過。皮爾確定是聖母庇護了他，從此，他再不離開聖母，而且越來越信賴她。

這事發生時，皮爾的朋友依撒伯爾・杜孟（Elisabeth Dumont）也在場。當時這位女士年輕有為、體魄健康[25]，但自從那一天後，她生了重病，以至長年臥床，在露德的「協助福傳善會」[26]（Auxilium）休養。皮爾相信，當他受到那個德國人威脅的時候，依撒伯爾為他奉獻了自己的生命。這事深深地影響他。因此，他經常提醒人們，我們生活和取得的一切，時常受恩於那些隱藏的、鮮為人知的人們的祈禱和痛苦。

祈禱和朝拜是皮爾生命的中心，但是他也像依撒伯爾・杜孟那樣轉求天主，奉獻自己的痛苦、疲勞、疾病，以及所有伴隨著這些必須放棄的一切。漸漸地這也佔據了皮爾生命的一部分。

我生活於朝拜中，我在朝拜聖體和耶穌聖心中做默觀的祈禱。（88–I）

在一次採訪中，他被問到（77–I）：「你在信仰和工作上都相當孤獨地生活著，是嗎？」他的回答如此明顯：「**完全是這樣的！**」

皮爾確實是孤單地生活著。我們不禁要問，這是否幫助他領受了強烈而深刻的兄弟友愛的恩賜？

25. 皮爾的好友安德烈・歐默涅描述她是「一個特別的、出色的姑娘，充滿活力，能流暢地說多種語言……是個非常精明有趣的姑娘」。她得了腦炎，有嚴重的頭痛和失衡。她曾是法國天主教慈善救濟會（Secours Catholique）創始人若望・盧德涵蒙席（Mgr. Jean Rodhain）的合作者。
26. 協助福傳善會（Auxilium）於 1917 年由布魯塞爾的梅西耶樞機（Cardinal Mercier）建立，目的是為了協助教區、教會的福傳工作。依撒伯爾・杜孟是善會成員，生病後便住在「協助福傳善會」位於露德的據點接受照顧與安養。

各種屬靈友誼的滋養

皮爾不是任何人的門徒，然而他的一生卻因為幾個特別的會遇而受到影響，並且在人性和靈修方面都受到型塑，我們對此只有部分的瞭解，他的獨特之處是慢慢突顯出來的。

我們已經提過，他在皈依時，與樂卡耶神父有過短暫卻重要的相遇，正是透過這位神父，皮爾才真正認識並且愛上了教會。

比他年長十歲的堂兄雅各伯·高山神父，也曾是他信賴的人和他的神師。皮爾皈依時，雅各伯·高山神父是當時天主教職工青年會（Jeunesse Ouvrière Chrétienne）的指導司鐸，他曾介紹皮爾認識平信徒保祿·伊布（Paul Hibout），此人當時是巴黎天主教職工青年會的主席。皮爾喜歡稱保祿是「一位雅致的人」，並與他有真正的友誼。透過他們，皮爾認識了在當時懷著偉大信德，同時又有著深刻靈修和福傳熱誠的這項運動（天主教職工青年會），但他也發現，由於缺乏祈禱，他們失落了原有的靈修和福傳精神。往後他在領導厄瑪奴耳團體時，時時記得這一點。

雅各伯·高山神父與卡發烈神父相識，後者於一九三一年被任命為天主教職工青年會的祕書長，因此皮爾也與他相識相知。一九三四年起，在卡發烈神父完全投入青年和夫婦活動之前，他曾任職於公教進行會（Action Catholique）祕書處，負責媒體工作（電臺，電影）。卡發烈神父廣為人知，因為他將個人祈禱推廣於各種身分的人，幫助他們進入並堅持一種真實的默觀祈禱生活。他本人是一位深愛基督的祈禱者，對福音有著實際且深刻的研究。認識他的人都不會忘記他的福音詮釋，特別是他對「蕩子」[27]的默想……。一九四五

27. 見《路加福音》十五章 11–31 節。

年起，他便致力於自己剛剛創立的聖母團（Equipe Notre–Dame），目的是為幫助夫婦們在婚姻生活中發現並活出聖德，他也因而聞名全球。他盡可能繼續帶領更多的人進入默觀祈禱的生活中㉘。皮爾肯定從他那裡獲益頗多，特別是卡發烈神父針對祈禱生活的實際性建議。

福傳使命得到確認

在皮爾一生中最具決定性的一次會遇，也許也可以說是對他影響最大的一次，應該是與蘇哈樞機的碰面。蘇哈樞機自一九四〇年起擔任巴黎教區的總主教。一九四三年，透過依撒伯爾・杜孟的介紹，他們見了面，之後他們的關係變得非常密切。樞機確認了皮爾以平信徒的身分，投身福傳使命的召叫，他似乎也很讚賞皮爾做為自己平信徒顧問中的一員，並且喜歡與他會面。皮爾總是很樸實地說：「**他（蘇哈主教）是位傳教士，有一顆偉大的靈魂。他向我傾訴憂慮，也向我吐露知心話。**」（86–I）「**他每隔三週要接見我一次，挺不錯了！**」（88–I）

皮爾也說：「**我記得蘇哈樞機，老蘇哈樞機是在二次大戰期間、巴黎被佔領時來就職的。他上到聖心堂（Basilique du Sacré–Coeur），看著腳底的整個巴黎城說：『我要對三百萬靈魂負責，上主要我對這三百萬靈魂有所交代啊！』**」這些話是樞機在面對巴黎夜景的那個晚上，在蒙馬特（Montmartre）聖心大殿的廣場上，直接吐露給皮爾的。皮爾解釋說，「**蘇哈樞機懷有傳教士的精神，燃燒著傳教士的愛。**」（80–E50a）樞機的這份傳教熱火一定堅固了皮爾心中燃燒的火。

28. 卡發烈神父是厄瑪奴耳團體祈禱學校的發起人，此學校於 1969 年初在瑪婷家裡開始，皮爾・高山於 1971 年底參加。1969 年，皮爾創新的開發了函授祈禱課程。

他們之間，在靈修方面有一種既真實又驚人的相似點。他們第一次見面時，大概與《法國，傳教之國？》（*France, a mission land？*）這本書的問世同時，當時這本書使樞機相當煩憂。他們兩人一致地看到，一個拋棄基督宗教信仰、處於危險中的世界，教會對它不再有影響力。這使得樞機對福傳工作感到很苦惱，於是決定致力於福傳使命。皮爾自從皈依後，也完全專注於福傳，特別是針對青年，他意識到這件事的迫切性。樞機充滿福傳的熱忱，他的福傳方式極具開創性又顯得非常實際：他以天主教農業青年會（Young Christian Agricultural Workers）向農村社會進行福傳，也為學生、天主教學者、出版界、電視行業、醫生、藝術家、戰爭囚犯、俘虜營教區，以及其他領域的人進行福傳活動。皮爾不斷地想要開展新的福傳領域，在他的身上也能發現相似於樞機在福傳方面的創造性。

渴望成聖

樞機和皮爾也深深地分享著他們對成聖的渴望，這是一種基於默觀祈禱的成聖，因為沒有默觀便不能是使徒性的。「使徒工作始於默觀，它來自天主的愛。」樞機這樣說。他寫道：「最重要的是在祂（上主）面前保持謙卑，敞開自己，讓祂的德能和溫良進入我們的靈魂……」還有：「天主對於邪惡絕不會缺少辦法……」，「新工人將要儲存的莊稼永遠是豐盛的。那麼這些工人是誰呢？是那些以里修德蘭的方式進行傳教使命的人，即效法她深信祈禱和犧牲的效力，不將自己的信心依靠於我們的能力和所使用的方法上，而是自認無力，選擇神嬰小道……。」當我們讀到這些話語時，我們怎能不聯想到皮爾呢？

蘇哈樞機選擇小德蘭做為自己主教職的主保和靈感來源（以致在自己的牧徽上刻上了玫瑰！）皮爾也非常鍾愛她，並且將自己託付於她的引導。我們可以想像他倆一起讚歎這個時代聖德典範的情景，並看看他們是如何致力於傳播她的「神嬰小道」。

天主樂意讓領受相同恩寵的人見面，彼此激勵對方，並在此恩寵中共同進步。對皮爾而言，他發現自己因著對教會深入與平衡的了解而更加堅固有力。他對世界的看法，對以新的福傳方式來應對傳教緊迫性的洞見，以及他對默觀生活優先重要的意識，不僅都得到了認可，同時也符合教會的生活與先知性目的。皮爾是否也可能受益於樞機眾所周知的聆聽神恩、牧者之心，以至於對他將來的使命也有所幫助呢？

一九四九年四月，在蘇哈樞機寫給他的神父們的信——《城市中的神父》（*Le prêtre dans la cité*）中說：「假如基督使他的司鐸成為熾熱之火，這是為了讓這火燃燒這個世界。」三十年之後，皮爾將在聖神的熾熱之火中前進，基督的這句話也將成了他口中反覆出現的主題：「我來是為把火投在地上，我是多麼切望它已經燃燒起來[29]。」

法國聖母軍首位男性成員

一九四〇年戰爭期間，皮爾騎單車去納韋爾（Nevers）見一位愛爾蘭婦人維羅妮卡・奧布萊恩（Veronica O'Brien），她是聖母軍的成員。聖母軍是由愛爾蘭的一位平信徒弗蘭克・杜福（Frank Duff）於一九二一年創立的。這個致力於傳教的運動符合了皮爾心中一直渴求的，於是他加入聖母軍，成了法國聖母軍的第一位男士！他在之後的幾年中，一直遵循這

29. 《路加福音》十二章49節。

種既有序又活躍的傳教方式。受此啟發，之後他也同樣推動兄弟姊妹們走向直接福傳（但也增加了靈活性）。他在神恩復興運動中再次見到維羅妮卡・奧布萊恩，而那時她已是孫能斯樞機主教[30]（Cardinal Léo Joseph Suenens）的助理了。

深受聖人聖女的影響

在皮爾常年生病、臥病在床的那些年，他與上主度過了許多隱祕的時日。他盡可能地多閱讀，他的靈修生活也受到許多聖人聖女的影響，其中一些也變成了他的良知益友。

> 我是和聖奧斯定（St. Augustine）一起皈依的。然後，藉著閱讀他的《懺悔錄》，在皈依中，我和他一同前進。聖奧斯定的教義和方法與聖文德（St. Bonaventure）極為相似，也與耶穌聖心相似。我真的喜愛聖文德。（88–I）

由於對教會歷史相當熟悉，他也熟知許多密契者。他有時會建議我們閱讀法國神父白瑞蒙（Henri Bremond，一八六五—一九三三）於廿世紀初寫的《法國宗教情感文學史》（*Literary history of religious sentiment in France*）。

他喜歡提到瑪麗・閨雅修女（Marie de l'Incarnation Guyart，一五九九—一六七二），他讚賞她在現世中活出聖德的榜樣。這位充滿活力、重人情的女士，曾經是個妻子、母親、寡婦、企業老闆，然後是修女以及修會的創始人。她是一位偉大的密契者，在眾多繁忙的活動中，她與基督密切的結合，燃燒著對祂的愛，並對不認識祂的人充滿同情。她的事業

30. 孫能斯樞機（1904–1996）是布魯塞爾的總主教，也是梵蒂岡第二次大公會議的四位協調人之一。他支持神恩復興運動，在一九七四年發表了《新的五旬節？》（台北市：安道社會學社，1975）一書。教宗聖保祿六世和聖若望保祿二世都授命他指導全球神恩復興運動的發展。

生活與默觀生活整合一貫，是很好的榜樣[31]。我們不清楚皮爾什麼時候注意到她，並在他的靈性上留下深刻的印象。（在閱讀《法國宗教情感文學史》的時候嗎？）

聖方濟・沙雷（Saint Francois de Sales）也是他的榜樣，由於沙雷是良善與謙卑的宗徒，但也更因為他透過自己在世界上的生活，為平信徒開啟了祈禱和成聖的道路。皮爾很欽佩他，常常採用他具體而實際的建議，並且從中受到啟發。

我們也不能忘了聖文生・德保（Saint Vincent de Paul），皮爾稱讚他的細膩與謹慎，不知疲倦地為窮人服務的愛德，還有他的性格。像他一樣，皮爾也有著加斯科人（Gascon，法國一舊省名）的性格，自豪、微笑和眼色。一些人甚至覺得他們長得很像呢！聖文生對聖神的順從，以及對自己的謹慎，都在皮爾建立團體時對他啟發不少，也使皮爾的愛德充滿創意。

跟隨小德蘭的成聖之路

現在讓我們回過頭來看另一位聖人，他常常提到這位聖人。自他皈依起，這位聖人就成了他永久的朋友和姊妹：嬰孩耶穌德蘭，即小德蘭[32]。她真的是皮爾最喜愛的一位導師。皮爾常常回想起教宗碧岳十世（Pio X）說的：「她是現代世界中最偉大的聖人。」皮爾投入小德蘭的愛情「小徑」，並相信這條小徑正是現代世界所需要的。皮爾覺得小德蘭所建議的——以愛、以謙虛來做任何事——非常的好；皮爾發現這是一條容易為普通人接受，並且又可靠的成聖之路。他在小德蘭身上找到了自己靈修生活的答案，並且試著將她介紹給周遭的人。他精通小德蘭的作品，並且能背誦引用。

31. 皮爾喜歡提及有關她的兩段事蹟：一段是見證她在繁忙生活中與天主的共融（本書 167 頁），另一段是有關她的傳教精神（本書 275 頁）。瑪麗修女的兒子克羅神父（Dom Claude Martin）曾在她的傳記中提到，當加拿大會院遭到焚燒後（本書 168 頁），她的母親與天主共融的例子。
32. 小德蘭生於 1873 年，1888 年進入里修聖衣會，1897 年逝世，1925 年被宣封為聖人，1927 年被授予傳教主保之稱，1944 年被授予法國第二主保，1977 年被授予教會聖師。她被封聖時，皮爾 11 歲。

據皮爾的表妹思嘉（Scholastique，後來做了本篤會修女）講述說，皮爾在皈依前，似乎就已經認識、並且欣賞小德蘭：「我們時常花很長的時間在家族的花園裡散步，經常談到的、最主要的主題就是小德蘭。然而，當時他還尚未經歷那次徹底的皈依。」

很顯然，他非常地瞭解聖路易·瑪利亞·葛利寧·蒙福㉝（Louis-Marie Grignon de Montfort，一六七三－一七一六），經常自然地提起他的著作：《真誠孝愛聖母》（*Treatise on True Devotion to the Blessed Virgin*）和《永智之愛》（*The Love of the Eternal Wisdom*）。

皮爾有很多天上的朋友：比如同情罪人的聖道明（Saint Dominique，一一七〇－一二二一）以及他渴望效法的聖若望。這位「小若望」，皮爾常常提起他在最後晚餐時與耶穌的親密關係；他和聖母的親密關係，以及燃燒著他的天主之愛……。

至於他對年輕人的關心以及向他們福傳的渴望，皮爾常常轉向聖鮑思高（Don Bosco，一八一五－一八八八）祈禱。他欽佩鮑思高精明的膽量和活躍的創造性，不知疲倦地致力於預防教育和積極的牧靈照顧。就像聖鮑思高一樣，也可能由於他的榜樣，皮爾知道如何挖掘人們的才能，並且幫助他們發揮及運用這些才能，從而建樹自己，努力向前。

這是被精心預備的生命

因此，皮爾的新穎性顯露出來了。在後來發生的許多事件的印證下，我們可以說，皮爾是被精心準備的……。

33. 這位是以熱愛聖母出名的傳教士。他建立了蒙福會（Les Montfortains）和智慧之女會（Les Soeurs de la Sagesse）

在他的生命中，每一件事都有它的意義和用處：他的出身、他的藝術家背景、身為海盜船長的祖先（這是他很愛提到的）、因著家庭情況所受到的內在痛苦；他最初與母親一起，後來獨自管理供膳宿舍的具體經驗……。他的病情使他受到限制，但也深化了他活躍的性格，並且深刻地影響他與基督的關係。在傳播界的工作，使他直接地接觸到現代世界；還有那些他見過的人，特別是那些使他深刻明白當代人的渴望和痛苦的人，以及當時熱衷於法國教會傳教事業的人……。

這一切不僅開拓了皮爾的心胸，也使他對世界、對教會、對人的認識與看法更加成熟，而且也深化了他對天主自我顯現的渴望。

第三章　聖神使一切成爲新的

天主的恩寵總是令人出乎意料。我們還記得皮爾經驗聖神充滿時是多麼的驚訝，「這完全是新的。」他說。就是這「更新一切」的聖神，將為皮爾的生命帶來一次裂變。有一些人希望他會說這是一個「必然的」結果：

「你是否感覺到這個改變正在發生？」人們問。

「一點也沒有！」

「你一定為了希望有一個新的五旬節而長年不斷地祈禱，是嗎？」

「是的，但我不是教宗若望廿三！」皮爾確實強烈渴望，並且持久地乞求上主來干預世界。

「聖神充滿讓你感到驚訝，但你能感覺到，你的生命中將要發生一些事，是嗎？」

「沒有。」

他繼續說：

「這是『降臨到我們身上』的五旬節恩寵，如果宗徒們於三星期前被告知『你們將要領受……』，他們會說：『嗯…好吧，我們不知道……』」

「但是以你的經歷，以及對教會和生活的經驗……」

「對天主給我的恩寵而言，這些一點也沒有用。」

皮爾試圖解釋，但總是謙遜有節制的：

你知道上主總是一點一點地給予。你正在前進，然後「砰」！……讓人頭暈目眩。因為太強烈了，以至於只記得這些了[34]。（88–I）

愛火燃燒，渴望拯救靈魂

在五旬節的恩寵中，皮爾被更新了，他「忘盡背後的[35]」，被聖神推動以新的方式向前，即使這「所忘盡的背後」是多麼富有的經驗，曾經對他是多寶貴的支持與幫助。從那時起，最重要的就是，在他心中燃燒的救靈渴望：「我該如何宣揚祢的聖名？請每時每刻告訴我，我該是怎麼樣的人，我該如何行事。」（77–M8）

後來他吐露說：

當我們對靈魂有深切的愛時，對拯救靈魂感到喜樂時，我們就能承受痛苦。同樣的事實：當我們想到那些墮落的靈魂，那些處於喪亡的靈魂時，我們感到痛苦，以至於身邊別的痛苦都不算什麼了。這才是愛的本質……上主給予聖人們一顆如慈母般的心。這一點，我們都可以一點一點的經驗到。上主使我們成長，之後便是聖神。聖神藉著在祂內的火改

34. 皮爾在這裡試圖表達：聖神降臨是不可預期、無法預測或預先看到的，可參考《宗徒大事錄》二章 1-2 節：「五旬節一到，眾人都聚集一處。忽然，從天上來了一陣響聲……」這個「忽然」一詞正說明了聖神的不可捉摸性。
35. 參閱《斐理伯書》三章 13 節。

變我們，與我們來往。（83–E68a）

在一九七二年聖神充滿後三個月，皮爾和我（瑪婷）再也難以承受所領受的火，於是我們開始了一個祈禱小組：我們一共有五個人。一年後，我們在沒有做任何宣傳和通知的情況下，小組人數成長了一百倍。我們不得不多次變換地點，並且進行分組。於是，在一九七三年初的時候，我們希望有個「名字」用來代表這兩個組，以及我們所組織的全部活動。我們向聖母祈禱，按照聖神給的靈感，翻閱《聖經》，然後領受到這一個美麗的名字：厄瑪奴耳。

從那時起，皮爾便出現於教會場域中，在法國，以及更遠的地方！「天主的選擇」的奧祕於是彰顯出來，有如天主曾向耶肋米亞先知說的：「**我還沒有在母腹內形成你以前，我已認識了你；在你還沒有出離母胎以前，我已祝聖了你**[36]。」

是上主要做工

皮爾敏感地意識到自己的貧乏與無能，但他不為此所迫，卻總能以笑面對。可是在一九七三年，當他被邀請，負責迅速壯大增多的所有祈禱小組時（他自己覺得需要將這些小組組織化），他先是拒絕了，然後詢問聖母升天會（Sister of the Assumption）依搦斯・克莉絲汀修女（Sr. Ignace–Christine）的意見（這位修女常來祈禱小組），並向她推薦別人。

「**是你要負責帶領一切。**」修女對她說。

「**不，當然不是！**」

36.　《耶肋米亞》一章 5 節。

我完全驚慌失措。她感到非常悲傷（深深地失望），這觸動了我。我似乎在拒絕修女給的辨別；我感到自己的懦弱。最後，我同意接受了。這個說「是」的舉動使我完全放鬆，我獲得了一種力量和新的活力，我了解到我是個貧乏的傢伙，這是上主要做的工，我不必苦惱。

然後一切就這樣開始。從那天起，我覺得自己騎在單車上。聖神就像是我的（賽車）教練，我則在祂的後面，跟隨著祂的車輪……然後上主對我說：「前進、前進，快點、快點」，我說：「現在我必須看看後面（其他人）。」「你不用擔心他們，前進、前進！」

那時皮爾記起了小德蘭為《雅歌》中的一句話所做的詮釋：「請吸引我，我們奔跑」（而不是「我奔跑」），當她讓上主來吸引她時，複數的「我們」代表所有跟隨她的人們。

上主總是對我說：「走吧，前進、前進」……於是我們前進得越來越快……上主總是對我說：「前進、前進……」當我前進的時候，其他的人跟隨著我。（87–I）

十五年後，他笑著說：

這是一個偉大的歷險，讓人難以置信的是……我總是走在後面。你們非常清楚……牧人或是走在羊群前面，或是走在羊群後面。我覺得自己走在後面比較好。最後，由於羊群走得越來越快，我必須在後面奔跑，才不至於弄丟了他們！（對荷蘭厄瑪奴耳團體成員的談話）（88–E81）

從那時起，皮爾帶領兄弟姊妹時，始終凝視著上主，並且試著以祂所要的速度跟隨祂，皮爾有時覺得祂的速度很快！但是他捨棄自我，越加信任上主；他保持自己原來的樣子，並不擔憂自己以及自己的不確定性。

「我覺得這並不複雜」，之後他說，你必須要有火並且行動。同時他還說：「藉著走路，你學會了走路。」（88–I）

一次，在加洛爾新堡（Chateauneuf–de–Galaure）舉行的避靜中，瑪德・羅賓[37]的話鼓舞了他：「人們把你放在這裡，你就留在這裡。當人們不再需要你時，他們會告訴你！」從那一刻起，皮爾再也不質疑自己被委任為負責人的事情了。

「……專心愛好上主法律的，和晝夜默思上主誡命的，像這樣的人才是有福的！他像植在溪畔的樹，準時結果，枝葉不枯，所作所為，隨心所欲[38]。」

團體誕生於新的五旬節

那麼，團體是如何產生的呢？

皮爾・高山看到神父們是那般的孤獨，他們的生活因此變得困難，他們的聖召受到威脅，許多人甚至放棄了聖職。他對這些人深感同情，並且堅信不能讓他們孤單的生活；況且，蘇哈樞機也已經朝著這方面努力。

他也看到平信徒，特別是年輕人之間有互相支持的必要。難道我們不能設想一種，神父與平信徒在真實團結中的合作嗎？皮爾相信，世界確實有此需要。

37. 瑪德・羅賓（1902–1981）是法國廿世紀的神祕家。她是愛德之家（Foyers de charité）的創始人，愛德之家是遍布世界各地的避靜中心。教會已經對她展開了列真福品的進程。
38. 《聖詠》一篇 2–3 節。

但是，我們要如何解釋，皮爾會放棄自己喜歡且適合於他的獨立生活呢？

聖神充滿的經驗是個決定性的因素。神恩復興一個強有力、且新穎的面貌就是兄弟友愛的特質，由於這個恩寵，祈禱小組被稱為「團體」，並且帶領許多人進入了一種真實的團體生活。我們所經歷的事件，重現了教會初期五旬節的精神：「宗徒們都聚在一處……有些散開好像火的舌頭，停留在他們每人頭上[39]」，每人都由「使眾人合一的聖神」那裡領受了聖神恩賜的一部分，尤其是愛德的恩賜。從此以後，宗徒們即使分開了，仍然是一個身體。

皮爾由內心深處體會到，當人們聚在一起、在愛德中合一時，那被賦予的超性力量是為了幫助我們過基督徒的生活，並且傳揚福音。

當他在團體中第一次向團體做出承諾時（一九七七年六月十八日），他說：

我們要在聖神充滿中彼此分享，因為一切從這裡開始。那麼，我們為什麼以團體的形式來領受聖神充滿呢？聖神真的不需要我們，這太明顯了……那麼，如果我們以團體的形式領受聖神充滿，那是因為上主要我們在團體內一起生活。祂真的希望我們得到兄弟姊妹的支持。所以，這是聖神充滿中最主要的部分。（77–E23）

等候天主的時間

儘管皮爾已經在隱約中考慮到，也很早就意識到聚集在一起的必要性，但是一直到一九七二年二月聖神充滿後，成立團體的想法和召叫才變得更加明確。二、三十年前，他想要成立一個男孩子的「小團體」，但是沒有成功，因為時機還不對。人們問他：

39. 參考《宗徒大事錄》二章 1–3 節。

「你不是祈禱很多嗎？」

「是的，但是不會因為我祈禱得多，事情就會成就，因為我自己什麼也不能做。」（88–I）

即便事情對他來說已經很明確了，他也從不性急。如果開始一個團體是天主所計畫的，那麼就讓天主採取主動，親自召叫人。皮爾只願成為這計畫的僕人，等候天主的時間，他不願意這是人的工作，甚至變成「自己」的事業。**一旦我們想自己做些事情，我們就只會做蠢事。**聖神充滿後不久，他在個人手札中寫下了這些。（一九七二年）

事實上，一九七二年二月十三日已經為這一切撒下了種子。然而直到一九七六年，「厄瑪奴耳」才被建立成「團體」，一個透過共同承諾的生活團體。然而，在這四年期間，大家對共同召叫的逐漸認同，兄弟之間的愛德與互相支持，一起服務，安排週末培育活動和聚會，以及所產生的幾個「小家」[40]……，這一切使得人們以為我們已經是個團體了！我們是首批領受聖神充滿、開展祈禱小組者之一，但我們卻是最後建立團體的人[41]！

一九七三年復活節，兩個負責預備聚會的女孩子（Bernadette J. and Martine B.）來找皮爾說：「我們不能再這樣各自行動了，我們應該聯合起來一起服務，不然我們做不了什麼。」皮爾興奮地說：「**我們終於能前進了。**」他不斷地向我重複這些話，比我看得還要遠……就這樣，我們開始一起做事。開始時極為隨心所欲，但是，在皮爾的陪伴下，我們在具體和真實的承諾中，漸漸地學會將自己組織起來。

40. 「小家」（maisonnée）是指一小群人，每週聚會一次，大家一起祈禱和分享。
41. 同一時期在天主教神恩復興的恩寵下，出現了許多團體，尤其在法國：猶大之獅（le Lion de Juda），即現今的真福團（les Béatitudes），新路團體（le Chemin Neuf），普瓦提埃培育團體（la Communauté de formation de Poitiers），聖十字架會（la Sainte–Croix），主顯團體（la Théophanie）。

學習「聖神的學問」，準備自己

這些年中，皮爾是第一個願意讓自己被改變的人。他加深了在聖神內的生活，強烈地渴望聖神以更徹底的方式來帶領他。

他的讀物，特別是關於祈禱的讀物，他對每個見證的關心，對不同團體的關注，都將成為他的有力資源。但是，他虛弱的身體威脅著他的健康，使得他必須仰賴別人的照顧，從而更將自己的明天託付於上主。

一九七四年，他與亞豐索・吉伯神父（Alphonse Gilbert）有次深刻的會晤，後來也有過多次見面。他向這位聖神會（Holy Ghost）會士吐露心聲，謙遜地尋求建議，希望從他那裡學到「聖神的學問」。吉伯神父向他介紹了方濟・李伯曼神父（François Libermann，一八〇二—一八五二）的事蹟，他是這方面的專家。後來，我們有時可以聽到皮爾充滿摯愛地談起「小李伯曼」。在李伯曼神父領洗時（一八二六年十二月，時年廿五歲），他被強烈地充滿了聖神，之後，他整個的基督徒生活都印刻著傳教之火[42]。皮爾欣賞他對聖神不變的溫順，以及他的謙卑。皮爾與吉伯神父的這些會晤，使得他受到鼓舞並更加堅定，但他對這一切謹慎看待。

同時，隨著對團體生活召叫與價值的理解，皮爾漸漸地成長。對皮爾而言，這些年的等待（等待團體誕生）確實是一段準備自己的時間，使他超脫了急躁的性情以及過於強烈的渴望，這是因為他才剛經驗到兄弟友愛的力量與新奇性。在信德中他越來越接受這份召叫，他也將這份有生命的、完全信賴的信德傳遞給他的兄弟姊妹們。

42. 李伯曼神父的靈修作品中寫著：「傳教精神的德行就是熱忱與靈魂的得救。這源自天主的大愛，並且願意這大愛統治靈魂，甚至那些最為敵對的靈魂…這個德行…是愛德完美且完整的延續，使我們只愛天主…這德行純粹是聖神的效果」。這些話也像是皮爾說的。

皮爾深深相信他從聖神所領受的恩寵（兄弟友愛的恩寵）。他完全地開放，友愛般地將自己給予那些加入我們的人，而透過他們，他的遠見也變得更清楚與明確。

尋找團體的樣貌

皮爾賦予團體什麼樣的形式呢？他所尋找的是某些既簡單又嚴格，能與每人的情況以及工作生活相容的。皮爾、我、以及那些有更多渴望的人，我們一起默想《宗徒大事錄》中的第一個基督徒團體，從中我們認出了自己所領受的深刻的恩寵。

皮爾熟悉在美洲發生的情況，他非常關注我們身邊迅速出現的一切，經常和在法國所產生的團體，以及我們所拜訪過的團體保持聯繫。我們經常與這些團體的負責人見面，並且思索他們的經驗。他們大部分是住在一起的團體，藉著分享財產，經常需要對團體有「永遠的承諾」。他們其中還有一些是過著隱修院式的生活。我們覺得這不是我們的路，即使我們當中有一些剛皈依的人願意過這樣的團體生活，但這並沒有說服我們。誠然，我們被召叫的嚴肅性是真實的，也被要求與世界分離，但卻是要以另一種方式，一種能與在世界上的生活相容的方式。

皮爾的生活經驗和他的謹慎都幫助他做最好的分辨。他保持警醒，聆聽上主以及兄弟姊妹們，等待他們準備妥當……與此同時，他幫助每個人有規律地祈禱，改變生活，建樹自己，互相幫助，自我奉獻，並一起共事。

至於我，我與皮爾的方向一致，但是，我那時專注於自己所愛的醫生工作，也由於害怕而放慢了些腳步，我並沒有皮爾那樣深度的遠見，自己也還沒有準備好過團體生活，因此當時有些把皮爾單獨留下。

皮爾持續地準備著自己。一年後，他做出了一個決定性的行動——奠基式的行動，即：離開自己位於巴黎市中心的住所，與兩個考慮聖召的青年，一起搬到了環城大道的另一邊。另外兩個想要加入他們的年輕人也跟去了，但很快就離開。那是一九七四年的夏季。幾個星期後，我對其中的一個人說：「你們的小團體真是令人喜悅啊！」但得到了不滿的回答：「這根本不是團體，我只是跟兩個朋友住在一起而已！」因此時間還沒有到！然而，這些「朋友」利用他們大部分的晚上時間朝拜聖體，而且，他們和別人一起安排培育活動，以及厄瑪奴耳祈禱組的週末聚會。次年，別的青年也要求一起居住。如此一來，建立團體的根基被奠定了。

時機成熟，可以是個「團體」了

接著，其中一些青年請求在彼此間做更具體、且徹底的承諾。皮爾明白時機到了，於是，他在一九七六年三月的某日，召集了各個「厄瑪奴耳」祈禱小組的負責人，建議他們互相承諾，以及承諾做更多的服務。

我們等待這一刻已經很久了，現在是時候了。上主對我們說：「你們趕快吧，時間緊迫」……意思是眾人一起，也就是「團體」。

如果你們彼此連接在一起，你們就是一組，你們就能堅持住，不然則相反。這就是為什麼我讓自己不斷地向你們重複，因為我們應該前進。（76–E11）

那一天，皮爾意味深長地說明了「厄瑪奴耳」的恩寵㊸。不過時候還早，事情還沒有成形。人們還沒有準備好一起承諾。

那麼，我們如何能走得更遠呢？

不住在一起的團體生活

那時，皮爾想到要拜訪第一個從美國天主教神恩復興運動中誕生的團體，即位於密西根州安娜堡（Ann Arbor–Michigan），有著十年經驗的「天主聖言」（Word of God）團體。他認為我們可以從他們的經驗中獲得益處。於是，在一九七六年的夏季，團體組織了兩次訪問之旅（大約八十人）。參加這次訪問的人真正瞭解團體的意義，並且也渴望有團體生活。至於皮爾，他得到了鼓舞，相信人們可以簡單的開展一些事。

他觀察到「天主聖言」團員間的愛德，以及可以「不必住在一起」的團體生活，這促成了他的決定。「這樣開始一個團體更實際一些」，他說，「不住在一起的團體生活，真的是一個因別人而生活，與別人一起生活的團體，但是我們並不住在一起。」（76–E15）他同樣也被這個團體的祈禱精神，以及一起面對世界做選擇的方式所觸動：

43. 見本書第四章。

他們中大部分的人尋求一種正常的生活……，為基督徒是可行的生活……以足夠的人數分成若干小組，然後他們就能（在困難情況中）有一種不同的生活樣式。如果是單獨的，他們就無法做到，不堪重負。我們應該現實一點，不能胡亂投入（開始）。因此有兩種可能性，要嘛，完全拒絕世界——逃避，要嘛，審慎以對：「機警如同蛇，純樸如同鴿子」[44]，要有一顆純樸的心，但不幼稚。（76–E15）

從美國回來後，一九七六年九月，與皮爾來往較密切的人，很快地在著名的「三週避靜」（白天上班，晚上避靜）[45]中做出決定。對皮爾而言，這次的避靜也是另一個開始，為的是能將在美國所領受的一切，以具體的方式表達出來。避靜中，四十多位渴望有所進步的人，每天晚上下班後聚在一起，他們祈禱、讚美、朝拜聖體、彼此教導，甚至只是簡單地花些時間相處。在這段期間，他們決定婉拒各種世俗或是家庭的聚會，或是晚間的其他活動。臨近三週的尾聲時，大多數人做了決定，並且堅定地請求皮爾，他們希望有團體生活。

辨別、認出上主的帶領

早在一九七四年，皮爾在維茲萊（Vézelay）的第一次聚會中已經這樣說：

有兩種建立團體的方式。第一種是，「我要成立我自己的小組，與某某人一起的小組」。這不會長久的。第二種是，「不要太快了，你們看到人們的反應了，應該辨別！」……辨別，

44. 《瑪竇福音》十章16節。
45. 祈禱小組在1972年領受到「厄瑪奴耳」這個名稱，但一直要到這個避靜結束時，大多數人決定要有團體生活，厄瑪奴耳「團體」才算真正的誕生，於是這個避靜在厄瑪奴耳團體的歷史中，成為很重要的一個事件。

內心的辨別是有價值的。我們求耶穌說：「請祢差人來成立小組。」如果真的是耶穌派遣來的，進展會很順利的。不要做屬於人的事情。也許會獨自等待六個月，然後說：「上主啊，請派遣人來……」。如果你們祈禱，他們一定會來的。逐漸的，不必做任何計畫，上主會給你們指出當走的路。（74–E02）

幾年後，於一九七九年在巴萊毛尼亞的小組工作坊中，他不露聲色地簡述了我們的歷史：

……你們的祈禱組應該是堅固的，溫暖且充滿愛德的，如此漸漸地，在你們中，有一些靈魂會感受到過團體生活的召叫。但這是上主的時間，不要搶先在上主之前，但要等候祂。

我勸告你們要燒熱火爐。如果火不夠強烈，就還不是時候。要等火變得足夠強烈，好使團體能夠誕生……所以不要從後面著手，要從開端做起。你們要對彼此懷有愛德，為了對彼此有愛，你們應走向最不幸的人、最窮的人，以及最需要的人。

（藉著愛德）你們將互相接納，一點一點的，你們將互相愛護，然後，一種精神共融的團體就會在你們中間成熟起來。然後有一天，上主就會對這個和那個，對兩個或三個人說：「啊，我們該有團體生活了。」其他人會對你說：「是這樣的，我感受到了同樣的事。」你們看，一點一點，慢慢的……至於團體生活，你們首先要開始的是，不住在一起的團體生活，因為你們不應當操之過急。（79–E37a）

這裡講述的，難道不是他的祕密和我們的歷史嗎？

第四章 厄瑪奴耳團體是什麼？

於是，一些兄弟姊妹們決定一起向天主及彼此承諾，好使他們在成聖的渴望中成長，並在上主的葡萄園裡一起工作。他們藉著所領受的恩寵與神恩這樣生活，並將之視為上主對他們的召叫。

「他們感到被推動，這是上主在推動」，皮爾說：「這來自他們內心深處，以至於他們不能完全領會其深刻的動機，然而這動機卻是深刻的。這也是令人觸動之處。」（80–E45）

這是一個恩賜

皮爾經常提醒我們，必須相信並且認真對待團體的特殊恩寵，並且不斷地感恩。

團體的恩寵……像所有的恩寵一樣，是天主的一個恩賜；我們應該向上主祈求恩寵。你們必須活出這項團體恩寵……這是何等的恩寵寶藏啊？如果我們活出這份恩寵，我們就會在恩寵中得到改變。（81–E58）

這是一份巨大的喜樂，因為我們清楚，上主建立團體是為幫助我們，使我們能夠堅定，並且是懷有希望與喜樂的。（80–E45）

> 現在，我們是個團體了，真的，我們開始前進了。別人前進，也會推動我前進，於是，我開始前進了。（76–E12）我在親愛的夥伴們旁邊，這樣就使我開始改變。於是你們看到，祥．馬克（Jean–Marc）改變了，還有埃爾維．瑪麗㊻（Hervé–Marie）也改變了；最後，我們都改變了，這真是太好了！

「一起」建立團體

一個團體的建立不是一次而永遠的，而是在原始神恩的基礎上，繼續不斷地誕生、成長。皮爾後來表明：「你們不是進入團體，而是在建立一個團體。」皮爾經常強調，在聖神的帶領下，我們一起互相給予以建樹團體的事實。對皮爾而言，「一起」意味著天主的恩賜。

皮爾不願意憑自己做些什麼，而是完全將自己作為一件溫順的工具，承行上主所願意的：

> 上主使用像我一樣的笨蛋，這樣人就不會自以為是。這是上主的細膩，對我、對你們都是一樣！（79–E35）

由此看來，團體是聖神透過皮爾及其同伴的工程。如果不是聖神使一切團結，團體就成了曇花一現，並且生長不良。（81–E58）

46. 最先與皮爾住在一起的兩位，他們成立了第一個「小家」。

學習互愛與服務

最重要的事情是愛。團體首先是一個學習愛德的地方，為了能彼此交付，一起奉獻。

如果我們團結，也相信我們組成的這個身體（團體），那麼，這會給你們力量，因為我們是在諸聖相通中（共融）……藉著諸聖相通，我們能夠互相依靠……你們要相信這個身體（團體）的力量，你們越是相信這個身體，越是為它祈禱，這身體就越團結，我們就越能做大事，我們也會擴散到全世界。（79–E43）愛使我們彼此團結，特別是與世界各地其他的人團結在一起。（80–E46）

皮爾經常重複一句使自己感動的話：

上主總在說：「請你們快點，時間緊迫，請聚集我的子民。」你們知道，上主常以第二人稱（你們）對我們說話；當祂說：「請你們快點」，意思是「眾人一起」，就是「團體」。（76–E11）如果我們是分散的，我們就什麼也做不成。

他反覆提到，有一個需要被拯救的世界。在這個處於危險境地、悲劇般的世界裡，皮爾認為在聖神內團結一致的小組（團體），藉著朝拜聖體能夠形成一些「抵抗巢」，藉著這些小組的流動和勇敢，能夠形成抵擋的力量。

團體是爲了服務

對我來說，團體就是上主召叫我去接近的那些靈魂們。（一九七二年，皮爾寫給卡發烈神父的草稿信）

他概括地說：

事實上，我們是一個服務的團體，我們不是來睡大頭覺的，相反的，我們是為了要振作起來。所以，如果上主讓我們變得壯大了，那就表示他真的要求我們要有所行動了。

我們中應該有很多的人真正地聆聽上主，這很重要。我們不要只看重數量……但是我們應該越來越屬靈。因此，我們真的需要越來越多的祈禱，越來越好好的朝拜聖體，真心地祈求上主，讓我們來侍奉祂，因為上主的時間緊迫……

但願我們有越來越多的人服務，也越來越能團結在祈禱中以致於行動。（79–E42）

天主與我們同在

誕生於皮爾身邊的這個團體，其本質從它的名字——厄瑪奴耳中得以表達出來：「看，一位貞女將懷孕生子，人將稱他的名字為厄瑪奴耳，意思是：天主與我們同在[47]。」

一九七三年初，祈禱組得到了它的名字，那時候，只有兩個祈禱小組。「厄瑪奴耳」這個名字受到我們全體一致的肯定，並且眾人都喜樂地接受了這個名字。當我們宣讀和聽到這個名字時，為什麼有如此大的喜樂呢？因為它表示了天主所賜予我們的特殊恩賜，我

47. 《瑪竇福音》一章23節。

們需要不斷地認識它、領受它。我們越是領受它，這「名字」的恩寵就越發流露，而且總是新的、充滿活力的。這就是我們每天所經驗的。

「厄瑪奴耳」這個名字的意思是「天主與我們同在」，這首先是一個降生的恩寵。天主降生成人，為了在人性的每個層面上拯救人類。「**聖言成了血肉，寄居在我們中間**㊽」，所以，厄瑪奴耳團體首先經驗到的是：上主今天就在我們中間的喜樂。如同耶穌所說：「**我同你們天天在一起，直到今世的終結**」㊾。

每天都是聖誕節

天主以嬰兒的方式，藉著嬰兒的平凡以及誕生的喜樂，來到我們中間。天上的喜樂降到了人間，引領我們與天使一同讚美頌揚，而這微小的天主（God–Child）允許祂自己被凝視、仰慕、觸摸……

在每天的聖體聖事中，我們繼續地觀看祂，觸摸祂，像在馬槽的牧人一樣讚美祂，像來自遠方的賢士一樣地朝拜祂。透過聖體聖事，我們在生活中越是深刻地迎接神而為人（God–made–man）的奧蹟，我們的喜樂越是得到了更新。從某種程度上說，對厄瑪奴耳團體的成員而言，每天都是聖誕節！

我們真的是在朝拜聖體中感受到這份喜樂，這真的是我們的力量。我甚至這樣說，這真的是我們的特性，因為別人由此可以認出我們；我們真的是在上主的聖心裡。（79–E39a）

48. 《若望福音》一章 14 節。
49. 《瑪竇福音》廿八章 20 節。

耶穌每天邀請我們謙遜自己，以便在祂的卑微中接近祂。祂向我們顯示祂的謙卑。我們以基督和皮爾為榜樣，學習接受自己的貧乏，接受身邊人的貧乏，接受自身資質的不足，從而使我們從天主那裡盼望一切。

> 我們明白，我們應該謙遜；我們清楚自己什麼也做不了。如果我們還是不了解，還是繼續依靠自己，那怕只是一點點，那麼毫無疑問的，我們就無望了。（76-E11）

成爲厄瑪奴耳

厄瑪奴耳團體的成員，像牧人們一樣，帶著希望的喜樂停留在聖體朝拜中；像賢士們一樣，由「另一條路」返回自己的生活中，告訴世界他們所見到的，以及他們是如何被改變的。因為，如果他們被召叫要按照「厄瑪奴耳」的恩寵生活，就意味著他們將在這恩寵中傳教，也為這恩寵服務。

無論他們到哪裡，他們的使命是告訴這個世界，我們的天主是一個愛與同情的天主，祂是厄瑪奴耳，是每個人的希望與喜樂。**將耶穌帶給今日的世界，在各自的地方成為「厄瑪奴耳」，這就是厄瑪奴耳團體成員的召叫。**

像祂一樣卑微、貧窮

一九七六年三月，皮爾試著幫助摯友們理解有關「厄瑪奴耳」神恩的內涵：

厄瑪奴耳，天主與我們同在……天主與我們在一起，但祂是一個小孩，是個嬰兒。那麼，如果我們是大人，我們在他旁邊，就顯得相當滑稽……

他解釋說：

真的有厄瑪奴耳的恩寵，我們應該在信德中接受它。這真的是厄瑪奴耳的恩寵，是誕生在馬槽中，那位微小卑微者的恩寵。真的，祂要求我們拋掉自己的一切，像祂一樣的貧窮，這就是祂要求我們的。這也很像亞巴郎的祭獻，以及其他的祭獻：**當我們在一切事物上貧窮時，我們將只在祂內擁有一切，成為富有的。**

所有偉大的神祕家都這樣說，但事實上，上主藉著賜予厄瑪奴耳團體的恩寵，幫助我們（如果我們是忠誠的）今天能夠一起做到。在這個世界中，自己一個人是做不到的。這個世界難以應付，我們被捲入了激流中，但在這激流中，我們有一個小島，在這個小島上，我們能夠一起相聚。

真的，這很深刻……任何言語都無法解釋清楚，唯有上主能予以說明……。

這不是一場運動，不是一個組織，而是純粹的、深刻屬靈的。這真的是隨聖神而來的，之後，當我們被召喚走向某位弟兄，或者走向哪些組織，哪些地方，聖神會使我們得到證實……。（76–E11）

蒙召是爲了走向別人

皮爾繼續說：

當我們向「厄瑪奴耳」（天主與我們同在）做出承諾時，上主對我們的要求是什麼？為什麼是「厄瑪奴耳」呢？上主是實際的，祂降生成人，祂賜予我們的這個恩寵不是無關緊要的，而是有意義的，因為上主想要做一些事……。

今天你們不應該完全盲目而沒有意識到情況非常的糟糕。（……）耶穌不會將世界和祂的孩子留在黑暗中。

這就是為什麼藉著這個特殊的恩寵，而我們什麼也沒有做……，因為我認為我們每個人都明白，只有藉著上主的恩寵，「厄瑪奴耳」才能存在……不斷地有人皈依，我們非常清楚，自己真的什麼也沒有做……。

你們注意到了，現在是絕好的收割期，「莊稼已經發白，可以收割了[50]。」上主說：「你們應當求莊稼的主人派遣工人[51]」……如果我們是分散的，就什麼也不能做。（76–E11）

皮爾很清楚，厄瑪奴耳團體的存在不是為了它自己，而是為了傳教使命，為了教會的復興以及服務教會。我們藉以互相支持的團體生活，本質上是為了福傳的使命，也就是在聖神的喜樂中福傳，因為是祂在帶領我們。

50.《若望福音》四章35節。
51.《瑪竇福音》九章38節。

一起幫助耶穌作戰

皮爾深深地意識到世界中的屬靈爭戰，他邀請兄弟姊妹們在福傳中一起面對。

你們應該說：「上主，真的，請祢拯救這些靈魂吧！」如果你們不斷地祈禱，你們就能幫助別人。我們真的應該動員起來，一起為此祈禱。厄瑪奴耳——天主與我們同在——的目標，是一起作戰並且說：「上主，這些是祢的軍隊，我們應該幫助祢，好能抵擋侵襲一切的魔鬼。」（81–E55a）

同時，他也喜歡說，就如在第一次向團體做出承諾時說的：

我們非常簡單，像小孩子一樣……最重要的是，我們要相信。這不是一件由人而來的事情，這是由耶穌來的。耶穌非常簡單。這不是神祕家的歷史（都是非常複雜的），這非常簡單。我們應該是願意相信的、是喜樂的。（77–E23）

那些蒙召在這個團體恩寵中生活的人，都是一些平常但喜樂的人，因為馬槽中的嬰兒拜訪也拯救了他們：他們是不同年齡與地位的人，有不同的工作與文化背景，來自不同的國家與區域。他們生活在合一團結的精神中，不論他們是已婚或未婚的平信徒，或是為了天國而獨身的人，或是鰥夫寡婦，或是單親父母，或是修士，或是神父……

他們在聖體面前做為期一年的承諾（commitment），之後每年自由地更新承諾[52]。他們

52. 藉此表達願意用厄瑪奴耳團體的精神生活，同時也領受團體的神恩並活出團體的召叫。每年更新承諾，就是再次做決定，也再次堅定自己奉獻的意願。

按著教會禮儀年曆嚴謹地生活；然而，聖誕節的恩寵具有特殊的意義：不僅更新了讚美、朝拜聖體的恩寵，也更新我們對福傳的願望，以及對聖母的愛。

聖母是保衛者

皮爾強調，我們之所以能開始，非常重要的一點是，**我們有一位母親……一位母親：她是厄瑪奴耳的母親，這非常的重要。與聖母在一起，事情自然會變得順利。**

聖母孕育且誕生了厄瑪奴耳，同樣也孕育了厄瑪奴耳團體。每個人認識聖母的時間點都不一樣，但是從團體開始時她就在那裡，她教導每個人藉著團體的神恩去生活、朝拜聖體、接受質疑、更加的自我奉獻，並像耶穌一樣對世界懷有憐憫心。聖母領導我們去福傳，就是使耶穌在現今的世界裡誕生。

是聖母在建立團體，她是團體的保衛者[53]**（78–E31d）**。像母親一樣，她是團體團結統一的重要因素，她保護團體。**她在那兒，在一切表面事物之下，在我們所經驗的一切之中。她是我們的外氅，我們受她保護！（78–E31d）**她也是我們熱愛、忠於教會的保證人。

不斷回到三個重點

一九七五年，皮爾帶著幽默的現實感，並以權威式的信念勉勵他的摯友，以及所有來巴萊毛尼亞參加首屆聚會的人：

53. 皮爾生命的起迄點，就落在兩個聖母的節日（8 月 15 日和 3 月 25 日）之間。我們也注意到，在圖旭舉行的聖神充滿的週末避靜，開始於 2 月 11 日，這是露德聖母首次顯現的日子。還有，教廷認可厄瑪奴耳團體章程的時間，是在 1992 年 12 月 8 日，這一天是聖母始胎無染原罪瞻禮日。

我們應該祈禱，並且不斷地祈禱：你們都清楚這點，關鍵就是要去做。「你們應該彼此相愛」，這句話說起來容易，做起來並不那麼容易。我們應該宣講上主，因為我們領受了五旬節的聖神，就是富於德能與勇敢的聖神。你們真的應該相信，彼此祈禱，那麼就能獲得聖神。（75–E08）

皮爾經常回到這三個重點：朝拜聖體、同情[54]、福傳。這些都該是每個基督徒生活中的一部分，同時，這些也以特別的方式成了厄瑪奴耳團體奠定特殊神恩的基礎。

在傳統中徹底革新

團體就是這樣產生的。皮爾成了歷史的一部分，他保存傳統，同時也有徹底的革新。在聖神之火的燃燒中，他將慷慨地、不知疲倦地撒下福傳之網。當上主派遣他們時，他與「兄弟姊妹們」合作，與不同生活方式的人緊密團結。皮爾幫助每個人，以簡單、具體而又明確、毫不妥協的回應，將自己交託於聖愛之火，同時也讓自己被福傳的愛火燃燒。

事實上，皮爾希望盡可能將更多的人引導到這種神祕與福傳的生活，然而人們沒有必要進入厄瑪奴耳團體，或成為靈修大師，或成為修道人才能過這種生活。

他所建議的道路是非常簡單而喜樂的，適合在世界中生活的普通人。他的道路是傳統的，同時具有小德蘭及其愛的小徑所帶來的新穎性。五旬節的恩寵使神嬰小道更加發揚，並使我們互相支持，一起前進。

54. 同情，外文為 compassion，字面意思為「與…一起受苦」，這不是我們一般說的「對人有同情心」，或是表達憐憫之情，而是由祈禱而來的愛德，能感受到別人的痛苦並為他受苦，就像耶穌的愛。中文不太能完整的表達，按厄瑪奴耳團體華人團員的習慣，通常以「同情」稱之。更詳盡的意義，請見本書第十九章。

第五章 人們眼中的皮爾・高山

通常，人們第一次見到皮爾總是會感到驚訝。事實上，我們很容易認為，一個團體的創始人應該是一位與眾不同、有過非凡壯舉、無法為人模仿、受人仰慕、而且靈魂超拔、語出驚人的人；總之，是一位讓人敬佩的人……。

平凡？不平凡？

皮爾的確與眾不同，他擁有獨特的性格，開放、靈敏的胸懷；他有深厚的文化背景，內心燃燒著熱火。然而在他身上，沒有什麼使人感到驚訝的：他沒有驚人的苦修，沒有驚異的言語（他甚至經常難以清楚地表達自己的想法），無法施行吸引人群的奇蹟。相反的，我們見到的是一位生活極其簡單的人，穿著陳舊的衣服，帶著謙遜的態度。他是個令人難以預料的人，隨時可以用一個笑話讓人們變得舒服，或表明自己並非你們所想的那麼特別；他是一個永遠不介意被打擾的人，不需要預約便可隨意來訪：或是帶著問題、見證，或是尋求辦法；或是給他帶來聖像、或小點心（他最喜愛巧克力）；或者沒有任何事，只是來問候他。例如，有個小女孩只想認識他，但沒有什麼話可說，於是就坐在他的床邊，握著他的手……。每一個人，不論年齡與境況如何，都受到歡迎，就好像皮爾正在等著他們一樣。

皮爾會說「那麼，我的小兄弟」，就好像接續著上次的談話一樣，他準備好聆聽你要說的。

皮爾每天大部分的時間都躺在床上。他的房間同時也是他工作的地方：有兩部伸手可及的電話（有時他會同時接聽），有他的記事本，幾本正在閱讀的書、《聖經》、一盒麵包和一些糖。他就是在這裡接待每一個人，不論主教、商人，或是有困難的人。也是在這裡，人們圍在桌子四周，為將年輕的團體組織起來而召開各種會議。最後，靠近床尾的牆上掛著一個「天主教職工青年會」的大苦像⑮，苦像中間有耶穌聖心，由於皮爾的親吻，聖心已經變得發亮了。

皮爾的眼神，既和藹又帶著點調皮，對於前來見他的人總是流露出深刻的關懷，讓人們能夠更自由的在信任中表達自己。他的目光善良和藹，極相似聖文生，他的一些手勢，則會讓人想到路易．德．菲內斯㊻。

這就是創立人?!

皮爾的口中沒有非凡的建議，只有簡單而具體的話。他從不受限於禮貌性的格式（慣用語），他善於解決問題。他藉一句話，或是建議一個服務，或是一個看似偏離話題的平凡問題，絲毫沒有判斷地，幫助每一個人得到與其問題相關的啟示，讓當事人自己轉向天主。他非常警惕，不讓人們太注意到他。在與他的接觸中，人們一點也不感到被判斷，而是得到深深的認可，然後重拾希望，繼續上路，積極的生活。

他平易近人，心地善良，給人信賴感。接觸過他的人，有一些會被他的「極其純樸」

55. 這個苦像是由波蘭藝術家馬克．索克（Marek Swarc）設計的，由天主教職工青年會授予已發願的成員。此苦像有三個尺寸，皮爾在 1935 年領受了大的苦像，一直保存到他離世為止。他逝世後，這苦像便由厄瑪奴耳團體總負責人代代相傳。藝術家蜜雪兒．婁德（Michel Laude）做了一個複製品，放在巴萊毛尼亞皮爾的墳墓上。
56. 路易．德．菲內斯（Louis de Funès，1914–1983）是皮爾喜愛的法國電影喜劇演員。

所困惑，可能會說「這就是你們的創立人嗎？」另一些人則意識到自己所見到的是天主的人，因為他幾乎什麼也沒有做，甚至常常不知道該怎樣，但卻又能具體的給予人們生命中最重要的。

結巴的言語充滿力量

皮爾講話相當節制，有時甚至很平庸，這使得他的一位同事如此說：「皮爾看起來像一個結結巴巴、沒有條理的人，但他做什麼都成功！」（由皮爾轉述，88-I）此外，講話對他來說，真的是個掙扎與感到羞辱的事情。確實是這樣的，當他累的時候，說話會結結巴巴，但在其他時候，藉著聖神的力量，他的發言帶有力量。

例如，有一天，在我向我的丈夫和皮爾說明一個需要做的重要決定之後，皮爾要求與我談話，「立刻，就一分鐘」，他簡要地對我說：「我們所做的決定是不錯的……但我有一個問題：如此一來，你是否會受到世俗思想的影響呢？好了，我就想跟你說這個……現在我們去吃午飯吧！」他的話語好像一束光滲透了我，如同鐳射一般，擊中了我生命的深處，並讓我清晰地看見他的評論合理，以及我應當做出什麼樣的決定才正確。皮爾後來從未再提及此事。我當時感到很為難，覺得他過於誇張……直到後來我才明白，是聖神在祈禱中啟示他，他順從了，然後告訴我。他單純的以僕人身分發言，在完成任務後便隱退，事情的結果不在他手上。

單從人性層面來說，這樣一定會引起一些矛盾和誤解。由於他天生靦腆，以及怕傷及他人，皮爾用很多——甚至過多——的方式來說明事情。但有時相反地，他已顯出一些急躁，而人們卻認為他說得還不夠。他清楚自己的有限，有時會讓別人代替他發言，但有時這對代他發言的人來說很困難，對聽的人也是！

鮮爲人知的影響力

總的來說，他極不引人注意，我們可以與他相處多日，而沒有留意到他、注意他、或是看見他。他溫和安詳，一點也不矯揉造作，相反的，他更願意不為人知，這便是他刻意自我謙遜的偉大之處。

他的一個表兄弟（J. Beauchamp）說：「在他的葬禮上，我們才發覺我們完全不瞭解他的作為，當我們看到聚集在他身邊的人群時，我們不明白這是怎麼一回事？難道皮爾做過什麼嗎？我看到的他總是在生病啊[57]！」

當時，在皮爾的葬禮上，有一個人從擠滿人群的教堂門口經過，他轉而觀看、聆聽眼前的這一切，並且領受了一次強有力的皈依恩寵，以至於第二天，這人還與同事們分享此事。皮爾真的喜歡出其不意！

比年輕人更現代的老人

然而，是什麼促使他成為團體創始人和靈修導師呢？當然，他在人性和靈修方面的經

57. 參加葬禮的人非常多，他的表兄弟沒想到皮爾會對這麼多人有影響力。

驗，以及近四十年來對天主的忠信，這些是首要的保證。藝術家的氣質、好奇的態度、活躍敏慧的思維，以及對媒體的熟悉，這些促使他成了一位現代、開放、有些前衛的人。例如一九七五年（皮爾六十一歲），他向一位女科學家表達渴望學習電腦資訊課程時，她感到相當驚訝和困惑，因為當時的法國還沒有這些課程。這位女士說：「他雖然不是很明白，但他瞭解科學和技術的進步……，在同時代的人中，他是一位比年輕人更加現代的老先生。」

皮爾充滿想法，他有自己的想法，也會接受別人的想法，還有聖神啟示給他的想法。他總是密切留意時刻能宣講上主的機會，當他和其他人評估並祈禱後，決定接受一個計畫時，便會在最短的時間內，無畏阻礙，大膽的去做。有一天他的朋友這樣說：「幸虧你的身體不佳……否則我們都會被你折騰死！……」

膽量來自信德

這個世界上聰明的、友愛的、幽默的、良善的人不乏有之，然而具有信德的祈禱之人，雖然也有但卻很少。

皮爾的大膽也許會使一些人為難，但是也鍛煉許多人。因為，這膽量不是奠基於人性的力量或頑固，而是基於全然為天主工作的渴望。這份膽量所依據的是：在教會經驗和教導的光照下實踐多年的信德。皮爾深知此點。憑藉著聖神的恩寵，這信德變成了孩子般堅定不移的信賴。我們已經說過，皮爾深信天父的愛會伴隨著自己所做的一切，也會在他出錯的時候及時告訴他。

皮爾的信德，他孩子般的信賴一點也不沉重或是悲傷（抑鬱）！相反的，他是喜樂的、熱情的、充滿生氣的。而且，這信德具有感染力，並伴隨著一種真正的信德神恩（在聖神充滿時領受的）。因此，接觸他的人們都能領受某些東西：人們的信德得到了堅固，並且隨後也能堅固他人。

軟弱者是上主的助手

這些完全不是由於個人的魅力。皮爾相當謙卑，他極清楚自己的限度，因此不會想要對人們造成任何影響。「我是個可憐的傢伙」，他多次這樣說自己，而且對此深信不疑：

上主總是使用可憐的傢伙來幫助祂。就這樣，至少祂可以確定人們不會自以為是，而是祂自己要做工……我是說我自己！（79–E39a）

在他最後幾年的談話中，某一次他說（一九八七年，在德國）：

我幾乎沒有神恩。我只有一項神恩，就是辨別的神恩。我對自己說：「我為什麼要擔憂呢？既然是聖神在工作……我是個可憐的傢伙，這樣一來，聖神會工作的！」一切就這樣發生。

他在一次訪談中明確的說（88–I）：

辨別的神恩來自聖神，來自於我的性格，還有一點點來自於經驗，就是使人謹慎的經驗。我能說的是，我沒有過什麼神祕經驗，也沒有見到什麼奇異的事，更沒有上過七重天……但是我總有來自聖神的光照……。

這種內在極大的自由可以打動所有人，或使人為難，或使人自在，其中的祕密就是：他既意識到自己的限度，同時又信賴慈愛天主的全能。

進入愛的奧祕，切莫遲疑

他不是一個理論或意識形態的人，而是一個具體、非常真實，深深扎根於上主的愛情和生活的人。他也是扎根於教會（這是他一向深愛的）經驗中的人。

他給人強烈且持久的印象，是那份由他內心散發出的純樸的喜樂，以及滲透他、環繞他整個人的火。他心中好像有一種「臨在」充滿著他，不論環境如何，他始終聆聽這「臨在」。無論他發揮自己的才能，或者自己的弱點暴露時，這份「臨在」都會隱約地顯露，皮爾則隱退。我們看得出來，他願意帶我們進入他所生活的奧祕之中……他甚至為此急躁不安，就好像他已經跳入大海裡，在快要臨近對岸時，充滿熱火和同情的呼喊著，要人們毫不遲疑地啟程。

在這樣一種透明中，使他既能與弟兄們接近，又能與人事保持距離，就好像他能從遠處、從高處，對現實有一種整體的遠景，並且可以看到未來。他以簡單的方式表達他對天主與我們週遭靈魂的熱愛。愛的召喚以及福傳的緊迫性於是顯明，他帶動了我們每一個人。

專欄一

皮爾．高山生平大事紀

一九一四年　八月十五日，出生於漫畫世家。

一九二六年　皮爾的弟弟因病過世。

一九三三年　染上結核病。

一九三三年　住進療養院，與基督相遇（即他的皈依），領受獨身的召叫。

一九七〇年　從法國天主教電影辦公室退休。

一九七一年　買了罌粟號平底船，做為年輕人聚會和活動的場所。

一九七二年　二月初，第一次領受聖神充滿（個人式）。

一九七二年　二月十一至十三日，圖旭的週末祈禱聚會，「群體式」地領受聖神充滿，與瑪婷共同領受了「成為兄妹的恩寵」。

一九七二年　五月，成立神恩復興祈禱小組，只有五人。

一九七三年　年初，祈禱小組人數不斷增多，希望能有個名字代表祈禱小組以及所舉辦的一切活動，於是在祈禱中領受到「厄瑪奴耳」這個名字。

一九七三年　受邀擔任「厄瑪奴耳」祈禱組負責人。

一九七三年　聖神降臨節，「厄瑪奴耳」祈禱組已有五百人。

一九七四年　夏季，搬離自己的住所，與兩位年輕人住在一起，一起朝拜聖體、組織培育活動。

一九七五年　厄瑪奴耳團體第一次在巴萊毛尼亞耶穌聖心朝聖地聚會。

一九七六年　夏季，兩次拜訪美國天主聖言團體，尋找團體生活的樣貌。

一九七六年　九月，四十多位成員在三週避靜後做出決定（白天工作，晚上祈禱），希望過一種互相承諾的「團體」生活。「厄瑪奴耳團體」正式誕生。

一九七七年　六月十八日，第一次向團體做出承諾。

一九八五年　心臟病突發，辭退厄瑪奴耳團體負責人職務，更加全心地朝拜聖體。

一九九一年　三月廿五日逝世，葬於法國巴萊毛尼亞耶穌聖心朝聖地。

一九九二年　十二月八日，宗座通過厄瑪奴耳團體的憲章，正式認可它為一個天主教公立基督信徒善會團體，隸屬於平信徒委員會。

二〇一〇年　開始了皮爾．高山列真福品的進程。

專欄二

皮爾．高山關於天主教神恩復興運動的一些談話

皮爾熟知教會歷史，他在神恩復興運動中看到了一個新的神祕氣息，這氣息驅除了籠罩法國的楊森主義[58]和嚴格主義的烏雲。楊森主義於十七世紀末被宣布為異端，接著在十八世紀甚至直到今日，仍在毒害著基督徒的生活。

在神恩復興運動驚人的活力中，皮爾看到了天主賜給我們這個時代每一位基督徒，以及教會生活的一項特殊恩寵：將會改變世界的天主的愛火。他在天主教會內努力地傳揚這個復興。

以下是一九七四年至一九七六年間，皮爾關於神恩復興「事件」強有力的談話。

在十七世紀法國學派[59]的影響下，那是個信仰蓬勃穩固的時代。接下來，十九世紀時，一切都被毀壞了，人們諷刺天主的愛和天主聖心。（75–E06）然而，我不知道你們是否知道，至少從兩個世紀前（十八世紀）開始，我們在教會裡非常害怕神祕主義。如果你們讀了白

58. 楊森主義（Jansenism）於十七、十八世紀時流行於法國、荷蘭一帶，以發起人楊森（Cornelius Otto Jansen, 1585–1638）為名，對現代法國的影響主要在於道德標準的嚴格要求。
59. 法國學派是十七世紀的神學和靈修運動，其精神集中在基督的人性和信徒成聖。在祈禱方面，看重的是與耶穌親密的態度和朝拜祂，由此引發對耶穌聖心、朝拜聖體的敬虔與奉獻。對法國及整個教會都有很大的影響。

瑞蒙神父的《法國宗教情感文學史》，你們就會明白當時的楊森主義是怎麼一回事。我們的家庭都中了楊森主義的毒，而我們由家庭繼承了這個怪誕的異端。（74–E02）我們中許多世代的人，都被天主教這個可怕的楊森主義異端所影響。它雖被禁止了，但到處重生。我們總是驕傲、自以為是，覺得自己能成為英雄。（75–E06）

那麼現在正在發生的「復興」是什麼？……這個復興是五旬節的復興。也許我們想要與基督新教五旬節教派（Pentecostals）有所分別，因而自稱為「神恩復興」（Charismatic Renewal）。然而事實上這是五旬節（Pentecostal）的復興，也是教宗若望廿三世（John XXIII）所祈求的。

神恩復興事件的發生

你們都知道美國杜肯大學（Duquesne University of the Holy Spirit）的兄弟姊妹們，他們致力於社會問題，服務於公教進行會（Catholic Action），這些學生和老師們虔誠地活出基督信仰，他們說：「既然上主告訴我們，只有一件關於聖神的請求會被答覆；既然教宗若望廿三世為世界祈求一次新的五旬節……那我們就求吧！直到新的五旬節來臨。」他們經過幾週的祈禱後（75–E08）……新的五旬節來了，你們都知道是在怎樣的情況下發生的。接著，傳到了聖母大學（The American Catholic University of Notre Dame），以及美國其他的大學，之後傳遍了全世界。（75–E06）

如果聖神是這樣來臨的，說明事情真的不很順利。在今日世界，事情一點也不順利，但不幸的是，我們一直都被小鬼兒[60]蒙蔽著……我們甚至一點也覺悟不到。（我們被麻醉了，被有毒的霧水催眠了[61]）（75–E08）這很危險，很可怕。現今魔鬼的鎖鏈完全被解除了。（74–E02）

罪惡是強有力的。報紙、雜誌、廣播、電視、廣告、一切的一切都是可怕的，因為是如此的可怕，致使我們反而不覺得可怕了。你們期望孩子們在這樣的環境中要如何成長呢？所以，我們不能繼續這樣下去。上主不能讓我們落入此種境地。因此，祂來了，廣施奇事……上主在全世界都在做工。聖神來了，這是五旬節的風在吹拂。（76–E11）

皈依的潮流席捲各地

如今，上主給各個領域的人們沛降甘露。沒有見過這些的年輕人們說，他們正在經歷一個皈依：「上主，你派遣我們到我們沒有播種的地方收割。」顯然，一百年、二百年、五十年來，有多少靈魂為此犧牲，為此日的到來祈禱。現在，正是時候了。（74–E02）

如果你們真的想要理解這種非凡的力量，你們可以想想，它在世界各地，在同一時間裡正在興起，而且是從基層開始的，非官方的，在各個方面……不是命令的……所有人都贊成。在人們被教導這事之前，他們就已經知道一切……

聖神開啟了我們靈性的耳朵，每次我們讀經時，所有的年輕人、年長者，所有的人都

60. 小鬼兒，法文是 toto，皮爾這樣稱呼魔鬼。
61. 教宗聖保祿六世（Paul VI）也是用相近的說法表達教會與世界的情況，他使用的詞語是「撒旦的煙霧」。

能聽懂，這簡直讓人難以置信。而且不只在這裡，也在世界各地！（74–E02）

上主來了……藉著令人驚異的皈依記號，祂向我們顯現，這是幾個世紀以來從未見過的。祂正對你們說：「我願意在這裡做些事情，你們願意跟隨我嗎？願意還是不願意？」（76–E11）

你們瞧，這真的是一個新的五旬節……天主教徒曾祈求新五旬節的到來，然而當這一切發生時，他們反而感到驚訝！所以我們應該改變，然而為了能改變，聖神要先改變我們，祂正等著我們向祂祈求呢！……

伯多祿和保祿並沒有等到自己變成完美的人後才去宣講耶穌。耶穌向我們派遣的是五旬節的精神（聖神），這不是為了讓我們的內在得到舒適。祂派遣我們是為了走向兄弟們……（74–E02）

為了使這精神繼續傳播，我們就應該宣講，就像聖保祿所說：「我若不傳福音，就有禍了！」（75–E08）

不要害怕聖神的作爲

目前天主教會中最嚴重的是，人們控制一切、鎮壓一切，人們帶著謹慎，因為他們感到害怕，他們害怕聖神。而現在最嚴重的是，壓制聖神、熄滅聖神……所以，真的，我向你們請求的是：振作起來，不要聽信到處流傳的那些話[62]，要相信這「愛」，相信上主對我們的這份瘋狂之愛。（75–E06）

62. 就是對宗教不要太熱心或太瘋狂等言語。

神恩的復興不是一場運動，而是由基層而來的一種趨勢，因為來自基層，這種趨勢從各個地方而來……法國被「白色」到處覆蓋著……整個法國被熙篤會修道院（Cistercian abbeys）覆蓋著，被修道院的白色外套覆蓋著⑥③。上主也是這樣在各地興起一些團體。（77–I3）

你們不要認為團體的核心人員會自我封閉起來，如果那樣，他們會自取滅亡。這些核心人員是迎接每個人的「堡壘」。就像油漬一樣，這會越來越擴展，會浸透一切……是聖神一點一點的經過，並革新一切。例如禮儀的革新。並不是整個教會都積極地參與了禮儀改革，但是大家都相互合作，從中受益，並享受這豐盛的果實……各個不同團體對大團體、對天主子民是一種力量：團結的力量。

在合一中保持自己的特色

神恩復興是在多樣性中的合一……神恩團體是在當地的文化背景中誕生的。應該保留他們的地方性，這會為我們的團體增加特色與人情味……各團體之間應以愛德相聯繫。它們應該經常互訪，堅固彼此，互相服務，並且練習以兄弟的友愛互相規勸……這才是多樣性中的合一……如果我們為了尋求合一而蓋一棟建築，我們就會在各個方面用牆將神恩的復興包圍起來，而實際上，我們將製造分裂，我們會使它分開，就像那些大別墅一樣，他們的牆綿延數公里……天主願意在整個法國栽種的是一座森林⑥④。這一切都是神恩復興的先知性直覺。（76–E10）

後來，皮爾在即將舉行史特拉斯堡（Strasbourg）合一大會（一九八二年）前這樣說：

63. 十一世紀時，本篤隱修傳統有改革運動，其中最為人熟知的是熙篤會，在教會內產生很大的影響，也包括法國。這裡要說的是，皮爾認為神恩復興有如當年的改革趨勢，也是天主在教會內興起的一股潮流。由於熙篤會的會衣是白色的，所以皮爾說當時的法國被白色到處覆蓋著。

64. 森林是由一棵棵的樹組成，樹與樹之間並沒有東西區隔開。皮爾用這樣的圖像說明各團體之間不要互相隔閡。在皮爾的影響下，法國的神恩團體有各種不同的發展，表現了多樣性，彼此間以愛德互相來往，表達合一，同時並不封閉在神恩復興運動的圈子裡。

多虧了我們基督新教的朋友們，我們很感激他們……由於他們，我們重新認識了聖神的德能[65]……但我們應該讓他們明白，在天主教會內我們找到了自己的路，我們擁有教會無窮的財富，雖然這些財富有段時間被冷凍了，但是現在，聖神和我們心中的愛使它重新暖熱；我們都被深深地改變了。（82–E61）

皮爾這樣的概括說明：

神恩復興是從天上降到世間的火……它是五旬節的恩寵，是堅振聖事的重新更新。我們因此被「裝備」好將這火帶給我們所有的弟兄和姊妹們。

（《祂生活著》雜誌[66]，第 5 期）

65. 1967 年天主教神恩復興運動在美國的開始，是因為其中幾位成員先與基督教的兄弟姊妹接觸，並聽說了聖神充滿這件事，之後他們在自己的聚會中祈求聖神，也被聖神充滿了。
66.《祂生活著》（*Il est vivant*），是厄瑪奴耳團體為了福傳所發行的雙月刊雜誌。

◀ 巴萊毛尼亞大教堂（蘇建彰攝影）

【第二部分】
談祈禱與朝拜聖體

第六章　上主在祈禱中給予一切

從本章開始，我們將要陸續介紹皮爾教導的具體細節。

皮爾如何向每個人、每個普通人啟發一條通往與天主結合，並在世界中與祂生活的簡單路徑？他如何幫助人們不去追求非凡的事物，而是在喜樂與愛中，與耶穌一同經歷生活中大大小小的事物？他如何鼓勵人們在人際關係中富於仁慈，並且度福傳的生活？

皮爾強烈地愛著基督，他首先關心的是，讓每個人轉向基督。無論是神父、平信徒、奉獻者、年輕的或是年長者，對每個人來說，一切都來自在祈禱與朝拜中與基督的個別相遇，以及個人與祂的常態關係。皮爾一直不斷地重複這一點。

因為，他堅信，**上主在祈禱中給予一切**。（78–E32）在祈禱中，只有在祈禱中，我們才能與祂建立真正的友誼；在祈禱中，藉由我們與因愛降生成人的天主交往，我們的心才會因著基督對世界，特別是對受苦人的愛而被征服。正因為這樣，我們的心才會得以改變。所有這些要點會在後面詳述。

我們首先要看的是，皮爾對祈禱與朝拜天主的看法。

在朝拜聖體中領受恩寵

我們記得皮爾皈依後，祈禱很自然地成為他生活中的一部分。「然後」，他說，「我明白了，上主願意我在世界中成為一個朝拜聖體的人。聖體在我的生活中佔有重要位置。」（86–I）因此，對聖體的朝拜也將成為他的一項真實的召叫。多少年的忠信、掙扎、選擇……讓他變成一個祈禱的人，特別是一個朝拜者。朝拜聖體支撐了他的一生，同樣也支撐著他的祈禱生活。

皮爾是在朝拜聖體中，在默觀天主降生成人且臨於他面前時，加深了自己與基督的關係。在朝拜中他領受了謙卑的心；同樣也是在朝拜中，他深深地進入了降生的恩寵中。

皮爾的一切朝拜與祈禱主要是默觀性質的；藉由信德的態度，祈禱變得越來越單純。他也邀請每個人進入這樣的默觀。如果從一開始他就強調朝拜聖體聖事中的耶穌，這是因為這裡真的是我們與基督最親密的地方。

對皮爾而言，他幾乎無法說出自己正在經驗的一切。但是，他給的建議既簡單又具體，這些證明了他的經驗，以及他與上主生活的、愛的關係。

愛耶穌，不怕被人嘲笑

一九七一年，在第一次經歷聖神充滿的前幾週，他給我們祈禱學校的青年們寫了這段話，當時其中有兩位正在帶領一個小組：

祈禱就是愛耶穌。就是同意與祂會晤——其實角色顛倒了！我們認為是祂邀請我們約會，其實一點也不是這樣！祂總是在那裡，晝夜等待著我們，從不感到疲憊，是我們不歡迎祂。因此一旦我們接受了祂的邀請，想想祂會多麼喜樂，而我們受到的接待又是多麼的溫暖……。信德幫助我們理解這點，並且相信耶穌逐字逐句說的：「看，我立在門口敲門，誰若聽見我的聲音而給我開門，我要進到他那裡，同他坐席，他也要同我一起坐席[67]。」（71–M2）

在那個年代裡，祈禱與朝拜聖體並不流行。人們對這些保持警戒，他們逃避現實，談論天啟論[68]（Catholic illuminism）等等。祈禱的人反而是可疑的，往往受人嘲笑。事實上，當我們看到皮爾的實際性，以及他的具體性時，我們會發現他並不害怕這些危險。

我們已經說過，在一九七二年皮爾對聖神的認識中，這種火的經驗影響了他的整個生命，他說：「在這愛火中，我們不斷地被燃燒、熔化、重塑」。（75–E09b）他的祈禱生活，他與基督的關係都得到了改變。他去世後，我們在他一九七二年的草稿信函上，發現了這個祕密：

被聖神充滿後，在肉體方面我需要做心禱，不然我會窒息，同時變得悲傷。一旦我重新開始心禱，喜樂、平安、光明隨之而來。但是，我現在認識到，這不再是一段心禱時間的問題了，而是我應該不斷地與耶穌在一起……（72–LM8）

67. 《若望默示錄》三章 20 節。
68. 有如諾斯主義，強調個人所領受的神聖光照，並以此為使命而啟發他人，這與教會訓導相反，是一種異端。

「如果祈禱幫助人心迎接聖神，聖神也會召喚並引導人祈禱，祂才是真正的導師。」卡發烈神父的這番話道出了皮爾所經歷的。

在兄弟般的關係中，耶穌與皮爾分享祂對世人的灼熱之愛，並且帶領皮爾傳播這份愛：「**我來是為把火投在地上，我是多麼切望它已經燃燒起來⑲？**」基督的這句話燃燒著皮爾的心，他多次重複這句話。同時，他也經常說：「**那住在我內，我也住在他內的，他就結許多的果實，因為離了我，你們什麼也不能做⑳。**」如果我們不在祈禱中與祂經常交往，我們便無法「住在基督的愛中」。

不祈禱，恐瀕死！

皮爾的一生是祈禱的一生。如今在這廿世紀末，這同一天主愛火的經驗，藉著聖神充滿賜給許多人，而且常常是在他們首次皈依的時候，這是傳遍世界的「五旬節復興」的一個特徵。

皮爾清楚地意識到，應該不斷地領受這份愛火。然而，為了使這火能不斷地在人心裡燃燒，並且在人與人之間燃燒，其先決條件就是祈禱。**神恩復興是天上降到世間的火……而我們需要不斷的祈禱使這火更加旺盛。**（《祂生活著》雜誌，第5期）**如果我們聆聽上主，祂會給予我們經常性的聖神充滿。**（79–E09b）為此皮爾不能保持緘默。

我們應該祈禱，讓天主的恩寵浸透我們、佔有我們、改變我們，否則，我們仍只是膚

69.　《路加福音》十二章49節。
70.　《若望福音》十五章5節。

淺的。他毫不猶豫的肯定：首先重要的是祈禱，個人的祈禱，與兩個、三個、四個或五個人祈禱，然後是團體祈禱……不然你們會有死亡的危險。（76–E11）

皮爾的用詞強硬，然而他是實際的！……所以，我們應該有最低限度的祈禱時間，這是上主要求我們的。（79–E36）

以愛說服人好好祈禱

皮爾並不宣稱自己能指導別人的祈禱生活，而是樂意讓人們向「專家們」請教。他只是像兄長一般，滿懷熱情地將每一位引入祈禱，並向他們指出，在一切情況中，信德與愛德的忠誠是可能也是重要的。皮爾不講理論或說大道理，也不將人們限制在某種祈禱形式，使用某種技巧或倫理名言強迫人。他以慣有的幽默從心發言，盡可能是「愛的說服」，並且使用具體的語彙以及日常生活的圖像來表達。

無論是在訪談或者個人的交談中，因著教會傳統的啟發，皮爾會給予一些指導原則，並且是大家都可以接受的。很明顯的，他自己的經驗也常常在無意中顯露出來。

在他身上，我們看到聖方濟・沙雷的節制以及對事物的具體見解；小德蘭般愛的純樸，以及亞味拉大德蘭充滿熱火卻平衡的靈修觀[71]（即使皮爾特別喜愛小德蘭，但是他非常熟悉亞味拉大德蘭，並從她那兒學會祈禱）。他身上也有卡發烈神父現實主義的精神……此外，皮爾也受到了天主聖言的浸透。他的具體性建議，持久地幫助了那些向聽他請益的人，並且吸引他們進入皮爾所生活的神祕生活之中。我們願意與大家分享這點。

71. 大德蘭是個熱情的人，對天主毫無保留的給予，但同時，他的靈修教導並不偏激，而是要人保持著合情合理的平衡態度。

投向聖心的懷抱

在這之前，我還需要提出兩點：

第一點，皮爾一開始就把人們引向耶穌聖心。為什麼？

皮爾年輕時是藉著凝視耶穌聖心，才能走向基督和祂的愛。接著，聖心不斷地吸引他，並且向他啟示了基督：

我年輕的時候，受到了嚴重的傷害，非常害怕十字架……我所在的聖斐理伯教堂裡有兩個祭台，一個是十字架祭台，一個是聖心祭台。我總是去聖心祭台這邊。（一九八八年，他在別的場合說：「我在聖心祭台這裡避難」）

我心想：「十字架真是令人恐懼。人們如何能接受它呢？這是個恥辱，令人恐懼……」然而耶穌的聖心是充滿光芒的，沒有血跡，只有光和火……與祂在一起，我是平安的。祂將我放進祂聖心的平安中，於是我充滿了信任與平安。（79–E39a）

一九三三年，皮爾皈依時，他的神師對他說：「你不用考慮十字架……現在，安息在耶穌聖心裡，愛祂、學習被愛，也讓自己被愛。」（75–E06）

他後來也說，「我非常喜愛耶穌聖心。」他解釋說：「耶穌聖心既是人性的心，也是神性的心。這是天主的心、聖三的心，是無限愛情的心。那麼，如果你們發現了這樣的上主之愛，你們就會被觸動。」（88–I）

愛慕不是一種儀式

皮爾在與耶穌聖心的親密中找到了謙虛之路，因為聖心既是謙虛的泉源也是果實。事實上，透過耶穌聖心，皮爾找到了進入與基督親密生活最快速的方法，因此，他將向人們推薦這個方法。「我一直都很恭敬耶穌聖心。」（77–I2）皮爾所說的是一種愛慕之情，而不是指什麼宗教敬禮禮儀活動，因為他不屬於遵守敬禮儀式的人。況且他也這樣說：「重要的不是遵守什麼敬禮。」

> 聖心不單是什麼敬禮儀式，而是天主聖愛中最重要的部分：天主如此愛了世界，祂賜下自己唯一的聖子來拯救世界。這真是一個愛的奧蹟。（75–E06）

小德蘭的一個見證可以更好地說明這點。有一次，與小德蘭同為聖衣會修女的姊姊——瑟琳．聖容珍尼薇（Céline, Soeur Geneviève de la Saint Face），與瑪利．尤震神父（Marie–Eugène de l' Enfant–Jésus）談話時這樣說[72]：

「我妹妹並不重視敬禮。」

「什麼？她不重視敬禮嗎？」

「是的，比方說，她對敬禮聖心的理解不像一般人那樣。」

「為什麼？」

「因為一般人把它當做一種敬禮，然而對她而言，這是一種對『愛』的崇敬。她個人對敬禮的瞭解超越一切常見的習俗，比如每個月的首瞻禮五等等⋯」

72. 參考《祢的愛伴我成長》，瑪利．尤震神父著，台北市，光啟，1996。

「那麼，聖容呢？」

「『哦』，她對我說，『對於聖容的敬禮不是一種敬禮；當你愛上某人而痴痴的望著他時，你不看他的腳跟，也不是看他的肩膀，而是他的臉。』」

皮爾又一次地與他的朋友小德蘭不謀而合了。

他的身分是朝拜者

其次，皮爾經常會不加區別地使用「祈禱」和「朝拜聖體」這兩個詞，為什麼呢？

我們已經說過了，朝拜聖體在皮爾生活中有著特殊的位置。在盡可能的情況下，他都會去聖體櫃前朝拜，特別是去離他家很近、位於弗瑞德蘭德路（Avenue de Friedland）耶穌聖體會神父[73]的小教堂那裡，這裡是當時巴黎少有的幾個全天明供聖體的地方。他也喜歡去可以俯視巴黎城的蒙馬特大教堂（Basilique de Montmartre）朝拜聖體。之後，在他居住的大博爾山（Mont Thabor）駁船[74]（常常被稱為「厄瑪奴耳團體駁船」），他長時間留在祈禱室的聖體櫃前，直到深夜。

如果不能在聖體櫃前祈禱，他就在自己的房間裡，在床上簡單的祈禱朝拜。事實上，在他與天主的關係中，一切都來自朝拜聖體，並且指向朝拜聖體。每一個祈禱都是由朝拜聖體的行動而來，意思是說，他始終不斷地意識到自己的微不足道以及天主的聖德，同時，

73. 耶穌聖體會（The Congregation of the Blessed Sacrament）是由聖伯多祿．阿以瑪（St. Peter Julien Eymard）於 1856 年在巴黎成立，以傳揚恭敬聖體為修會使命。
74. 皮爾於 1971 年購入罌粟號駁船，於 1976 年整修後改名為大博爾山駁船。

將一切信任交託於祂，並接受從祂而來的一切。這就是他一直以來內在的生活態度。

就這樣，對他來說，祈禱、朝拜聖體、朝拜之間不再有界限了，而且他從未停止這樣做。由此，他這種自由的措詞並不是一種混淆，相反的，這是一個內在整合且自由的人的記號：「**我藉著朝拜來生活，我在朝拜聖體中祈禱，也在聖心中祈禱。**」（88–I）朝拜成為了他的身分識別。他越來越沉默地、持久地生活在天主的臨在中，並且依戀般地生活在祂的仁愛與神聖中。

如果祈禱與朝拜是同一個活力，那麼，對皮爾來說，是朝拜聖體整合與光照一切，包括祈禱在內。因此我們將從朝拜聖體開始談起。

第七章　朝拜聖體：與耶穌談心

「你祈禱嗎？你現在就可以去聖體前面，朝拜一會兒。」
「但我要怎麼做呢？我不知道啊！……」
「祂在那裡，祂會告訴你的……非常簡單。」

通常，對於前來找他談話的人，皮爾都會這樣地結束與他的晤談。這些話簡短清楚，皮爾就是這樣毫不遲疑的將人們引向與基督的直接交往中。

他從不受語言的拘束，不給方法或加以解釋；他只是非常簡單地講述上主的愛，卻令這些求教的人深感驚訝又無言對答。當他們來到聖體櫃前，他們受皮爾對天主的信賴所感動。皮爾相信天主會親自向人們啟示祂自己，並且以最好的方法來教導他們。事實上，朝拜聖體常常是個人與基督相遇的重要機會，並會帶來下一次的相遇。

說到「祈禱」，皮爾帶著微笑解釋說，「上主對我們每個人的心說話，於是我們都感覺到一種改變並且渴望上主。」（74-E41）這段話幫助我們想起聖方濟・沙雷的話：「你們長時間地看著祂，你們的心就會充滿祂。」

懷著依恃的心朝拜

首先，讓我們觀看皮爾在聖體前，或是彌撒中祝聖餅酒時的姿態。無論他有多累，他都要長時間的低頭跪下，在依賴與卑微的姿態中深刻地默想。毫無疑問的，他處於自己崇敬的「那一位」之前，被「那一位」緊緊的吸引。我們看出這是他生活的重點，他臉上散發的光與安詳的喜樂可以為此作證。於是我們也渴望進入皮爾這種「臨在」的奧祕中：一種充滿愛的奧祕，既靠近，又深不可測……皮爾彷彿幼兒，帶著信賴般的純樸，在焚燒的荊棘前，祈禱……。

當他在朝拜聖體時，如果有人打擾他，他會坐在長椅上，立刻自然地轉向你，同時又不離開自己正在朝拜的那一位；他很自然地將你引入祂的臨在中，進入他們的交談中。這顯示了謙卑與朝拜聖體、朝拜聖體與愛德間的緊密聯繫。「朝拜聖體」、「祈禱」這些詞頓時變得非常真實。

我們也記得他急切前去參與彌撒的模樣，有時為了避免遲到，他竟穿著一隻拖鞋和一隻皮鞋趕著去，因為召叫他的那一位是如此的強烈，以至他竟忘記了其他的事。

皮爾，請讓我們進入你所生活的奧祕中吧！

朝拜聖體：與愛人相會

基督藉著降生奧蹟臨於我們中間，祂是我們所朝拜、愛慕的對象。

我們朝拜主耶穌。你應該真的相信這個真實的臨在。這是非常真實具體的，因為上主降生成人，祂願意與我們同在……祂願意與我們在一起。知道祂與我們在一起是多麼大的喜樂啊！（81–E56）

如此，朝拜聖體本質上是一個會遇的地方，是一個與「既是天主又是真人」的基督真正的相遇。

開始這樣做，然後持續不斷……

為了認識某人，你需要與他見面；而當你愛上某人時，你會願意花時間與他在一起。

你必須開始朝拜，然後那會變得深刻……就像皮爾常說的：「這非常簡單！」

在這謙卑的「臨在」之前，我們不會感到害怕，我們敢於凝視基督；天主將自己變得如此微小，令人容易接近。我們因此可以走向祂。

皮爾迫切地說服我們：「請你們相信，上主就在這裡，離我們很近，請你們越來越靠近祂。（75–E06）耶穌引導我們朝拜祂聖體中的聖心，祂邀請我們長時間（晝夜）朝拜祂的聖體，好能停留在祂的愛內，並讓祂愛的氣息觸動我們。」（80–E47）

貼近胸膛，傾聽愛的祕密

就是這個「人」的心讓我們變得與聖三更親密。正是透過祂們的心，祂們顯現並給予自己。這是真實的基督。耶穌的心向我們顯現祂自己的愛以及聖父的愛：「誰看見了我，就是看見了父[75]」，耶穌說。

在最後晚餐中，當若望宗徒將耳朵靠在上主的胸前，傾聽聖心的跳動時，耶穌向他揭露這終極的啟示祕密：「天主是愛[76]」。當瑪利亞生活在與兒子（也是天主）的親密持久來往中，祂向她揭示「祂的愛情祕密」（以皮爾的話說）。同樣地，即使在今天，上主也渴望向每一個人顯露這些祕密。從十字架起，祂的聖心便永遠敞開了，繼續傾出祂的愛——一個燃燒著並點燃我們心靈的愛火。

皮爾充滿激情地說：

我們應該飲下這火；我們應該朝拜；我們應該在這火（朝拜）旁邊取暖；如果我們這樣做，一切都會賜予我們，一切都會的。（79–E6–7）

因為人的受造是為了被燃燒起來，（78–E31c）就像皮爾對我們說的，這並不是特別為了某些人，這是為所有人的。因此，當厄瑪奴耳團體在巴萊毛尼亞舉辦第一次聚會時，皮爾在開幕式上向來自不同背景的人們說：

你們在這裡應該做的就是朝拜。當你們有時間，你們要去祈禱，去朝拜。這個朝拜的目的是尊崇基督的聖體和聖心，但我們尤其應該向祂祈求以愛燃燒我們，使我們也能夠以愛燃燒我們的弟兄和姊妹。

我們應當在朝拜聖體與祈禱中祈求耶穌聖心的愛。即使你們是木頭，只要你們待在耶穌的腳前，你們將在祂愛的光芒中開始溫暖起來。

因此，我請求你們，要像孩子一樣向耶穌祈求這個大恩典，讓你們的心被愛燃燒，從

75. 《若望福音》十四章 9 節。
76. 《若望壹書》四章 8 節。

而將整個世界燃燒起來！（77–E26）

皮爾不會給予特別的建議，他只是簡單的邀請人懷有信德，相信那願意將灼然愛火傳遞給每一個人的那一位。

愛火也燒燬罪過

然而，我是如此卑劣可憐，我能這樣面見上主嗎？皮爾的回答是清楚的：

任何事都不能、也不該阻止我們，無論是我們的罪或是我們的可憐窘境。（88–I）上主不要求我們純淨無瑕，祂愛我們就只是因為祂愛我們，一點也不是由於我們的功績。我們與這些功績毫無關係。（77–E27）

耶穌親自召喚我們：「凡勞苦和負重擔的，你們都到我跟前來，我要使你們安息[77]。」這是對所有人說的，針對所有的重擔，包括罪的重擔。上主言出必行。

「那麼，尤其要注意的是」，皮爾建議：「我們不應該向上主祈求：『上主，請你拿掉某個罪』，而是應該讓上主燃燒你們，讓祂改變你們，讓祂賜給你們一顆像聖母一樣同情別人的靈魂。」（76–E12）

那麼，倒不如讓我們注視天主……最簡單的是祈求火，祈求上天之火臨於我們……只要我們還沒有這火，我們絕走不了太遠。（75–E09a）如果我們向上主祈求這火，我們就會被燃燒，我們的罪也會一起被燃燒。我們真的應該向上主祈求這火！（76–E14）

77. 《瑪竇福音》十一章28節。

聖神刺痛我們的心

上主不只召叫我們靠近祂，祂渴望做得更多。祂願意將祂自己完全地給予我們。於是聖神帶領我們進入耶穌的聖心，進入這熊熊燃燒的愛的火爐裡。

我們應該祈求上主的是，為了祂把自己內在的火燃燒起來。既然祂的心是一個大火爐，我們應當把自己放進祂的心裡，這樣火會傳給我們，我們會像碎木屑一樣燃燒起來。那麼，如果我們因愛燃燒，情況將會多麼不同！（78–E31b）

「當我們在聖心裡，我們便有了一切」，小德蘭說，這也正是上主向我們要求的。我們總聽到「被刺透的耶穌聖心」，但我要你們記得，這本質上是與聖神降臨相連結的。當伯多祿因著聖神的德能開始說：「天主已把你們所釘死的這位耶穌，立為主，立為默西亞了。」他們一聽見這些話，就心中刺痛[78]。（75–E06）像在《宗徒大事錄》中那樣，聖神「刺痛」我們的心，使我們的心與耶穌的聖心結合。

看清自己的匱乏

在朝拜聖體中，我們了解了真正的貧窮。就是在朝拜聖體中，我們的眼和心因此被照亮了。「借你的光明，我們才能看見光明[79]。」觀看聖體中如此卑微的耶穌，我們懂得了真正的貧窮。慢慢地，我們會發現自己徹底的貧窮、我們的罪，真正的罪。朝拜聖體中的光明能幫助我們接受自己的貧窮，並將這貧窮生活出來，然後這個光明開始改變我們。

78.　《宗徒大事錄》二章 36–37 節。
79.　《聖詠》卅六篇 10 節。

你們有一顆心，你們要在主內、在朝拜聖體中聆聽這顆心；在朝拜聖體中你們醒悟，看清了自己，於是你們會說：「上主，我都做了些什麼啊？」（78–E31c）

天主願意將我們的石心，換成祂灼熱的愛心，並且告訴我們祂拯救靈魂的熱切渴望……為此，祂要用祂的愛觸動我們的心，去刺透它、打碎它。

當我們認識自己的可憐時，我們便進入了祂的慈悲之中……

耶穌願意賜給我們祂聖心的憐憫與溫良。祂願意打破我們的驕傲、我們的意志，使我們從而向祂學習：「良善心謙的耶穌，讓我們的心相似祢的聖心。」

上主，請教我們變得謙卑，變得良善心謙……耶穌聖心，溫良謙卑的心，讓我們的心相似祢的聖心。這便是我們的召叫。這一切開始於朝拜的恩寵中，因為在朝拜中，上主真的是心與心地與我們交談，並且溫和地指示我們，就像指導瑪利亞（瑪爾大的妹妹）一樣：她選擇了最好的一份！……在我們還不知情時，上主讓我們選擇了那最好的一份。（82–E65a）

我們與耶穌深度合一的路徑，就是藉著認出並接受自己的貧窮，進入聖心的溫良與謙卑中。這樣一來，我們就能將這火領受到我們心中。

體會到自己是貧窮的，這樣的恩寵將在朝拜聖體中賜予我們。我們的心會被燃燒，為上主、為弟兄們因愛燃燒。我們將會像有生命的火把一樣，將世界燃燒起來，首先從法國開始。（77–E24）

如果我們朝拜，我們真的會越來越感到自己的軟弱，但是我們要完全將自己交付在耶穌的手臂中。真的，我們求祂打開我們的心……祂的聖心會溫暖我們、燃燒我們。我們被愛燃燒，之後，我們會閃爍發光。因為我們被愛燃燒，那麼，不論我們是在祈禱，或是與病人在一起，或無論我們在哪裡，我們仍然因愛燃燒著，於是我們到處都能看見耶穌。（77–E24）

因爲基督的愛催迫著我們*

耶穌藉著臨在我們內去愛別人，祂將自己的聖心給予我們，使我們與祂一起去愛。我們獲得的是祂的憐憫之愛。耶穌的憐憫「打開了我們的眼睛」（78–E31c），使我們得以看見周圍人們的需求與痛苦，同時也看見基督祂那「愛人而沒有被人愛」的痛苦。

我們更加地進入祂的聖心。有些痛苦真的令人害怕，但最令人感到驚駭的莫過於愛……這是燃燒的烈火，是我們所應該祈求的。祈求上主增加我們的信德，給予我們彼此憐憫與同情的愛德。我們要在朝拜聖體中經驗這一切。這真的是祂所賜給我們的「聖心的祕密」。

（在朝拜中）對我們來說，知道上主與我們在一起是一份非常大的喜樂。當祂與我們在一起時，祂也在我們內，我們眾人都與祂在一起。那麼，世界上一切的痛苦，所有受苦的人、失望的人……嗯……不僅是失望的人，還有受痛苦煎熬的人，上主真的與他們在一起。如此，當我們朝拜時，我們分擔、承受一切的痛苦：祂自己的痛苦，以及別人的一切痛苦；特別是那些沒有被奉獻的痛苦。有很多人……不知道他們為什麼受苦，從而感到憤慨。由

*《格林多人後書》五章 14 節

朝拜聖體而來的同情，讓我們向上主這樣說：「現在，我們為那些不向祢祈禱的人祈禱，為那些不知道如何向祢祈禱的人祈禱。」（81–E56）

這就是為什麼我如此嚴肅地向你們訴說這一切。你們真的應該這樣祈禱說：「上主，請將祢自己顯示給我，請讓我認識祢，請點燃我、燃燒我，讓祢的愛將我燃盡，好使我們能夠將世界燃燒起來。」（82–E65a）

第八章　忠實而規律的祈禱生活，可能嗎？

在厄瑪奴耳團體成立初期，當皮爾首次向團體做出承諾的那一天（一九七七年六月十八日），他肯定的說：「最重要的是個人的祈禱。如果你們不能每天花半個小時祈禱，你們就完蛋了，真的完蛋了。」（77–E23）這是他對厄瑪奴耳團體成員說的，他也講給許多其他的人聽。

皮爾心中的渴望如此強烈，如果我們活在與基督的親密中（我們與祂會面並跟隨祂），我們便能夠認知到這份建議是多麼重要。因此，我們需要認真看待這一點。皮爾非常清楚，我們需要忠於一段規律的朝拜或祈禱時間。

忠實祈禱不容易

然而，要忠誠地祈禱並不容易，皮爾深知此點。像我們每個人一樣，他從經驗中知道這一點：

祈禱，你們都知道很難，因為當我們覺得高興時，我們告訴自己說：「真是令人難以置信啊！」然後呢，當我們經歷可怕的神枯期，我們就想要離開；我們找出世間一切的理由去做別的事，然後說：「這（祈禱）不重要。」然後，時間就這樣過去……（76–E12）

事實上，每天找出半小時不是那麼容易，尤其是當我們感到厭倦的時候。就像大德蘭（她沒有錶，只有沙漏）說，她會搖動沙漏使它流得快些。如果連大德蘭都這樣做，你們可以想像我們會如何！人們會說：「這是浪費時間，我們是講求效率的，半個小時什麼也不做真是愚蠢，特別是我的腦子還在不停地轉呢！」（77–E23）

雖有困難，卻不是無法可行

皮爾帶著幽默仔細地聆聽每一個人，並向人吐露他的心聲。他不是天生的樂天派，但他堅信在聖神的幫助下，如果我們有好的意願，每一種情況，每一個困難都有它的解決辦法。

這取決於每個人的情況。有的人需要我們督促一下，有的人則相反，因為他們顧慮重重；還有的人，他們有強烈的渴望，這樣需要緩一緩。這一切，都有細微的差別，很難完全一致，但是聖神會帶領每一個人。（79–E41）

皮爾了解所有的問題：疲憊、必須完成的工作、緊張的生活節奏、動盪、憂慮、屬靈爭戰、不會安排或是難於遵守自己的決定……這一切他都清楚明白，但卻從來不將它們誇大。大家都知道他有透視問題所在的能力，總是以和藹詼諧的態度，或是幫助這人以簡單的方式解決問題，或是幫助那人繞開問題，發現問題的實際狀況。

唯一不容爭議的事情是祈禱的重要性，這是最重要的事。他不斷重複提到這點，為使我們能從心裡堅信：**我們生活在城市裡，我們確實應該像別人一樣的生活，但是真的應該**

朝拜、祈禱，上主會在聖神內保護我們。（79–E41）

上主無限地愛著我們，我們應該這樣相信並且生活出來。為此，我們要有更多的祈禱，花時間祈禱。德蕾莎姆姆（Mother Teresa）說：「如果你們想要有更好的祈禱，那麼請你們要祈禱得更多。」如此，我們進入祂的聖心，明白了祂的慈悲。

這真的是一個關於愛情的問題，皮爾從不厭煩地重複它。皮爾經常給予一些實際的建議，幫助人們能保有忠誠的祈禱。

二點實際建議

第一點，當然是轉向上主，求助於祂：

如果你沒有持續地祈求上主，（並且承認）你是個可憐的傢伙，（承認）你相信祂的慈悲，讓祂來幫助你的話，那麼，一切是不會有進展的。（77–E23）

有一次，一位丈夫對妻子說：「難道你不相信，上主和你一樣在意你的祈禱生活嗎？祈禱不僅僅是你個人的事情，因此你祈求祂吧，讓祂幫你抽出時間來祈禱！」這項建議被證實是有效的。

第二點，依靠兄弟姊妹們的支持：

你們應該在其他弟兄的幫助下，找出這半個小時，並且堅持這半小時的祈禱，特別是在神枯時。（77–E23）

皮爾深深相信這種兄弟友愛的恩寵，自從他在聖神充滿時認識了這項恩寵之後，便邀請人們實際地運用這項恩寵，例如，聚在一起祈禱：

> 簡而言之，你們說：「我來和你一起祈禱，因為我一個人無法做到。我和耶穌一起祈禱，你呢，也是和耶穌一起祈禱。」你們坐在各自的旁邊，偷偷地瞄著對方！於是，一刻鐘或半個小時後，你們會想：「上主，好棒啊！她（他）祈禱得真好啊！」於是你們跟那人說：「你祈禱得真好啊！」對方說：「我嗎？我剛才處在極大的神枯中啊！」這會鼓勵你們，讓你們難以置信！……不然你們會完全洩氣的。（76–E12）

下午四點，跟天主約會

皮爾也是這樣幫助了一位病人，讓他走進祈禱生活。皮爾建議這個人每天下午四點打電話給他。「你懂嗎？這也幫助我，因為我也很難抽出半個小時。你打電話給我，然後我們放下話筒，我們在各自的床上祈禱。」他們這樣做了。有一天，對方聽到皮爾在打鼾。這讓他想起了《聖經》中的一句話：「**天主所愛者，卻好生安眠**[80]？」然後那天他自己一個人繼續祈禱，從此以後也是如此。

一天晚上，祈禱小組結束後，一位男士說他無法在繁重的生活中，抽出規律的時間祈禱或是朝拜。於是一位年長的婦女建議說：「我退休了，這對我容易些，如果你願意，我可以每天為你多花十分鐘的時間祈禱。」身為多個子女的父親，這位銀行主管受到感動，於是開始思考如何找到時間。一個月後，他找到了辦法：每天早晨在自己行程表的空白處

80. 參閱《聖詠》一二七篇 2 節。

寫上「約會」（意思是「與上主的約會」）。唯有他的祕書知道其中的意義，所以儘量避免在這個時段打擾他。他的忠誠使他堅持到底，直到多年後回歸父家的那一天。

許多人仍然沒有自己的祈禱時間，為什麼呢？因為，直到最後一刻，他們仍然是疲憊的，他們看著雜誌，他們在浪費時間。如果旁邊有一位小姊妹說：「喂，你的半小時！找出你的半小時！」對方就會立刻做他的半小時祈禱。可見，兄弟姊妹的一個小小舉動就可以推動某人去祈禱。（77–E25）

皮爾的幽默與純樸使得他的建議容易被人接受。尤其，這些建議那麼實際生動，每個人都能明瞭其中的理由，並且得到激勵。

魔鬼總想打亂生活步調

你們會說：「我太忙了。」（77–E27）皮爾認知到：使我們最困擾的是生活的節奏。由於我們無法控制局面，於是取消祈禱時間。

這是真實的困難，也是真正屬靈爭戰的來源：

我們的確捲入了一場無情地爭戰中，魔鬼透過次要的動機，總在嘗試蠶食我們……牠蠶食我們的時間。（時間）是我們應該獻給上主的。那麼，重要的是我們能夠及時發現，我們該如何改變現狀，從而得到進步。（79–E34）

上主不會要求我們去做難以做到的事，也不會要我們放棄自己的時間表，以及不盡自己的生活義務。（78–E31c）如果你們真的有一個恰當的、嚴密的時間表，並且真正深刻地祈禱，

那麼，你們的生活將會改變，不再是乏味的、隨便的，然後漸漸的，你們會進步。（79–E34）

越是忙碌，越需要祈禱

聖方濟．沙雷（向一位晉升為主教的朋友）說：「你應該朝拜聖體一小時。」對方說：「但是我很忙啊！」「那麼，確切地講，你應該朝拜兩小時。」就是這樣。顯然的，你們越是忙碌，就越該說：「在一切開始之前」。你們向上主祈禱，看著自己的時間表說：「不可能有時間的！」然後你們說：「再看一次！」最後你們會說：「有這個，所以我可以取消那個，我也可以取消這個……最後，我找到兩個小時，那麼，我就祈禱兩小時吧！」但其實只要一小時，不要一開始就勉強自己[81]！

皮爾淘氣說：「如果你們真的是一個非常忙碌的人，你們可以這樣做。」（77–E27）

由於皮爾的這種幽默，沒有人會忘記將祈禱優先安排「在所有事情之前」，也不會忘記他的結論：「祈禱能贏取時間！」我們從經驗中明白，如果我們晚於預定時間祈禱，就是在降低祈禱的重要性，而且很有可能忘記祈禱，或是找不到時間祈禱。所以，**將祈禱放在第一位能使我們真正地贏取時間**，這難道不是因為我們由祈禱所獲得的平安，使我們在之後所從事的事務上更加有效率嗎？

81. 厄瑪奴耳團體希望團員每天都要有一段比較長的時間祈禱，通常是一小時，但每人可以衡量自己的情況決定。重要的是每次祈禱前要為祈禱下決心，並忠實地履行自己的決定。

放假一樣要祈禱！

你們都是有條理的人：你們整天工作，還要洗碗、收拾家裡、做各種事……而且你們還要花時間祈禱！一切都被安排地井井有條！只是，在週末的時候，你們有兩天的時間休息，但是——「啊！我還沒有祈禱！」——卻找不出時間祈禱，這是因為你們沒有好好安排你們的假日。

所以，當你們今年夏季去度假時……你們要這樣：「我要放鬆，之後我要做這些、要做那些……」然後，「我要祈禱，我要讀一部靈修書籍，然後我要與朋友們在一起，認真地談一些事……」

所以，我們需要安排。我們會說：「我需要怎樣才能保持祈禱生活呢？在保持的同時，又怎樣才能加深呢？」因為假期是個上好的時間，卻也經常是我們退步的時期。（80-E46）

一年後，皮爾以生動鮮明的話語再次提到這一點，他說：

我們的假期就要來了。我們說：「我要放假了，終於可以休息了。我可以做一次外邦人了。十二個月裡，我有十一個月是基督徒，我還是可以有一個月做外邦人，這並不過分吧！」最後，我們再次往下跌落。

所以，我們應該好好安排自己的假期。因為魔鬼這樣想：「哦，我什麼也不能做，他們一直都在團體，我無法滲透進去，甚至還被打擊。」這讓魔鬼感到不快，換成是你們也一樣！但是牠說：「在放假的時候，啊！老兄，我會討回來的，然後，他們就會瓦解。我

會討回來的！」所以，你們要警覺，你們要提防。（81–E56）

運用小記事本幫忙

他還提議一個簡單的辦法：

你們拿出筆在一個本子上記下每星期與耶穌真正度過的時間。當你們打開你們的小本子時，你們會吃驚地說：「我只祈禱了一、兩次！」你們自以為每天都祈禱了，但你們會發現實際上還差得很遠呢！（76–E12）

皮爾為這個小本子取名為「成聖小本[82]」。

它會稍稍提醒你們已承諾要花時間祈禱。「上主啊！我今天沒有祈禱很多；這天也縮短了一些時間。第三天，我做了件非常重要的愛德工作，所以沒有時間祈禱。」你們瞧！所以，結論是，一週下來你們會說：「我應該每天都祈禱，而我只祈禱了兩次，二或三次！」當我們看到這些，會覺得難以置信：「真奇怪，我覺得自己每天都有祈禱啊！」（81–E56）

由於這個小本子的幫忙，一位願意為祂奉獻一生的女孩子，驚訝地看到，自己每天都縮減了原先預定的祈禱時間。這件事給了她機會，讓她更新了自己與天主的關係。

總而言之，我們必須不屈不撓地具體行動。（80–E46）

82. 如果需要，我們也可以在這個「成聖小本」上記下睡覺時間，記下需要警惕或是具體的皈依方面，甚至我們在那哪些地方需要更符合基督徒的精神。每個人可以將自己的本子做得既生活又實用！

第九章　關於祈禱的實用原則

不論我們處於生命中的哪個階段，上主都對我們說：「請聽！……」

皮爾在一九七一年對青年們說：

> 如果我們總是向祂談論我們自己，我們又如何能聽到祂想要對我們說的話呢？
>
> 上主真的願意在我們內心深處做工。然而，如果我們總是在說話，便沒有時間聽祂說話；如果我們焦躁不安，便沒有時間聽祂說。我們真的應該以祂為中心，不要讓自己緊張，而是單單地愛祂，並且不斷地求祂將我們燃燒起來。（78–E31b）
>
> 這第一部分非常重要，即：在天主內的安息。……是上主向我們說：「安靜下來，聆聽我，我將改變你。」（75–E09a）

從一開始就要避免忙亂

由於皮爾親切的言語，他在這裡提供的各種建議都很容易實踐，而他輕快的口吻會讓我們領會到這些建議的重要性，並且顯示出祈禱的確是生命的一部分。

> 常常會有一些人很慷慨（很熱心），但是他們總是焦躁不安。因此到最後，在祈禱中，他們的腦子裡充滿各種主意。如果你們這一天很平靜，當你們來祈禱時，會很簡單：你們進

入祈禱中，然後你們平靜地留在祈禱中。如果你們極度的焦躁，你們就需要費盡心力地說：「哎呀，我需要安靜下來！」（79–E34）

誰沒有過這樣的經驗呢？

如果我們正在工作，四處奔波，我們便會非常煩躁、飛快地上樓；當我們來到祈禱室時，我們氣喘噓噓，一點勁兒也沒有，至少要花十分鐘調整氣息。**氣喘噓噓不是天主的節奏，因為上主有的不是一顆狂亂的心**。所以，你們瞧，我們完全搞錯了。**將自己找回來需要花時間，因此最簡單的是，從第一步開始就不要迷失！**如果我們留在（聖心的）中心，便會發現我們能自然地祈禱，因為我們與上主在一起。（79–E36）

有一位先生說得非常好，他對我說：「我很忙，但我祈禱。很奇怪的是，我無法祈禱一個小時，我（腦子裡）有一個自行車，它不停地轉，不停地轉，但是在祈禱結束前兩秒鐘停止了……」因為他是學科學的人……他繼續祈禱了五分鐘：「它（自行車）停下來了！」然後他又繼續了一小時。他明白了，對自己說：「我需要一個小時讓內在的騷亂停下來，因此我花一個小時的時間讓自己不做什麼，之後我才開始祈禱。」

大多數人都是這樣的，他們祈禱，但它（幻想中的「自行車」）卻停不下來。他們想：「好吧，我祈禱，我不在乎，一小時就一小時，上主是忠誠的。」然後，他跑掉了……他說：「一切都ok。我在沙漠中；我祈禱了一小時。人們告訴我要祈禱一小時，所以我就祈禱了一小時。」同樣地，我們還是可以跟他說：「喂，用一小時停下你的自行車有點太久了吧？你可以用煞車器啊！……你不應該一小時都讓自己處於緊張不安中啊！」（80–E46）

用耶穌的節奏過生活

我們的生活節奏，應該是耶穌聖心的韻律，是聖母聖心的韻律。這樣一來，我們放鬆了，我們充滿喜樂；我們放鬆，同時也能收斂心神。我們不衝動，所以不必使腦子充滿各種想法，因為我們與祂在一起。我們很簡單的，就是與祂在一起，這也使我們的生活變得簡單了……

如果我們沒有這種節奏，便會在祈禱中遇到困難。你們知道，人們說：「我正處在神枯期，這是對我的考驗，太好了，我可以得到淨化。」事實上，上主沒有淨化什麼；那是因為他們沒有聆聽上主！所以，當他們祈禱時當然會覺得枯燥、枯燥、枯燥。所以我們應當準備自己的心靈好渴望天主。

然而，跟隨「在上主內的節奏」生活時，需要有嚴格的紀律。

「嚴格」一詞不應該使我們害怕，因為這不是嚴格主義的意思；這跟嚴守誡規一點關係都沒有。嚴格是相對於自由放任而說的……很顯然的，我們需要一個合適的時間表；一個相對靈活的時間表，允許我們有些客觀標準以便能說：「上主，我為祢做這些。」（79–E34）

例如，睡眠問題。我們很高興能見到彼此，由於我們沒有很多時間見面，於是我們在晚上見面時，常常聊天……結果呢？我們睡得不夠。三、四天後，我們累了，開始覺得有壓力。「齷齪的小魔鬼」就是這樣抓住我們的。然而，如果我們想到「應該早點睡，保持健康」，我們就是自我規律，我們也祈求聖母給予我們中止談話的力量……去睡覺！（79–E36）

我們的目標不是尋求個人的舒適，而是為了能夠更加好好地祈禱，然後與上主一起走向其他人。

跟隨「在上主內」的生活節奏之後，我們應該離開這個舒適的小圈圈……我們真的應該立即採用這個節奏，因為上主很急切。祂對我們說：「我派遣你們到全世界去，你們去，不要浪費時間！」（79–E36）

檢視自己，然後調整

上主說：「瑪爾大，瑪爾大，你為了許多事操心忙碌。」那麼，一定有一種不那麼操心忙碌、且能寧靜生活的方式。這時，祈禱首先會讓你們知道，你們是處在焦慮、有壓力的狀況，你們的生活不正常，沒有天主兒女的寧靜生活，並且這也不是走在一條信賴天主與自我交付的小路上。

這很簡單；你們需要看一看，然後改變你們的生活節奏。你們必須思考你們可以做些什麼，但真的有些是你們需要改變的。因為你們過度消耗自己的精力，不夠信賴別人和上主。所以，信賴天主與自我交付的道路是非常重要的。你們可以在祈禱中，看看自己是否交託，是否信賴上主，是不是簡單的與上主在一起。上主，耶穌，請幫助我們真的明白這一點！

（80–E46）

不要太有罪惡感

不論我們所處的狀態如何，上主總是臨在，並且愛著我們。我們應該相信這一點。皮爾鼓勵我們要有信德。他以樸實的態度，真正具體的方式來實踐。

你們會對我說：

「我花了滿長的時間做了朝拜的祈禱，但是你知道的，我覺得有些枯燥。」

「這不重要啊！因為你們是在天主的光照之下。」

你們會說：

「我在這兒，但是什麼也沒有發生。」

「有的，你的面容在發光啊！」

「啊，我可是一點也沒有感覺到。」

「好吧，你是否感覺到什麼並不重要，上主沒有必要讓你感覺到什麼。然而你是在信德中朝拜的，你來了，上主正在建造你，並且賜予你力量。」

這才是重點。（83-E68a）

我們必須避免自己擁有太過的罪惡感：總是認為自己做錯了，或者沒有做到什麼事，這不好，那不對……。如果我們真的與上主在一起，「圓滿的愛把恐懼驅逐於外[83]」，我們便不會擔憂，我們知道祂在。

83. 《若望壹書》四章18節。

承認自己的有限

如果我們分心，就對上主說：「我分心了，真是個可憐的傢伙啊！」就像亞味拉大德蘭說的：「這就是我園中的果實。」上主，請看這是我園中的果實。我們懷著好的意向去祈禱，如此，我們祈禱結束後便不會緊張不安。即便我們有些煩躁，我們也會逐漸地平靜下來。我們這樣做，因為我們很高興某人在我們旁邊……。

這份平安和感覺到被愛是很重要的，即便有時感覺不到，但是我們知道自己被愛。我們在信德中知道這點。我們知道天主愛我們，祂是永恆不變的，祂的情感是不會改變的，祂會繼續愛我們，即使我們不完美，即使我們犯了錯。

這樣，我們會發現一切都變得簡單了：放鬆，簡單的想：「不管事情進展得順利或不順利，不論怎樣，我很高興，因為我與祢在一起；我與祢在一起！」（79–E34）

是上主在工作

上主常常在我們不知情的時候行動，祂甚至不需要我們就能工作。

我們況且知道，不是我們在做工。我們只需平靜下來，安心地聽，而不是讓自己變得緊張！所以，不要緊張，而要平靜下來……總的來說，這是祂照顧我們的最佳時刻，因為在這個時刻，我們在祂內保有平安，祂於是可以在我們內做祂想做的。（79–E34）

皮爾為了消除那些前來巴萊毛尼亞朝聖者的疑慮，預先向他們講述有關朝拜聖體的事：

當你們朝拜（聖體）一小時後，你們會說：「我剛才很煩悶，總是分心！」而別人會說：「奇怪啊，你身上正發光呢！」你們感覺不到，但是別人可以。你們將因愛而生活！（77–E26）

向聖神祈求，絕不會落空

沒有聖神，我們又怎能真正地祈禱？藉著洗禮，祂來到我們心中，祂是天父心中與聖子心中愛的彰顯，是祂們之間愛的湧現。「聖神也扶助我們的軟弱，因為我們不知道我們如何祈求才對，而聖神卻親自以無可言喻的歎息，代我們轉求[84]。」

我們對上主說：「來，燃燒我的心，刺透它、改變它。」然後又說：「但是什麼也沒有發生啊！」那麼，首先，我們要有望德，並且清楚知道，向聖神所做的祈禱永遠都會被應允的。上主是這樣說的，絕對明確。所以，如果我們不停地哀求上主，那麼，總有一天，當上主願意時，我們的心將會被改變……

但是你們真的必須要懷著望德說：「上主，我敲門，我知道祢會開門的，我完全不配，也絕不指望自己的功德，而只依靠祢的愛。」這是最重要的部分。（80–E45）

聖神會幫助我們，接受天主以特別形式所賜給我們的愛的恩寵。

當我們了解聖三的重要性時，對我們而言，重要的是發現我們與聖三中的哪一位有特別的關係。事實上，這點極其重要。我們可以與聖三都有聯繫，但是常常我們會覺得自己

84.　《羅馬人書》八章26節。

與其中的某一位更為緊密地結合在一起。（75–E09b）

這會隨著時間而變化。

每個人都有一個愛的恩寵，那就是為什麼我們要祈求上主，給我們祂為我們預備的恩寵，而不是別的恩寵。於是，上主改變我們的心，漸漸地，那屬於你的恩寵就來了。（80–E45）

祈禱就像避雷針

我們不要為自己的祈禱下判斷。

我們在這裡，說：「上主，我們（大家一起）花了半小時的時間與祢在一起，因為我們相信祢是光榮的天主、愛的天主。當世界不向祢祈禱，完全的處在黑暗中時，我們願意向祢致意，所以我們祈禱。」這是一種巨大的力量。你們知道聖西盧安[85]曾說，隱修士是為世界祈禱的人，但人們卻懷疑隱修士是做什麼用的！顯然的，如果隱修士為世界祈禱，就像避雷針的功用一樣，我們便明瞭他的貢獻。那麼，我們也能做同樣的事，但是我們要一起做，並且與聖神一起。（76–E12）

這就是祈禱的基本態度：我們藉著充滿信心的信德向上主敞開自己，向聖神的工程敞開，因為祂所能實現的，遠超過我們所能想像或構思的。

85. 亞守山的西盧安（Silouan the Athonite），東正教修士，熱誠的苦修者，他領受了不斷祈禱的恩寵以及見到耶穌的神視，經過多年的靈修生活之後，最終獲得謙卑的恩寵。

第十章　神枯時，怎麼辦？

以靈修閱讀滋養祈禱

皮爾關心每個人在祈禱生活以及基督徒生活上的培育，他也強調靈修閱讀的必要性，好使我們的祈禱和朝拜聖體獲得滋養，並且能夠面對「神枯」時期（這在一切的祈禱中是常態）。

這顯得尤為重要，因為聖神常常引人進入與主愜意共融的恩寵中。然而危險在於，當人們一感到天主愛的臨在不明顯了，就會變得懶惰消極，或是覺得洩氣。

如果你們不閱讀靈修書籍，你們怎能有深刻而屬靈的祈禱呢？……你們必須預先滋養你們的祈禱，如果你們有一小時的祈禱，那麼好，你們需要額外的半小時！（79–E36）

同樣的，當人們抱怨在朝拜聖體時會感到無聊或者睡著了（他們很快將這稱為「沙漠」），對此有相當了解的皮爾，便會效法卡發烈神父，向他們提出兩個問題：「你一天睡幾個小時？」更明確地說：「你幾點關燈？」他邀請人們記下睡覺時間，像記錄祈禱時間一樣。他的第二個問題是：「你做靈修閱讀嗎？」

閱讀《聖經》認識祂

皮爾把《聖經》放在隨手可得的地方，經常花很多時間閱讀並默想《聖經》。一九七一年，他為祈禱學校的青年們準備講稿時寫道：

為了認識祂（基督），並且聽到祂的聲音，一個你所遇見的人的聲音，你應該反覆閱讀福音，進行默想，意思是，要不斷地閱讀，試著領會這些聖言在人間語言背後的意義，因為它們是生活的語言，意思是說：這些話語會立即實現，並且能使它們所表達和蘊含的意義產生果實……（71–M2–1）

他還說：

你們閱讀《聖經》經文，要渴望認識耶穌這個人的「愛的祕密」，你們要了解祂的心理，以便能更認識祂與愛慕祂。

為了聽到祂的聲音，你們需要認識祂；祂的聲音是輕柔的微語……在我們靈魂與心靈的嘈雜聲中，不是那麼容易被聽到。為了能夠聽到，你們需要學習祂的語言。你們必須默想福音，默想祂的生活，以及祂的話語……這些是愛的祕密。為了能理解這一切，你們需要愛，為了能這樣做，你們需要認識愛的祕密。

用理智和情感讀《聖經》

我們必須運用我們的理智與情感，我們應該默想，也就是閱讀一段《聖經》，再讀一遍，安靜下來，試著理解……然後，有一天，這些我已經聽過上百遍的聖言，會突然在我身上產生令人震驚的效果。耶穌的話語是生命的話語……（71–M2–3）

耶穌是降生的聖言，是觸動人心的聖言，我們應該由心裡領受聖言。（77–E09）

有些人說：「哦！我知道這些經文，甚至能背誦它們了」，我要說：「你們很幸運，因為你們可以背誦它們，這樣你們就可以每天反覆背誦，然後漸漸地，咀嚼它們、消化它們，也許它們會稍微進入你們的心一點。」所以，既然你們所熟悉的這些經文是聖經的經句，那麼請你們品味、品味它們吧？（75–E09a）

皮爾回想起基督的話：「誰是我的兄弟？[86]」以一種大型的演講手勢（因為是祂正在講話，需要被看見！）說：

耶穌說：「看，我的兄弟是那些聽天主的話並且遵行的人[87]。」啊！這真是令人驚訝，但你們真的需要相信！（77–E27）

天主聖言能幫助我們祈禱，但事實上是聖神給予我們內在對聖言的理解，並且引導我們進入祈禱的精神中。

是聖神向我們開啟《聖經》，並且讓我們記起上主對我們所說的一切。正統的《聖經》注釋雖然重要實用，但卻不是最關鍵的。既然我們是人，就需要運用我們的理性，但是，

86.　《瑪竇福音》十二章48節。
87.　參閱《路加福音》十一章28節。。

首先要讓我們的理性進入心裡。不要讓理性被淹死，而要讓它被愛潤濕！（79–E37b）

找到適合自己的精神食糧

在創辦上班族大學（The Worker's University）[88]的時候，皮爾仍然向他的兄弟姊妹們強調此點：

我們真的應該盡力滋養我們的心智與理性。你們中有一些人因為遇到神枯期而自責。你們有過一、兩年的蜜月期，之後你們說：「真奇怪，我現在什麼也感覺不到了……。」人們回答說：「這樣很好，你們是在信德中過生活。」但是，在信德中生活需要有堅固的糧食作為依靠，好能讓你們在祈禱中堅持住。

為此，這些《聖經》的神學研究與注釋真的非常重要，因為你們閱讀的是《聖經》經文，你們不僅僅是反覆閱讀，更是與二千年來教會中的某位教父或某位聖人一同閱讀，借鑒他們對某些經句的感悟，以及他們在祈禱中所得到的光明，以至你們有適合自己的食糧，幫助你們祈禱，這就是重點。所有的靈修導師都這樣說：「如果你們花一個小時的時間祈禱，也應該有半小時閱讀靈修書籍。」

他補充說：

靈修閱讀總是有些累人，有些令人厭煩，這佔用你們的時間。然而，如果你們來這裡上課，如果老師們對你們說：「請閱讀某個作品，」雖然你們有點被強迫去讀，但這會幫助你們進步，並且使你們的理智與心神獲得滋養。（79–E41）

88. 「上班族大學」又稱若望保祿二世國際中心（John Paul II International Centre），由皮爾在1979年創立。此中心在巴黎開設夜間和週末課程，涉及多種科目：神學、哲學、道德、基督宗教人類學、聖經……主講者都是一時之選，不但是各科專家，而且神修出眾。

有憐憫心才不會神枯

當人們前來向皮爾訴說神枯時，他會向他們提及祈禱與朝拜聖體的深層意義：

我們開始愛上主，祂會藉著祂的愛，轉化我們的心。（76–E11）

我們可以回憶上主為我們所做的一切。我們是怎樣與祂相遇的？為此感謝祂。想想我們現在是否仍然對祂充滿活力與熱情，或是我們的熱情減退了。（75–E09a）

特別是在朝拜聖體的時候，耶穌邀請我們轉向別人，以具體的方式與祂一起，用祂的眼，用祂的心注視別人、愛別人。

當然，皮爾非常明白，有時候，上主會隱退，為了讓人們更加愛祂。（75–E09a）但是經常地，他說，我們處於神枯中，可能是因為我們不是處在憐憫人的心態中……顯然的，通常來說，我們的心由於朝拜聖體而打開，於是，我們才會真的有憐憫心。這才是重要的。（81–E56）

陪伴受苦的耶穌

皮爾提醒我們，在祈禱中首先要去愛的是人性的耶穌。

我們處於神枯中，好吧！讓我們這樣告訴自己：「耶穌病得很厲害，祂活在黑暗中，我們聽不見祂的聲音，祂太累了，說不出話，祂正在垂死。」祂在那裡，我們靠近祂旁邊。我們感到厭倦，但是不應該如此，因為祂正在受苦，於是我們產生了憐憫心。我們對祂說：「上主，不要讓我的心如此堅硬，請給我一顆憐憫的心，好使我能陪伴祢、愛祢！」（79–E34）

在朝拜中我們產生同情心，因為可憐的耶穌正在極度的受苦著！那麼，讓我們醒來吧！保持清醒，振作起來。我們不是激進主義者，但要有一種「不懦弱」的態度。（78–E31c）耶穌正經歷極度的痛苦，直到世界的終了。現在不是睡覺的時候！（83–E68a）

這個建議幫助了很多人，直到現在仍然管用。

我們在耶穌旁邊學習如何同情他人。祂也繼續使我們的心變得柔和，並對愛德開放。人們說自己正經歷神枯……當你與受苦的耶穌在一起時，你也在受苦（因為不好受），於是你不覺得那麼枯燥了！或許，這真的是天主給的一個神修中的乾枯。若是這樣，我們就讓自己安息下來……我們緊貼著上主（78–E31b），我們的心不再「乾枯」，而是滿含微笑。（76–E11）

以憐憫之心為他人祈禱

你們按照自己的方式祈禱。如果你們處於神枯期，感到厭煩，或是不知道該做什麼，或是心煩意亂，或是別的什麼，那麼，請你們跳入同情中，進入上主的愛中；你們向聖母——同情之母祈求，讓她教導你們同情別人[89]。

當在朝拜中產生憐憫心時，我們應該向上主說：「我們在這裡，為那些不向祢祈禱、以及不知道該如何向祢祈禱的人祈禱。」於是你們會發現，枯燥感迅速消失了，因為我們明白自己正處在一個苦難的世界，屬靈爭戰甚是激烈。因此我認為有一些人有祈禱的困難，也許是因為他們還沒有完全明白這場戰鬥的激烈程度。這場戰鬥是愛的戰鬥。（81–E56）

89. 關於同情的教導，請看本書第十九章。

然而，神枯期可以激勵我們向整個世界表達我們的憐憫。

讓我們這樣祈求上主：讓我們為了罪人——我們的兄弟姊妹們，用愛將我們燃燒起來。你們知道聖道明（St. Dominic）怎樣祈禱嗎？他徹夜祈禱說：「上主，罪人們會怎樣呢？」他不停地為罪人哀求。

另外，這樣做可以使我們的祈禱變得容易，免得我們睡著或是留在神枯中；當你們看到人們受苦，你們就不再會有神枯了。你們會說：「上主，求祢憐憫，求祢憐憫，求祢幫助我為他們受苦。」（81–E51）

有時候上主也會對你說：「我可憐的老弟啊！你應該為這個靈魂祈禱，你應該為這個受苦的人祈禱，為他沉重的痛苦祈禱。」這會將祂置於你的內心深處。祈禱時間會快速過去，因為你與上主在一起。你說：「耶穌，我為這個靈魂祈禱。」我們擁有一份強烈的愛，而這愛會改變我們。（83–E68a）

這不僅會影響你們的心情，或是對受苦人的感覺，而且這也幫助你們能具體地說：「我應該做一些具體的事來幫助我的兄弟姊妹們。」因此，這不是逃避，而是承諾。（81–E56）

代禱事項很多，沒時間神枯

愛德的練習也會讓愛德成長，並且給予我們一顆「同情心」。稍後我們再來談論這點。

那麼，

如果我們與上主在一起，為什麼在祈禱中還會感到厭倦？我們雖然充滿愛德，但是世界上還是有許多人正在受苦，有許多人飢餓而死。總之，不必多愁善感，而是用你們的心，你們會知道什麼最觸動你們：是那些因饑餓而死去的孩子，受虐待的孩子，或是那些因為正義被迫害的囚犯……總之，真的有許多事情需要我們的祈禱。

小德蘭對一個在迴廊裡走路漫不經心的初學修女說：「欸！這樣走路行嗎？還有一大家子的人等著養活呢！」是的，我們有一大家子的人需要我們藉著祈禱養活他們，我們為他們祈禱。這樣，我們的祈禱就變得更熱切了！

聖道明徹夜祈禱說：「主！那麼罪人會怎麼樣呢？」

真是這樣的，要有博大的胸懷向世界敞開，為所有發生在世界上的不幸祈禱。那麼，你們會知道，我們的祈禱真是豐盛的！

這些事你們早已知道，因此當你們在祈禱中受到考驗、或遇到困難時，請你們想想這些，這會幫助你們的。（80–E46）

第十一章　與耶穌合一的生活

如果你去愛，你會總是在愛

有時人們說：「我還滿好的，我做了我的祈禱，前五十五分鐘不是很好，但最後五分鐘滿好的，於是我祈禱了一小時。就是這樣，然後第二天也是。」但當你愛上一個人的時候，可不完全是這樣！你不會說：「嗯，我來看過你了，現在結束了，明天見。」我們試著與他在一起！……所以如果你去愛，你會找到與上主在一起以及想念祂的方法。

你們很清楚，當一個人戀愛了，在工作時別人會說：「怎麼回事啊？他總在想別的事！」相反的，如果我們在上主內，我們會想著我們正在做的事，但與此同時，我們仍可以想著祂，並且簡單地向祂說：「如果我可以偶爾想祢一下，那也不錯啊！」（80–E46）

與耶穌相處要有品質

重要的是，不要在緊張不安中完成一小時的祈禱。你們說：「喔！我祈禱一小時了！」然後，你們又忙起來了。這有什麼用呢？你們祈禱，是為了與上主在一起，而且更是為了要一直與祂在一起！如果你們祈禱了一會兒，然後你們焦躁了廿三個小時，那麼一切都將崩解，你們與天主的共融更不如從前了。（79–E34）

有時，在了解某人花多少時間祈禱與他是否忠實祈禱之前，皮爾會對這人說：「你應該花更多時間祈禱」，他不說明、不解釋為什麼。因為皮爾常常更願意讓聖神親自啟示他。一天，他對一位年輕女士說出了這個意見，這位女士深感驚訝，因為她最終發現到，儘管自己每天都忠實祈禱一小時，但卻因諸多事務和憂慮，離開了上主的臨在而膚淺地度日。皮爾的提醒有如一線光明，讓她認識祈禱以及生活的真實意義。

我們越是靠近上主，祂就越能掌管我們，並且要求我們走向祂。（79–E34）這是我們工作努力的主要目標，就是進入上主的愛中，收斂心神，聆聽祂。（79–E39b）

我們必須學習在人群中、或獨自一人時，就好像單獨與耶穌一起處理每件事。這真的是我們的召叫。那麼我們與祂在一起總會感到幸福，因為我們總與祂在一起。（78–E31b）

生活是不斷地祈禱

「你們應住在我的愛內[90]」，耶穌說。上主從不要求我們成為「出色的人」，甚至了不起的人，但是祂邀請我們——這本來的我們——「住在祂的愛內」。

「你們應住在……」皮爾對此解釋說：

這是停留在祂愛內的祕密。祂要求我們「你們應住在……」，這是個命令，是個忠告。這如此的簡單，以至於你們說：「啊！是的，這太簡單了。」不！這是最重要的。（78–E31c）

90.　《若望福音》十五章9節。

積極的生活源自於祈禱。藉著祈禱我們的生活變得積極。正如德蕾莎姆姆所說，我們朝拜聖體，之後我們並非捨棄朝拜而去見兄弟姊妹們，而是繼續在他們身上朝拜耶穌，或是與他們一起朝拜耶穌，這是非常重要的。

於是，我們自我捨棄於上主，但不是我們在做事，而是上主。只要我們還沒有接受這點，我們什麼也不能做。

我們應該以「不斷祈禱」為目標。於是我們說：「不斷地祈禱是天主的恩賜。」但我會說：「是的，不過，只有當我們不設置障礙，當祂想向我們說話而我們不會加以阻擋時，天主的這個恩賜才會真正地臨到。」（79–E34）

你們知道，這很簡單，但是上主需要的是我們極小又細膩的付出。（78–E31c）

那麼，我們該做什麼呢？關於這項具體、出於愛的關懷的學習，我們可做些什麼呢？怎樣才能逐漸地做到不斷地祈禱，簡單的與上主在一起呢？（77–E23）

皮爾所提供的小方法，當然都是他所用過的。

首先要相信「不斷地祈禱」是可能的，並且要渴望這樣做。我們應該每天向上主祈求祂的恩寵，好使我們與祂在一起，（78–E31c）這意味著，首先要真實地渴望與耶穌一起生活，然後我們祈求祂的幫助。

愛是一瞬間的事

為此之故，皮爾謙卑地向上主建議說：「如果我可以偶爾地想祢一下，那就已經很好了。」（80–E46）這就是他所說的盼求上主。（79–E34）

例如，在一天中，讓我們的心向天主奔去，要是我們就在這剎那死去的話，我們就實在是跟天主在一起，因為我們做出了「愛」的行動。這是一瞬間的事，但這樣一瞬間的行動可以常常去做，漸漸地，我們會與祂越來越合一。

同樣，在你們一天中固定祈禱一小時的時間以外，多幾分鐘祈禱也是重要的；你們特別這樣對上主說：「上主，請聽，我的上午是這樣過的，我沒有怎麼想到祢；那個同事使我很煩，然後還有……」

這很簡單，皮爾總是鼓勵地說，每天我們有些進步；雖然每天的時間很長，事情也還是一樣，沒有改變，但你們仍要說：「無論如何，我正在前進！我還在前進！」於是隨著你們前進，事情會逐漸有所改變。（79–E34）

我們應該總是不斷地工作。有如上主所說：「我父與我，我們不停地工作」，那麼，我們也應繼續不斷地工作。這是苦修的一部分。所謂的苦修就是一直對上主說：「請看，上主，我錯過了一個機會，我真應該向祢祈禱或是與祢一起做這件事。」……一直對上主說：「上主，幫助我與祢一起工作。請祢與我一起工作。」（79–E34）

像戀人般地想著耶穌

魔鬼只有一個想法，就是讓我們離開收斂心神的狀態。（78–E31c）

皮爾在一九七二年向青年們說：

一切都吸引我們離開自我，但是，我們可以在世界上多多祈禱，在收斂心神的同時又充滿活力。我們不會分心，因為我們是藉著愛去做一切。愛的行為不會使我們與我們所愛的「那一位」分離。（72–M2）

戀愛中的人們，他們雖在工作，但卻不停地想著對方。那麼我們呢？我們與耶穌也是在談戀愛。然後，我們會逐漸地想祂。於是在地鐵上，我們念玫瑰經，我們讚美。這是一種持續的喜樂！……然而有時這也需要做點小犧牲：不讀報紙，不閒蕩，不左顧右盼，而是在地鐵上向聖母祈禱……（77–E23）

帶著耶穌過日子

皮爾自己一定也這樣練習過，例如，有段時期在他欣賞瑟拉芬・薩洛夫[91]的思想，以及閱讀《俄羅斯朝聖者之旅》（*Les recits d'un pelerin russe*）時，他會誦念〈耶穌禱文〉。皮爾分享的都是他的親身經驗（當然他從不直說）：

有一種很實用的方法，就是〈耶穌禱文〉。這個簡單的祈禱就是，在日夜的每時每刻，在你們的口裡和心中不斷默存「耶穌」這個語詞。試試看，你們將會無法中斷，你們將被耶穌聖名的甜美所戰勝！（80–E47）

91. 瑟拉芬・薩洛夫（Séraphin de Sarov，1754–1833），俄羅斯人，他將隱修傳統中的默觀、自我捨棄的教導帶給普世大眾，認為基督徒生活的目的在於獲得聖神，是東正教會最有名望的隱修士與神祕家。

這很簡單，但是上主需要我們極小的付出。就是使我們在生活中的每一件事情——我們的言語、吃飯以及行為舉止——與上主一同生活。於是，這火在我們內成長，進而變成內心的祈禱，持續的祈禱……。

內心的祈禱真的是正在燃燒的愛火，只有這火燃燒了，我們才能繼續。這是被賜予的火，因此我們可以沒有困難地就能祈禱，無須費力。

我們與耶穌一起祈禱，祂與我們在一起，與我們居住在一起。顯然地，這樣就很容易祈禱，因為祂與我們在一起！（78–E31c）

還有一點可以幫助我們，就是效法小德蘭，用心中細膩的愛做事，並且奉獻日常發生的小事情。根據那個時代的表達方式，皮爾稱這些為「小犧牲」。（我們在第十七章還會談到這一點。）

皮爾說：

這些「小犧牲」在我們心中，能帶來上主的臨在；我們感謝上主，逐漸的，我們就能做到持續祈禱：這是具體的祈禱，而不是情感上或想像中的祈禱，也不是感覺或以自我為中心的祈禱，或諸如此類的祈禱，而是由愛而來的祈禱！我們越是這樣做，就越會燃燒起來。

（81–E51）

不要忽視小毛病

細膩的心靈，是愛的一個重要成分。

上主會告訴我們如何能停留在祂的愛中，以及為何無法與祂的愛同在（我們的小毛病和不細心都阻礙我們與祂的愛同在）。我們每個人在自己的心裡都能察覺到這些。那麼，這時候，我們就只需朝上主指示的方向走。

對這些微不足道的小細節，我們總是說：「哦！做這種克服自己小毛病的小犧牲，其實沒什麼用。」但皮爾說這其實非常重要，因為這涉及到內心的真誠與否。如果我們錯過這個機會，上主就會隱退。

我們越是與祂一起前進，越需要有細膩的心；如果我們忽視了這些，上主就會隱沒。真的，應該相信這是非常非常重要的。因為這是使我們「貼緊」上主，或是與祂分開的重要關鍵。

因此，上主，請教導我們這些吧！（78–E31c）

離開祂，什麼也做不了

「那住在我內，我也住在他內的，他就結許多的果實，因為離了我，你們什麼也不能做[92]。」

我很喜歡「因為離了我，你們什麼也不能做」這句話，這句話真是太好了，太徹底了，我們的確什麼也不能做，所以，我們不必擔心。因為我們承認自己什麼也不能做，因此我們必須向上主祈求一切。

92. 《若望福音》十五章5節。

真的，當我們朝拜時，我們住在祂的愛內，因此我們要向祂祈求恩寵，讓我們能夠住在祂的愛內。但住在祂的愛內並不局限於朝拜聖體時，因為我們前來朝拜以獲取新的能量，然後我們以這份愛活出整個生命，那麼我們就是住在祂的愛內，這樣，當我們遇到兄弟姊妹時，因為我們住在祂的愛中，我們在祂的愛中迎接他們。

這些是理論，但事實上，如果我們祈求上主，這個生命每天都會在我們內成長，因為離了祂，我們什麼也不能做。（79–E43）

所以，（朝拜聖體）不是一種逃避，而真的是我們工作中最主要的，因此請開始朝拜，收斂心神，聆聽祂。這時，所有的組織，所有的服務都會到位，每件事都會在它真正的位置上。

相反的，如果你們不懷有仁慈、愛和祈禱，當你們需要行動時，只會陷入行動主義中。

因此，祈禱是一種真實的承諾，愛的承諾！它和朝拜是我們整個生命的基礎與要點。

專欄三

皮爾．高山喜愛的例子：與耶穌合一的瑪麗．閨雅修女

在工作中與天主結合[93]

我幾乎終日待在由馬廄改成的商店裡，有時半夜裡，還得在港口裝卸貨物。我的同伴通常是些腳夫和車夫，或是需要我照顧的五、六十匹馬。當姊夫和姊姊在鄉下的時候，我還要經手他們的買賣，而且常常是這樣。當他們回來時，就由他們管理，我伺候他們。不過他們一旦回來了，我也從不計較自己在他們離開時所做的一切，就好像自己一點也沒有想過。

然而，所有的這些忙亂，一點也沒有讓我離開天主，更確切地說，我變得堅強了，因為所有這一切都是為了愛德，而非為了我個人的利益。有時，我感覺到自己被超量的工作弄得不知從何下手。

我向經常庇護自己的那一位說：「我的愛，我沒辦法做所有的事情，請祢為我做吧！否則都會耽擱的。」我完全信賴祂的仁慈，如此，一切都變得容易了。在工作的時候，我

93. 本段敘述摘自 *L'expérience de Dieu avec Marie de l'Incarnation*：Dom Oury，Quebec，1999，p. 55–56。同一作者吳立紀神父著 *Marie de l'Incarnation* 中文版《瑪麗．閨雅：2014 教宗方濟各冊封為聖人》於二〇二三年六月出版，文藻外語大學翻譯團隊譯，木果文創出版。

親吻擁抱祂（我對祂說自己多麼的愛祂），有如處在世界上最孤寂的一個角落中，盡可能地保持平靜。

與那些需要一同共事的人在一起時，我非常喜樂；人們以為我喜歡與他們在一起，但其實是因著我與上主的共融結合，才使得我如此輕鬆愉快，因為這個世界上根本沒有讓我感到愉快的。

當修院辦的學校失火時，讚美天主[94]

一六五〇年十二月卅日，夜晚，下著雪。

我認為這是一個奇蹟，因為沒有任何一位姊妹或學生被這場迅猛的大火所焚燒。不到一個小時，所有的東西都著火了，我們所有的衣物、生活用品、傢俱和類似的東西，在不到兩小時的時間裡都被燃燒殆盡（我們唯一能救出的只有聖體和祭衣房的用品）。

我的靈魂從來沒有過那樣特別的平安；我一點也沒有感到難受、悲傷或是擔心；我感到與聖神緊密地共融在一起，也與允許這件事發生、並借此機會向我們行割禮[95]的手緊密地融為一體。我那時完全的在天主內，而且樂於接受當下發生的事，我對此無能為力，只能受祂神聖之神的推動；我體驗到，祂引領著我的步伐和行動。

我有個想法，就是我的姊妹們和我應該在聖神中、在諸聖之神中，看待這次修院內部所有的損失，……以感恩歌唱讚美天主。

94. 本段敍述摘自瑪麗．閨雅修女於 1651 年 9 月寫給兒子克羅．瑪定神父（Dom Claude Martin）的一封信，見於 *La vie de la Vénérable Mère Marie de l'Incarnation* 一書，15 與 16 章（Solesmes 出版社，1981）。
95. 表示捨棄某部分東西，這裡的意思是，所有被火焚燒的東西就是她要割捨的。

我的心充滿了一種無法表述的平安，也被一種充滿愛意的行為所引領推動著，我的心神不停地說：「您做了這事，我純潔的淨配，願您受讚美；您做的好。啊，您做的一切都好！」

在這場災難中，我的靈魂獻給天主的讚頌就像我的呼吸一樣頻繁，憑我的力量，我無法離開這個充滿愛意的行為，我的靈魂與神聖的意願緊緊地聯合在一起……。

你必須知道，那時我做了一切努力，盡可能的保住我們修院的財產，也呼求救援，也與別人一起救火；當看到局面已經無法挽回時，於是，我將這一切奉獻給天主的聖意。

在來去之間，我經驗到極大的自由與平和的視野，就好像什麼也沒有發生過一樣。

我的心裡好像有一個內在的聲音告訴我應該做什麼、應該去哪裡、應該由窗戶扔掉什麼、應該讓火燒掉什麼……。

當看到不再需要做什麼，自己也快被燒到時，我出來站在我的姊妹們旁邊，那時她們正在雪中祈禱著……。

◀ 你們領受聖神吧！（蘇建彰攝影）

【第三部分】
談聖神充滿與讚美

第十二章　領受聖神充滿

皮爾從廿歲起就是一位祈禱的人，並且將自己的生命獻給了天主。然而，對他而言，四十年後被聖神充滿的經驗，卻是一個關於天主之愛，新穎且震撼的啟示：他的整個存在和生命，被火熱的天主之愛所攫取了。

從那時起，無論任何情況，他常懷喜樂，而且這份非凡的喜樂從未離開過他。皮爾在自己的軟弱中，領受到宣講天主之愛的活力，他勇敢、不知疲倦地到處向每個人宣講，並且是在極大的自由中宣講。他只有一個疑問：要如何傳播在他內燃燒的火？他不斷地強調，每個人應該向聖神打開所有的門，並且讓聖神具體的成為自己生命的參與者。

讓我們仔細看看這個主要部分，從而深刻地體會皮爾的建議所帶來的效果。

我們要如何迎接聖神，以及祈求祂顯示自己呢？皮爾說：

向聖神祈禱的困難在於，我們很難想像祂，因為祂沒有降生成人。但是，當我們向祂祈禱時，可以求祂將自己的位格顯現給我們。於是，我們體驗到祂是「一位」。瑟拉芬・薩洛夫曾說：「**一個人全部的生命就在於獲得聖神！**」（80-E47）

收到禮物卻不知道那是什麼

但是，我們已經領受了聖神。從我們領洗時祂就居住在我們內[96]，藉著我們所領受的堅振聖事得以達到圓滿。但是我們不認識祂，於是我們生活著，就好像祂不存在一樣。

一九七四年，皮爾講出了這個祕密：

當我對天主稍微慷慨一些的時候，我說：「噢！耶穌！這真好，我很願意走近祢，」然後呢，砰！我又再次跌倒，總是如此。直到有一天，我說：「噢！若祢能給我們派遣聖神，」因為這真的是很好……最後我明白了，我們之所以無法進步，是因為我們沒有祈求另一位安慰者、辯護者以及顧問來幫助我。關於聖神，我知道祂是聖神，因為祂是「聖的」，但是我並不了解這個神是「聖化之神」。（74–E02）

不久後，他又說：

上主要求我們：「你們應當是成全的，如同你們的天父是成全的一樣[97]。」因此，如果在人性上這是辦不到的，那麼就應該祈求上主來幫助我們。這是可能的，因為聖神是聖化者，祂能使我們成聖！因此，如果我們獲得了聖神，也就獲得了聖德！「為人這是不可能的；但為天主，一切都是可能的[98]。」

上主使我們參與了祂的神性生命，而聖神則在我們內將這一切實現。（80–E47）

96. 參考《羅馬人書》八章9節。
97. 《瑪竇福音》五章48節。
98. 《瑪竇福音》十九章26節。

求賜聖神，必蒙應允

皮爾喜歡提及基督自己鼓勵門徒們祈求聖神時說的話：「你們縱然不善，尚且知道把好東西給你們的兒女，何況在天之父，有不更將聖神賜與求祂的人嗎[99]？」因此，我們不要再猶豫：

我們要向聖神祈求，讓天主之愛真的來到我們內。上主曾多次說過，這是唯一一定會被應允的祈禱！如果我們祈求聖神來臨，上主就會來並且改變我們。（83-E68a）

皮爾向我們分享他的親身經驗，藉此鼓勵我們祈求聖神。

我們說：「上主，求你可憐我們！」我們真的是軟弱，但是，「真的，請以祢的愛來燃燒我們吧！」

這就是為什麼我對你們說聖神是「烈火」，但同時祂也是平安和溫和的。這樣的溫和應該進入我們內在，給予我們平安的力量，好使我們能完全信任這份愛；我們必須為聖父及聖子以愛燃燒，為罪人燃燒。這是一種被賜予的超性之愛，是為我們準備的，是我們應該祈求的……

皮爾喜歡反覆說：

你們知道，**唯一一定會被應允的祈禱，是祈求聖神的祈禱**，是祈求仁慈之愛——我們內在的力量——的祈禱。（81-E51）

我們都知道，從起初，聖神就一直在工作。我們還知道祂啟發先知，以德能引導初期

99. 《路加福音》十一章 13 節。

教會，並在教會歷史中多次顯現。然而今天，我們甚少想到祂在每個信徒身上、在我們身上的行動與臨在，我們可能甚至忘記了祂，或是懷疑祂……

不再是精修者的專有

廿世紀神恩復興運動的特徵為：重新發現了永恆的恩賜——聖神，發現了祂在教會生活中，以及在每個信徒生活中強有力的工程。許多普通人，常常在剛皈依不久，甚至在他們初皈依時就有了聖神的經驗，然而在這以前，這種經驗似乎只保留給那些精修者。

皮爾自己也由神恩復興運動中認識了聖神，並且依賴這廣泛賜給教會的恩寵，說服每個人對此敞開自己。

上主在全世界工作著，聖神來了。這是五旬節的風在吹，借助聖父若望廿三的懇切祈禱，我們得以享有祂！（76–E11）

我們生活在可憐的年代，是上主的窮人*。所以，祂帶著火來了，如此我們要比別人（沙漠中的大聖人）更快[100]，因為之後，一切都要開始燃燒！（75–E09a）

聖神充滿：早就爲你預備

就如伯多祿在五旬節那天向群眾強有力的發言：「因為這恩許就是為了你們和你們的子女，以及一切遠方的人，因為都是我們的上主天主所召叫的[101]。」五旬節那天聽到伯多祿

100. 因為有聖神的愛火燃燒，所以能更快成聖。
101. 《宗徒大事錄》二章39節。

* 上主的窮人，或稱「雅威的窮人」，指的不只是人性或物質上的貧困弱小者，也是指心靈上的貧窮者；他們在內心或生活處境的困乏之中，像個窮人一樣地懷著敬畏之心依賴上主，向祂祈禱，期待著祂的救援，因此成為上主（雅威）大發仁愛的對象。

說話的人，他們都覺得「心中被刺痛」。

那麼，我們該做什麼呢？很簡單，只要懷著信德，以真實的我們呼求聖神，向祂毫無保留地打開我們的心，把我們的生命交付給祂，讓祂指引。這也意味著，我們決定不依靠自己的能力做任何事。

這就是我們所說的「聖神充滿的步驟」。這非常簡單，是為所有人準備，而且是所有人都可以達到的。這不是追求一種短暫的熱心，一種明顯的恩寵，或是充實個人，或是聖德的保證；而是簡單的承認，我們無法單靠自己做好事情，承認我們的心硬、我們的限度和罪愆，藉著堅定的信德，將可憐的自我交付於聖神以及祂的愛，於是祂將改變我們，並教我們去愛——祂要刺痛我們的心。

為採取此步驟，耶穌只要求我們要有好的意願，以及我們——軟弱無助之人——的信德。聖神會認真地對待我們，絕不會有求不應。祂可以安靜地，或明顯地顯示祂的行動，但是祂總有驚人的效力，祂的謙遜總是使我們感到驚奇：這就是聖神充滿的經驗。

既是烈火，又是活水

「天主的愛（我們對這敞開自己），藉著所賜與我們的聖神，已傾注在我們心中了[102]」。這愛以不同的程度表現出來，根據皮爾的說法，它既是燃燒的火，又使人涼爽，因為聖神是火，也是活水。（80–E47）這是愛德之火，不僅改變我們的心，並且推動我們向所有人

102. 《羅馬人書》五章 5 節。

宣講那住在我們內、使我們喜樂的天主之愛；祂使我們毫不畏懼地將這火帶到各處。

況且，聖神是耶穌的神，祂使我們對聖言有新的領悟：祂向我們開啟經書。聖神向我們開啟經書，祂「讓我們想起上主所說過的一切[103]」，（79-E37b）藉著祂，我們對基督——復活的基督有了更深的認識，有了更親密、更活潑的關係。這是多麼大的喜樂啊！這肯定了我們對祈禱的感受，也穩固了祈禱本身。

因此，聖神充滿所帶來的聖神經驗便意味著，在神修生活中開始一個新的里程碑，使我們向某種新的事物敞開。由此，我們將進入「在聖神內生活」，並且夜以繼日地成長。我們學習如何與臨在我們內的聖神一起生活，藉此與祂越來越熟悉。我們徵求祂的建議，聆聽祂，逐漸地讓祂進入我們的心，進入我們的整個生活，不管是社會的、工作的、家庭的、使徒的，或是神修的生活。藉著祂，我們與耶穌更為緊密地生活……這是一個學習過程與充滿喜樂的旅程，因為愛總臨在於其中。

聖神充滿，教會誕生

當代呼求聖神充滿的祈禱，有一個重要的特徵，這通常發生在兄弟姊妹們共同祈禱的時候：當事人藉由周遭人的代禱於是得到鼓勵，並從為他祈禱的人們那裡獲得支持。這就是說，我們需要回到兄弟友愛的層面。皮爾認為，這一點對每個人的神修和使徒生活是非常重要的。

103. 參考《若望福音》十四章26節。復活的基督也這樣說，祂遂「開啟他們的明悟，叫他們理解經書」（《路加福音》廿四章45節）。

如此，對很多人來說，這是一個機會瞭解，他們個人內在燃燒的火，正以相同的方式燃起更多的人，致使他們聚集一起，團結成為一個民族。這也許是一個方法，讓他們發現教會的奧祕，並且使他們更深地依附著她（教會）。

皮爾深信：如果聖神充滿對個人是重要的，那麼這對教會、對世界也將是重要的。「我來是為把火投在地上，我是多麼切望它已經燃燒起來[104]！」皮爾經常重複基督的這句話，使自己懷有基督聖心的強烈渴望。因此，他幫助身邊所有的人，在向聖神敞開並且完全信賴聖神的道路上前進。他熱情、堅韌地督促他們不停地祈求「愛火」，好能將它傳遍各地，如同五旬節後的宗徒們那樣。

上主願意派遣我們往各處去宣講耶穌。為此，顯然的，我們絕對應該改變自己，或者更恰當地說，是上主要改變我們。為了改變，像上主期望的那樣真正的改變，我們只需相信祂能夠改變我們就夠了。

你們真的相信愛之聖神能夠燃燒你們、改變你們嗎？（77–E12）

活生生的天主

皮爾對於聖神的作為所感到的熱情與驚歎是如此的巨大，以致於每個人的福傳熱火也受到感染，不斷地得到了更新。一天，在結束談話時，他無法抑制地歡呼起來：

……聖神是天才中的天才。真的，我們應該把祂放進萬神廟（Panthéon）[105]！是的！……真的是多虧了祂，一切都得以形成！（77–E27）

104. 《路加福音》十二章49節。
105. 萬神廟：在路易十六時期，建築師蘇夫洛（Soufflot）在巴黎興建新古典式的教堂，奉巴黎主保聖女日尼薇（Sainte Geneviève）為本堂主保，此建築後來改為法國政府安葬偉人的地方。皮爾用這種幽默的方法表示聖神是很偉大的。

我們領受了聖神。聖神真的是護慰者，如聖若望所說，祂是另一位耶穌，同時也是耶穌的神，是天主聖神，有天主的位格。

祂是創造天地萬物的造物主，祂造了我們的心。祂是愛，祂轉化我們，祂帶我們到耶穌那裡，耶穌送我們到天父那裡，到天父的懷裡。

上主，我們感謝祢透過祢的十字架與痛苦，將聖神派遣給我們。祢使我們與祢的父重歸於好，祢的父以祢的名為我們派遣祢的神。

我懇求祢，上主，讓我們擁有復活的面容；轉化我們，保守我們於平安中，保守我們能收斂心神，喜樂地收斂心神。

請讓我們喜樂，並且保守我們在祢內……是祢給了我們走向別人的力量與勇氣，否則我們總是驚慌不安。祢是我們的力量，我們的喜樂，我們的生命。

啊！祢真是活著的，請讓我們在祢內生活！阿肋路亞！（75–E09b）

接下來讓我們跟隨皮爾，看看我們如何能具體地學習與聖神一起生活。

專欄四

九世紀天主教會頌歌：懇求聖神降臨頌

懇求造物聖神降臨，眷顧祢信友的靈魂，
以祢天上聖寵神恩，充滿祢造化者的心。

祢是安慰我們的神，至高至上天主恩惠，
活泉聖火愛人熱誠，並為善靈甘飴神味。

祢是七神恩的源泉，又是全能父的右臂，
祢堪稱聖父的恩許，賜給信友言辭富麗。

求祢光照我的理智，傾愛情於我的心胸，
望我聖神以祢神力，我身的軟弱得健強。

驅逐仇敵遠離我們，平安幸福賜給我們，
有害我們一律避免，賴祢率領日日前進。
賜我們因祢識聖父，及祂唯一無二聖子，
祢是父子共發聖神，我虔信祢所有時日。
賜我天主至聖聖父，及祂由死復生聖子，
偕同安慰天主聖神，獲得光榮於無窮世。
阿們。

第十三章　在聖神內生活

應該多多使用聖神

聖神來了，所以我們應該使用祂，祂這樣要求我們！（76–E12）

如果我們迎受了聖神，我們就是在喜樂中與祂一起生活。這也是為了讓我們在成聖的渴望中成長，為從祂那裡學會去愛，並且投身於福傳使命。

我們在人性的意願上並不懶惰……但是我們卻不知道要祈求聖神……

理論上，我們擁有聖神，但事實上，我們並不使用祂。聖神是天主給予我們的美好禮物。我們說：「祂非常好」，……之後把它放進壁櫥，然後說：「我們將在重要的日子使用祂」，就好像我們對待最好的西餐具的態度：如果我們總是使用它，會把它弄壞的！

但事實是，我們應該一直使用（聖神）！一直的！一直的！……

一天，皮爾這樣勉勵那些獲得聖神充滿的人們。他以慣用的幽默說：

聖神非常有禮貌，祂特別講究分寸。祂文雅地敲一下門，你們忙著接電話，沒聽見祂……好，於是祂再輕輕地敲一下門，然後走了。祂說：「我來了，但是沒有人給我開門！」

這就是問題所在。一次、兩次、三次……然後呢，因為祂很有禮貌，祂說：「對不起，我改次再來……」於是祂去了別處。你們明白嗎？祂覺得自己不被需要！

魔鬼不要我們使用聖神

皮爾還提醒人們，必須防備他稱之為「最狡猾的傻瓜」——魔鬼——的誘惑：

我們會說：「祂給了我這個（聖神），但是我不用祂，沒有必要。」這很不好。使用上主給我們的一切是非常重要的！……祂給我們的禮物，我們應該使用，否則就會失去。

在耶穌的愛內，在我們身上所發生的絕對是不可思議的，那是恩寵的雨水，而我要對你們說：這還只是開始！……。（76–E12）

因此，我們需要認真地對待聖神！

因爲貧窮，所以被重用

某些人立刻有「嚴重的」異議：我們太貧乏、太缺乏經驗、太容易犯罪、太不配了、我們的心太硬了……所以，我們不能繼續領受聖神，與祂前進。我們真的是不配……。

這是真的，皮爾承認，**我們是可憐的傢伙，但我們是被愛的！**他邀請人們首先相信，這份愛是天主自由地給予，它永不枯竭，更不被任何事物所隱藏。**聖神真正是「窮人的慈**

父」，因此祂並不害怕我們的貧窮。相反的，如果我們向祂敞開自己，祂會立刻來到。

一天，皮爾向厄瑪奴耳團體內「耶穌兄弟會[106]」的成員發表類似的談話：

你們想想：「我們如何能是耶穌的兄弟呢？因為我們都是可憐的傢伙啊！」**上主選取我們，正因為我們是可憐的傢伙，是最可憐的傢伙，所以祂才用我們**。但是，祂要改變我們，聖神要改變我們。所以，讓我們在內心裡保持貧窮，然後成為耶穌的兄弟。阿們！願光榮**歸於主耶穌！**（80–E47b）

「可憐的傢伙」是皮爾．高山經常使用的表達方式（認識他的人都知道），這個出自皮爾口中的語詞具有特殊的意義，表達了內在深處所經歷的一切，即：一種徹底的、甘受的貧窮，並且日復一日喜樂地將自我交付於聖神的行動。

軟弱，所以有力量

那麼，我們不要被自己的缺陷限制住！皮爾勉勵人們懷有簡單而堅定的信德：

聖保祿告訴我們：「我幾時軟弱，正是我有能力的時候[107]」，因為耶穌說過：「有我的恩寵為你夠了[108]」。這是在信德中！在信德中，我們感到在我們內的天主聖愛更為有力……事實上我們感受不到什麼，但上主在這裡，祂幫助我們、堅固我們，並且改變我們。……讓我們真的相信上主的愛，相信在我們內聖神的大能。（83–E68a）

因此，在聖神內生活就是相信祂真的存在，並且真的在我們貧窮的深處愛著我們。聖

106. 見本書第 33 頁，註 6。
107. 《格林多人後書》十二章 10 節。
108. 《格林多人後書》十二章 9 節。

神藉著祂內在的火改變我們，祂與我們交談並且轉化我們、聖化我們。（83–E68a）

因此，不論我們是誰，對於聖神為什麼還要遲疑呢？

身心靈都得到改變

一天，皮爾為了訓練青年人將自己交給聖神，他充滿熱情的向他們指出，聖神可以與他們一起，在他們內，共同工作。

我們沒有能力改變我們的心，因為我們是可憐的傢伙。我們是可憐的傢伙，但是，如果我們求上主改變我們的心（只有祂能辦到），祂就會逐漸地轉化我們、改變我們，祂會將偉大的愛德放入我們的心……放入我們的內心深處，並且逐漸使一切重新振作起來。

我們那被昏暗遮掩的心智開始變得清晰；我們開始用心裡的眼睛看待事情；我們的心智向天主的奧蹟開放了。

同樣的，我們的情感——不再感情用事，而是變得極為慷慨，充滿愛德。身體也變得光明且不可觸摸了，因為有一種能力從中出現。就像聖經上說，群眾想要把耶穌推下山，但是祂走了過去，「有一種能力從祂身上出來[109]」，因此沒有人能夠碰到祂。因為這是聖神的力量，是愛的力量。

因此，……我們可以汲取這力量，如果我們這樣做，我們就能改變我們自己，就能使我們的朋友皈依……也能改變世界。（82–E59c）

皮爾絕對肯定聖神的德能與自由，並且從不感到疲憊：

109. 《路加福音》六章 19 節。

是聖神要改變我們。我們祈求祂，而這就是祂所等待的。祂很實際，祂願意改變我們、聖化我們……首先，因為祂是這麼的愛我們！（74–E02）

唯一要做的努力就是聆聽聖神

某些人設想聖神會做所有的一切，祂不需要我們。如此，我們就休息一下，讓祂獨自做事。皮爾卻說：

的確，我們有聖神，我們應該輕鬆地對待聖神，跟隨聖神、信賴聖神。但是，信賴聖神並不是說「祢做一切，我只要看就行了！」我們必須振作起來，然後祈求上主幫助我們，改變我們的心。（82–E59c）

就是這樣的：我們清楚自己沒有任何能力可以完成事情，但同時又應該付出努力。在完全信賴與行動主義之間有一條清楚的界線。上主要完成一切，但我們也應該有微小的承諾，並且忠於朝拜聖體、默想與祈禱，不斷地懇求，並且堅持不懈。

首先，我們要開始聆聽聖神。皮爾以他那充滿現實的幽默感說：

你們是行動主義者……人們對你們說：「做這個、做那個」，然而上主卻對你們說：「什麼也別做，但要聆聽我！」可是，當你們停下來，什麼也不做的時候，你們卻睡著了！但絕對不是這樣的！祂要求你們的是「聆聽祂」。這時候，你們應該對祂說：「上主，請不要讓我睡著！」這樣，事情會開始改變，因為你們開始尋求祂的意見了！（76–E12）

直到目前為止，我們渴望為耶穌做事情；但是現在，祂只要求我們服從，做祂要我們做的事：聆聽。（76–E11）

皮爾還說過，孩子只做人們要求他們的事！

聆聽的祕密就是祈禱。在祈禱中，聖神給予我們內在的眼光，開啟我們內在的耳朵，靈性的耳朵。於是，我們會認識什麼是真正的順從，從而能夠進入其內。

我們聽見上主對我們說話，但，只是聽見還不夠，我們要聆聽且履行祂對我們說的。祂對我們說：「改變你的心」或是「把你的心給我，我要改變它」。祂向我們打開祂的愛，在祂的愛內，藉著三超德中的愛德全面地改變我們。這時，會發生什麼呢？我們會容光煥發。在我們內會有一個內在的火，它逐漸地旺盛，且燃燒整個人。（82–E59c）

我們領受了基督的愛德及祂的活力。

與天主做條件交換

實際上，將自己交託給聖神會導致「生活狀態的改變」，即：不再做我們想做的，而是藉著聆聽祂，我們學會被祂啟發、引導，並且等待上主的時間行事。

你們知道，上主是老闆，祂要求你們做某些事，但祂不會要你們胡亂做事。（79–E37b）

然而，就像皮爾說的，我們並不是非常堅定地相信耶穌要給我們一切。對祂而言，為了能將一切給我們，需要我們先將一切都給祂。這就是聖神引導我們去做的。對此，皮爾

調皮地說：「**我們應該做個交換！**」（76–E14）

但也不是因為我們允許自己被聖神引導，我們就變得愚蠢或是消極了。恰恰相反！**聖神要我們認識真實的自己，並且幫助我們以真實的自己過生活。**為此，我們不能再將自己視為標準，視為唯一的參考尺度。

皮爾就是個很好的例子！帶著幽默，他用文字遊戲的形式為自己寫道（一九七二年）：**我越是用船竿划（做蠢事），上主就越會使小船前進；我們靠划船竿（做蠢事）前進**[110]。

認清眞正的我

聖神也被稱為「真理之神」，祂啟發我們認識自己。祂一點一點地將我們內在的真實（那些祂還沒有進入的領域）顯露出來；我們對自己虛假的看法；我們的罪，以及在我們內所有妨礙祂行動的事情……。當然，這一切會發生在祈禱與朝拜聖體中，在與人的交往中，在共同的服務中，以及在各種日常事物中。

聖神給予的光明以溫和有力的方式，明確地光照具體的事情。這光明也許會出其不意，但這是它的特徵之一，它不譴責我們，相反的，它使我們邁向希望。同時，我們有了改變的渴望。

這光明也光照世界固有的習性，引導我們依照真理定位，並且按真理行事。**重整生活是必要的**，皮爾經常向青年們，甚至不太年輕的人說這些。

110. 船竿（Gaffe）原意為使小船前進的篙；在法文的通俗語法中，船竿也有「愚笨」的意思。

每天都要悔改

因此，為了使「在聖神內的生活」在我們內在日益成長，需要真正的個人皈依，「每一天的皈依」，皮爾強調。（80–E44）我們必須每天皈依，他寫於一九七二年聖神充滿後不久。這一點我們都理解；然而要生活出來，則需要更多的時間！

所以，重要的是，我們不要睡著，而且要告訴自己：我們應該改變生活。（83–E68a）

重要的是，我們要一點一點地改變自己，毫無畏懼的，嚴格要求我們自己。否則，我們將會做白日夢，覺得自己將會幸福，但最後其實是導向一個自私的狹隘生活，而我們什麼也沒有改變……我希望我們都向上主祈禱，祈求祂幫助我們，藉著祂的聖神改變我們。這需要一些（努力），但不是行動主義；我們不是靠蠻力獲取聖德，但是顯然的，我們還是應該做些事！（82–E61）

隨便做克苦，無濟於事

我們為了皈依所做的努力（雖然這是必須的），也有必要被聖神引導，藉著祂愛的行動與祂的恩寵。皮爾反對他所熟悉的**行動主義者和楊森主義者**（它們仍影響著基督徒的心智與行為），因為不是靠自己的努力就能得到淨化。

為了克苦而做克苦是無益處的，應該更進一步是為了獲得聖神。（80–E47）

這非常重要：嚴厲、做克苦以及皈依只能因愛而被激勵且維持，目的是為了愛得更多。

這就是為什麼那是喜樂的！我們不必向天主證明什麼，而是只要不斷地接受祂的愛，為祂在我們的生命中空出更多的位置就行了。

最簡單的是祈求上天之火，求祂來到我們內。這是淨化之火。祂使我們的罪變成喜樂之火（這真是好！）（75–E09a）

皮爾喜歡講神恩復興運動初期的事：

我們總是聽到人說：「切斷、拔除、摧毀[111]」，我說：「聽著，你們這樣說讓我很害怕。我一點也不神聖，我更願意讓聖神燃燒我。祂會燃燒我，燃燒我所有的罪，將這變成喜樂之火；同時，由於我是善的也是熱的，也就能使別人變熱！但是說真的，你們這樣的「外科手術法」會讓我生病[112]。（76–E12）

另一個場合，他這樣結束這個故事：

你們知道……與上主一起是深刻的，但是不要把自己弄得很嚴肅。不要變成痛苦有益論。（78–E31b）

我們很單純，像小孩子那樣！（77–E23）

切勿落單

皮爾提醒我們，在聖神內生活時，大家一起共同前進的重要性。在小組中見面是重要的，見面時，我們可以彼此分享，說出自己的困難，並在基督徒生活中互相支持與鼓勵。

111. 表示用嚴厲的方式讓自己徹底的悔改。
112. 火是更徹底的煉淨，能使人轉化，並將熱傳導給別人。皮爾認為讓聖神的火來燃燒改變我們，會比我們主動用嚴厲的方式尋求淨化來得更好、更徹底。

當我們一起為彼此祈禱時，聖神喜歡聆聽我們的祈禱。

我們不知道如何向聖神祈禱……你們越是請求別人為你們祈禱，你們就越能開始為你們的兄弟姊妹祈禱，慢慢的，你們會習慣與聖神一起生活。（76–E12）

上主真的願意我們有兄弟姊妹的支持。如果我們一起，就更容易前進，更容易持續。（77–E23）

而且，我們能互相勉勵以行愛德。一點一點的，你們的心會融化，並且充滿愛。你們會聽見聖神的催促，你們會聆聽上主。（79–E38a）

聖神尊重每個人的成長節奏

聖神尊重我們，祂不會不請自來。祂以謙卑的合作者，甚至是僕人的身分光照我們的思想、行動……以及我們的缺乏力量。祂顧及我們的人性，某種程度上，祂屈從於我們的局限性，根據每人不同的情況，在我們內實現祂的作為，且讓我們參與其中。祂來扶持我們的軟弱。（79–E37b）做為天主，祂憑自己的全能可以在傾刻間巧妙地改變一切，但祂顧及到人的時間，使他們根據自己的節奏而成長。祂還常常透過其他人，向我們揭示那潛在的或是自己仍不知道的才能。與此同時，我們也從祂那兒獲得力量，發揮這些才能。

祂細膩地幫助每個人，在自己身為人的獨特性以及與基督的肖似中成長。祂也會向每個人揭示他在世界中獨一無二的使命，並且陪伴他們去履行。這取決於天主的恩寵以及祂對每個人所要求的。（80–E45）

聖神的行動逐漸地將祂自己在每個人的生命中顯示出來，**這是人在聖神內成長的定律。對每個人都不一樣，因為每個人的時間不同。**（77–E25）

與聖神一起生活，是一條信任的道路，我們不再害怕，因為我們完全依靠祂！我們從祂獲得力量，這是一種內在的力量，一種催促我們做決定、去行動以及慷慨給出自己的「愛的力量」。

我愛人，已不是我在愛

聖神是愛德之神。事實上，聖神想要在我們內和我們一起實現的，就是加深我們愛的能力，並將我們「鐵石的心」轉化為「血肉的心」，好使我們能以全部的存在將愛生活出來。這是重要的，之前我們所提到的一切都指向這一點：在持續而更新的聖神充滿中，不斷地領受天主的愛，並將祂給予其他的人。如此，與聖神一起生活將我們導向愛德的工作，並透過愛德成長。

如果你們真的嘗試愛別人，上主就會打開你們的心去愛別人，如此，你們也向聖神敞開了。這時，你們就會明瞭……（79–E37）

於是，聖神會給予我們**耶穌的活力**。是耶穌在喜樂與火中派遣我們走向別人，宣講天主愛他們。真的是祂的仁慈激勵我們、引導我們，而不再是我們自身的慷慨了，因為「基督的愛催迫著我們」。

聖神使我們成為證人！耶穌說：「祂必要為我作證，並且你們也要作證[113]。」皮爾強調：在聖神內生活沒有不做見證，不把耶穌送給世界的。至於作法則會根據每人的性格以及聖神的推動而有所不同。

我們只能在福傳中，在宣講耶穌的愛中，感受到對上主的愛火。當我們宣講耶穌和天父的愛時，這愛會充滿我們的心。（78–E29a）

因此，當我們將上主的愛給予周圍的人時，我們也逐漸學習在愛中活出我們的生命。我們的人際關係也會得到改變：天主的愛將我們為了愛德與福傳而共融的心聯合在一起。祂使我們成為民族，成為天主的子民。我們後面還會提到這些（請見本書第四部分）。

窮得只擁有聖神

我們的生活中絕少不了考驗、困難和屬靈爭戰，但是聖神使我們以不同的方式超越這些而生活。皮爾說：

在這種屬靈爭戰中，我們只有窮人的武器，因為我們什麼也沒有；但是我們卻擁有一切，就是聖神自己……是耶穌要親自行動，所以我們應該在信德中前進。這不是很容易……但是和祂一起，一切都變得容易了！（74–E02）

這就是「任何人都不能從我們這裡奪走的」喜樂，因為我們信賴祂。像《宗徒大事錄》

113. 參考《若望福音》十五章 26–27 節。

多次記載的那樣，聖神特別在困難的情況中顯示祂的活躍臨在。

一天，伯多祿和若望剛從獄中出來，儘管已經被禁止從事福傳活動[114]，他們仍繼續祈求天主協助他們福傳。於是他們又再一次充滿聖神，獲得了聖神的力量與活力。皮爾邀請我們效法他們：

五旬節後的三、四個月，宗徒們再次祈求聖神，因為他們遇到了困難。他們祈求聖神，於是，祂以德能來到他們內……祂僅僅是為了他們而來。聖神願意給一個記號，祂向他們顯示了自己的德能，聖神向他們說：「請看，我來了，我帶著德能與你們同在。」之後，他們被充足了氣。

那麼，我們也會被充足氣，我們每次祈求聖神時，祂都會帶著德能與記號來到！（80–E47a）

水裡來、火裡去，英勇無比

同樣也是藉著聖神，我們有能力相信上主在這裡，祂是生活的、復活的主；祂為了我們已經戰勝了一切罪惡；他對我們的愛永遠不會缺席。

上主要求我們信賴祂。……人們說：「在獄中，你們不要準備什麼，上主會在你需要說話時，告訴你們應當說些什麼」，我們說：「這很好，但，就我這樣嗎？聖神會來幫我嗎？我夠忠信嗎？……」祂會說：「你們不必擔憂，聖神要照料你們」，祂會完全地照料你們的。

114. 參考《宗徒大事錄》四章29–31節。

更重要的事情是：祂是護慰者（辯護者），耶穌的護慰者。祂是耶穌的神。你們可以想像有位護慰者（辯護者），祂有許多見證人，祂會使他的見證人堅定不移；祂不願意他們放棄。這時你們可以說：「耶穌比我還要關注我的忠信，因為我是因耶穌的名而作見證」，那麼，你們大可安心！（80–E50c）

如果我們讓聖神對我們的心進行工作，並且將它轉化成「血肉之心」，藉著這顆心，我們能移山，能夠水裡來、火裡去……，我們什麼也不用怕，因為我們將成為真正的火焰。因此當我們進入火爐裡時，將會有流自聖神的水使我們變得清涼。

無論我們去哪裡，我們都會是英勇的；我們將成為耶穌的見證人！（80–E44）

有一個十七、八歲的女孩坐了十年的監獄，真不幸！多麼美好的年歲，卻讓時光虛度。但她卻對天主說：「我在監獄時是那麼的高興，因為總有聖神臨在，再沒有什麼比重新回到監獄更好的了！」她是個很純樸的女孩。你們看，聖神的德能是如何地幫助我們、改變我們。這就是我們需要明白的[115]。（83–E68a）

祂是歷險車的駕駛

讓我用以下的文字來結束這一章。

與聖神生活是一種冒險，涉及我們個人生活、人際關係以及使徒生活中的各個領域。這是一次充滿喜樂與驚喜的冒險，我們會體驗到力量，並從軟弱中獲得勇氣。

認識皮爾·高山的人會記得，當他還是厄瑪奴耳團體負責人時，他在團體初具規模時

115. 皮爾提出這個例子是讓我們看到，無論我們所處的環境如何辛苦，聖神都能使我們充滿喜樂。

高興地感歎：我好像坐在一輛開得越來越快的汽車裡，非常可怕，特別是當它轉彎時！但是，幸好有「另一位」在我旁邊，是祂握著方向盤。（皮爾很喜歡開快車，所以，這個圖像對他而言很有意義）同樣，我們平凡的生活中也有起伏，因為上主臨在於我們的生活中。

那麼，讓我們祈禱，請聖神來到我們內，請祂更新我們，給予我們力量，給予我們合一與忠信的精神，謙卑與忠信的精神。（80–E47a）

專欄五

一個讓天主做工的小故事

皮爾為了接待青年而買了一艘舊駁船（罌粟號），但是在神恩復興運動初期，他很忙碌，沒辦法管理、維修它，這讓他有些困擾。一天晚上，保祿（一個浸信會信徒）對他說：「你確定嗎？如果物質的駁船前進不快，會不會是因為精神性的駁船還沒有到位？」於是我想，皮爾回憶，他立刻放鬆了，如果精神性的駁船還沒有到位，就沒有必要為物質的駁船白費力氣……。

於是，皮爾不再想這件事了。這事過後不久，一位剛皈依且有維修技術的男士願意為他服務，並且將它（舊駁船）改造成一艘適於居住的駁船[116]。

皮爾的評論是：

這真的滿不錯的嘛！不要白費力氣，應該等待上主選擇祂的時間。這真的滿不錯的！我真的不用操心了。

我曾經對自己說：「我的天啊！我被捲進了怎樣的事情呢！我永遠也無法擺脫了。」然而耶穌卻對我說：「你求我吧！讓我來做！如果你讓我來做，你會看到成果。」

這樣，我們就不會說：「哦！我是個多麼了不起的人！」

總有一天，上主會來，會做一切！就像是奇蹟般地捕到魚一樣。那麼，這就是我們的工作。阿們！（77–E21a）

116. 這艘駁船集住房、辦公室和一間小教堂為一體。

第十四章　請你們全心讚美

我們知道這位耶穌真的是活生生的天主。祂真的活著，以喜樂充滿我們。現在這份喜樂應該迸發出來！（75–E09b）

聖神充滿以及臨在於我們生活中的經驗，通常有的標記是：**聖神臨在於我們內的巨大喜樂，（82–E59c）也就是天主之愛的絕妙喜樂。（72–L4）**

五旬節那天，宗徒們都「**充滿了聖神**」，開始歌唱講論天主的奇事，以至於一些人譏笑他們，懷疑他們早上九點就喝醉了酒。但是，他們卻喜樂地宣講基督復活了，「**祂傾注了恩許的聖神，天主把你們所釘死的這位耶穌，立為主，立為默西亞了**[117]。」聖神就是喜樂！

《路加福音》記載，耶穌「**因聖神而歡欣**[118]」，瑪利亞也如此，當她與依撒伯爾相見時，聖神向她揭露了那在她內將要實現的奧蹟和救恩啟示，她踴躍歡欣。於是她宣告天主的忠信與仁慈。從那時起，〈謝主曲〉（*Magnificat*）就再沒有離開過瑪利亞的心，並且支撐著她的信德與愛，直到十字架下。

117. 《宗徒大事錄》二章33、36節。
118. 《路加福音》十章21節。

喜樂推動人讚美

如同耶穌和瑪利亞，如同宗徒們以及其他人，皮爾從我們在一九七二年二月十三日充滿聖神的那一晚起，便開始在巴黎的地鐵裡大聲地讚美。這是一份非凡的喜樂，（77–I1）他談到這段時期時說，我們一直歡笑，總是那麼的快樂！人們說：「是什麼讓他們這樣快樂呢？」（87–E80）從此以後，喜樂便一直住在他孩子般的愛與信賴的心中。這份喜樂推動他不斷地讚美。

有多少次，我們聽到皮爾歡呼：「這太好了！阿肋路亞！我們真幸福，耶穌與我們同在。祂復活了，祂是活著的！我們是小孩子，我們真幸福！」他帶動每個人：「我們一起讚美、感謝天主吧！……。」

真的，上主，我們感謝祢給我們派遣祢的神。……我懇求祢，上主，使我們有復活的面容吧！……請讓我們在喜樂中收斂心神；使我們變得喜樂，但將我們保守在祢內……祢是我們的喜樂！（75–E09b）

「應常歡樂，不斷祈禱，事事感謝」，我們經常歌唱這段，它是保祿對得撒洛尼人的邀請[119]。皮爾領受聖神充滿幾個月之後，毫不猶豫地寫道：基督宗教是喜樂。如果我們不是喜樂的，我們便不在真理內，因為我們不在愛內。（72–L6）

我們喜樂，因為我們是被愛的。我們愛天主之愛，因而我們被愛轉化。（81–E58）聖神使這一切變得如此真實！

119.《得撒洛尼人前書》五章16節。

讚美表達內在的喜樂

這份喜樂是聖神的一項恩賜，是祂臨在的標記，那麼我們要如何「讓它迸發出來」，如何表達它、保持它的活躍性呢？的確，只有在祈禱與朝拜中與天主親密接觸時，夜以繼日地接受上主的愛，這份喜樂才得以更新、深化。而愛德的練習也會有同樣的效果，我們在後面會談到這一點（見本書十七章）。然而，讚美尤其能表達出上主在我們內的喜樂，並且保持它的活躍性。

讚美源於驚歎，皮爾在一次聖神降臨節的聚會上說。讚美是與生活的天主接觸，是整個人的參與……那麼，我真的希望我們能興高采烈！（77–E22）

皮爾利用讚美的首要性，使人們的心向上主的愛與聖神的行動敞開。毫無疑問，這非常重要，但更必要的是經常讚美。（77–E22）他貧瘠的語言難以表達心中這份喜樂的深度。

要像小孩子一樣喜樂地領受（上主的恩寵），這是多麼的深刻與重要。一切都是被賜予的……一切都由父在喜樂中給予了我們。我真的無法再多說什麼：這簡直難以相信！但是你們真的要相信。這不是幻想，而是真實的。

這對我們的時代是非常重要的，不僅僅是為我們這一小群人。因為耶穌說：「我藉著喜樂來到你們中」，同時也說：「我藉著威能來到你們中。」祂給予我們祂的威能。這不是柔軟無力的感情用事，而是帶有力量的現實：「愛情猛如死亡。」（76–E17）

他鼓勵兄弟姊妹們：

我們去感謝上主、讚美祂，那時，我們會在真理內、在愛德內，因為我們愛上主。我們也會變得喜樂。（80–E44）

「我應該怎樣報謝上主，感謝祂賜給我的一切恩佑[120]？」讚頌自古便是教會祈禱中的主要部分。但是，我們如何能幫助生活在世俗中、無法踐行頌讀時辰祈禱禮儀的非修道人？我們如何幫助他們表達讚頌、保持在讚頌中，並且藉著它，在上主的喜樂與愛中成長呢？皮爾受到兩個事件的啟發，使他想出一種適合於大眾的讚美方式。

信德使讚美具有力量

首先，在一九七五年於羅馬舉行的神恩復興聚會上[121]，皮爾看到了「一個在讚頌中的民族」：來自波多黎各的小組，這小組給他留下了特別深刻的印象。他說：

在羅馬，我們明白了什麼是讚頌。在聖伯多祿大殿裡，這是一個在讚頌中合一的民族。波多黎各人深深地影響我們，因為他們是那般的充滿喜樂與善良，他們非常的喜樂。但是他們堅固的信德同樣也打動我們。……我們看到了信德，他們信德的深度。（77–I2）

之後，很顯然的，（在祈禱小組裡）我們唱〈復活〉與〈我讚美〉[122]時，人們被改變了。他們不明白自己為什麼那麼喜樂，但是這完全使他們復甦了。（77–I3）

120. 《聖詠》一一六篇 12 節。
121. 1975 年聖神降臨節，由孫能斯樞機在羅馬主持了天主教會神恩復興運動代表大會。此會議在羅馬聖卡里斯托（San Callisto）地下墓穴舉行。與會者來自多個國家，約有一萬人。聖神降臨節的次日，聖伯多祿大殿特意保留給與會代表使用。孫能斯樞機在伯多祿懺悔祭台（大殿中央的祭台）主持完彌撒後，教宗聖保祿六世向天主教會神恩復興運動發表了歷史性談話。這是天主教會神恩復興運動第一次得到教會的認可。
122. 這兩首是西班牙語歌曲；第一首歌曲由齊考·阿古埃勞（Kiko Arguello）創作，他是新慕道團的創始人之一。

皮爾清楚地看到了喜樂、讚美與信德之間的重要聯繫，以及讚美所具有的感染力。

次年，他看到了「在團體內的讚美」。

歌唱讚美以收斂心神

一九七六年，他與幾個人訪問了美國安娜堡市的天主聖言團體，每天早晨，他與同住一起的人們一起讚美，這是使人振奮且喜樂的讚美，甚至帶點嘈雜。但這是為了預備緊接在後的安靜的個人祈禱。他們互相啟發、練習，從這人或那人自由的歌聲中獲得力量，沒有過度的興奮與失序。這讚美並不影響人們收斂心神，反而促使人心因著向聖神敞開而收斂心神。

皮爾由此確信，讚美是一種很好的方法，可以使每個人將自己認為最重要的生活出來：**在喜樂的同時又持守在上主內；在喜樂的收斂心神中。**（75–E09b）他也發現，讚美為眾人是可行的，而且共同的讚美也能使參與的人團結起來。

從那以後，他不斷地邀請每個人早晨有段讚美的時刻，如有可能幾個人一起讚美，像個家庭似的，或是獨自讚美祈禱。我們也可以透過電話與別人一起讚美，或是隨著錄製好的讚頌歌曲一起讚美。孩子們對此特別開放，往往提醒剛起床的、或是匆忙的父母：「讚美呢？我們還沒讚美呢！」有時候，汽車（前往上班途中）也變成了一個合適的場所，使眾人在上主的愛中開始一天的生活。「早晨的讚美像是一次精神體操」，一位青年曾經這樣說，現在他已是神父了。其實，這段讚美的時刻給予一天的生活精神上的引導，使我們整天對所面臨的事保持讚美的態度。

一位憂愁的聖人，是個令人難受的聖人，皮爾提醒、鼓勵我們，應以不同的方式培養喜樂，如善心、積極的目光、愛德、福傳，但也應藉著「在一切境況中」的讚美來培養。

讚美是通往天庭的路

很快的，當幾個人聚在一起開會或是活動時，人們很自然會以簡短的讚美開始，有時也會以讚美結束。有一次皮爾在結束談話時這樣說：

我們將在讚美中結束，因為祂願意我們在這裡。我們讚美上主的仁慈、祂的愛，讚美天主白白給予我們的愛，這使我們彼此相愛，並互相幫助彼此成聖，並且一起抵達天庭！阿們，阿們，阿肋路亞！（80–E45）

在一個大型聚會中，皮爾願意讓人們意識到，就在此時此刻，讚美已經打開了我們所朝向的天堂大門。一如往常，他使用通俗有趣的說法，表達深深打動自己的事情：

我不知道你們是否清楚，基本上我們都要上天堂。如果你們提著兩隻行李箱來到伯多祿面前而無法讚頌，他會對你們說：「我可憐的老兄啊！你怎能期待我領你進入呢？所有人都在讚美，所有人都在歌唱……我們歡樂鼓舞[123]……」

皮爾總結說：**你們在世界上沒有太多時間做讚美的練習！**（77–E22）此時此刻，讚美已將我們引入不久後所要做的：為永恆而讚美。

123. 《若望默示錄》十九章 1–7 節。

啓動讚美的意願

有一些人說：「聽著，我想讚美的時候才會讚美，我不會強迫自己讚美。強迫自己太荒謬了。」我這樣回答：「是的，沒有必要強迫自己，但應該啟動自己的意願。」最重要的是，讚美幫助我們練習超性的德行。（77–E22）

讚美的中心是：在信德中承認天主臨在，承認祂是生活的、滿溢愛情的天主。然而，無論我們的情況與處境如何，天主在此時此地繼續愛著我們，即使我們感覺不到。當然，我們或多或少是這樣相信的。我們可以相信聖神在我們內，使我們的讚美更加深化；然而，讚美常常被擔心、憂慮、勞累、悲傷……所阻礙，那麼，應該讓讚美散發出來，而這取決於我們：「**你張開口，我要使它滿足**[124]」，《聖詠》這麼記載。

所以，這取決於我是否要在信德與意志的行動中，決定張大口舌，宣揚上主的奇事與美善。當然，當一切都順利時；當我們中有一些人可以帶動我們時；我們會比較容易讚美天主。

其他人或許會想：「你怎麼讚美呢？難道不應該得到某人的傳授嗎？」我們有皮爾的回答：「這很簡單……只需要開始讚美就夠了。」

124.《聖詠》八一篇 11 節。

張開你的口

決定開始讚美後，我們還需要決定張開口。我們可能會想起一首歌，或者在歌本中選一首喜樂動人的歌曲，然後開始歌唱、繼續……。

漸漸地，我們振作起來，阻力消失了，我們的心打開了，我們很快就能全心地歌唱了。我們可以借助一段述說上主奇事的經文或一篇《聖詠》，於是我們讚美上主的奇事。如果我們是一些人聚在一起，我們專心彼此聆聽，專心聆聽聖神。我們可以懇求祂，也可以在祂為我們建立的合一中向祂高歌，因為天主將我們組成一個民族，也就是與祂同在時，我們的讚美將要建立起來。誠如《聖詠》所說：「**天主居於祂人民的讚美中**」，「**我的讚美來自你**[125]」。

如果我們獨自一人，我們也能以同樣的形式進行，這樣就能在心靈上與所認識的基督徒在讚美中合一；如果我們有團體，就能與兄弟姊妹們，以及整個天上和地上的教會在讚美中合一。

在早晨的讚美中，上主常常藉著祂的聖言或是一首歌，或一句我們受到啟示的話語，向我們的心講述祂自己、祂的愛、以及近人的愛。

然而，重要的是，藉著信德與生活的天主來往。信德為我們開啟望德，並拓展我們的愛德。就好像天主的生命從我們心靈深處湧出來一樣。於是，我們在聖神的喜樂中得以更新，我們會把從上主獲得的這份喜樂帶給周遭的人以及世界各地。

125.《聖詠》廿二篇 4 節；26 節。

無論如何都要讚美

皮爾很清楚將會有的困難：

當一切都順利時，要讚美天主很容易，無論誰都能做。但當我們痛苦的時候，當我們有劇烈的牙痛或是腫痛的時候，就不太容易了。如果在容易的時候我們不加以練習，那麼在困難時又怎會去做呢？這是常理！（77–E22）

有時候人們說：「哦！理論上滿好的。但是，我昨天睡晚了，今天早晨很累，我頭痛！……我還有工作，我應該去上班；我已經遲到過兩次了，就因為我讚美過久了，所以，我不再讚美了！」總是能聽到像這樣的理由……他們還沒有完全地理解！（77–E23）

皮爾喜歡說：「如果我們在遇到小困擾時有讚美的習慣，在遇到大麻煩時也能繼續讚美。」有一天，一個年輕女孩在街頭福傳時彈著吉他唱歌。一位男士挑釁地說：「您當然能開心地唱歌了，這對您很容易，一看就知道您沒有困難。如果您是我，就不一定了。」女孩回答說：「兩天前，我的父親剛下葬。如果我今天是喜樂的，那真的是因為這份喜樂是來自別處。」這個女孩有這個習慣：每天歌唱上主的光榮和祂的愛。

至於皮爾，無論處於什麼境況，無論遭遇什麼情緒、困難、掙扎、批評，或是勞累，他都沒有失去讚美的喜樂。他繼續宣揚天主的愛，以及祂勝利的臨在：

耶穌在我們中間，祂不停地拯救我們。我們是喜樂的，因為我們已經知道……事實上我們已經與祂一起復活了。我們在心靈與真理中得救了，上主在這裡，在愛中。……真的，

上主的愛就是一切！請相信，我們在上主的愛中是勝利者，阿們，阿肋路亞！（80–E50c）

屬靈爭戰的利器

因此，讚美使我們免於宿命論的威脅，尤其是在屬靈爭戰中。皮爾鼓勵我們：

讓我們高興，讓我們歡欣，讓我們不再悲傷地說：「我的天主，下一個要打擊我們的是什麼呢？」我們知道有上主與我們在一起，有聖母保護我們。那麼，你們還需要更多的嗎？（80–E44）

有多少人體驗過讚美的力量——那有如使「耶里哥圍牆[126]」倒下的讚美，並且防止我們被屬靈爭戰吞沒的讚美？

我們將自己奉獻給耶穌時是喜樂的，因為在祂內，我們是勝利者。（76–E11）

「喜樂於上主，就是我們的力量[127]！」

「絕望」的解藥

皮爾一生中留下了痛苦的痕跡，內心的與身體的。他能在痛苦中大膽地講論讚美，因為他親身經歷過；他所說的具有見證的分量：

顯然的，如果有人感到因著自己的犧牲能拯救靈魂，他將充滿超性的喜樂，因為這是天主在愛德中賜予的。（81–E51）

126. 以色列人在征服福地中，經過約旦河後，來到了緊緊關閉於堡壘後面的耶里哥城。以色列子民服從天主的話，抬著約櫃，吹著號角，一連七日圍著城轉。到了第七日，若蘇厄高喊：「上主已將這城交給了你們。」眾人於是放聲大叫，城牆便倒塌了，他們遂進了城（參閱《若蘇厄書》第六章）。這個著名的歷史時間讓我們體會到屬靈爭戰中讚美的威力。
127. 《厄斯德拉下》八章10節。

有一天，他提醒我們說：

這是十字架上受苦耶穌的喜樂……祂為自己的痛苦感到幸福，因為祂說，藉著這些痛苦：「我拯救靈魂。」小德蘭也一樣，她以耶穌為榜樣，她是如此幸福地拯救靈魂，在她內真的有愛火。那麼，我們應該祈求的是「愛火」，它比痛苦無限偉大。（80–E50c）

即使我們在痛苦中，我們仍喜樂地歌唱，這會教導我們不斷地讚美，無論在痛苦或遇到困難時。《從監獄到讚美》[128]這本書也是這樣說的，它是對付今日特別的惡——絕望——的完美解藥。（76–E20b）

一種爲人轉求的祈禱

但是，面對世界的種種不幸，我們怎樣讚美呢？皮爾邀請人們進入他所說的「轉求的讚美」。例如，我們一起在祈禱中放下我們的重擔或一切困難。同樣，在祈禱小組或別的地方，我們將世界的重擔與困難交給耶穌聖心，向祂說：

祢為我們眾人受了苦，祢受的苦超過我們百萬倍，因為祢為一切受苦……所有我知道或是能想到的痛苦，祢已想過千遍了，祢仍在為它們受苦。祢以聖心擔負著這一切……

我信賴祢，因為祢救贖了所有人。我將所有受苦的人，以及那些不知道自己為什麼痛苦的人們交付給祢。

那麼，我能讚美祢，因為祢真是拯救我們的天主，是每時每刻拯救世界的天主。

128. Merlin R. Carothers, *From Prison to Praise*, Plain Field: Logos International, NJ 07060, 1972. 作者在皈依時學得了讚美，他認為在一切境況中都有可能讚美。此書產生了巨大的影響。

那麼，如果我讚美祢，同時這也是一個轉求的祈禱……世上一切的痛苦都要被讚美所擔待。因為祢有一顆慷慨慈悲的心，祢拯救世界。

因此，我在喜樂中擔負著世界的痛苦，因為我知道祢擔負著它們。（76–E20b）

這就是皮爾所過的生活。

讓我們總結一下：讚美滲透整個人的生命；讚美透過身體表達出來，心神與理智向天主的愛開放；它借助信德使意志堅定，使情感得到平衡。

透過每日的練習，漸漸地，讚美將帶著喜樂與活力充滿整個生命；它幫助人以不同的方式面對困難，並且改變痛苦；它也是準備及支持人從事愛德與福傳行動的力量；它為天主作證：「你們要充滿聖神，以聖詠、詩詞及屬神的歌曲，互相對談，在你們心中歌頌讚美主；為一切事，要因我們的主耶穌基督的名，時時感謝天主父[129]。」

129. 《厄弗所人書》五章 19–20 節。

第十五章　用舌音祈禱

「舌音祈禱」也被稱為「說方言」，經常被認為是一種會使人感到驚訝的特異現象。其實，舌音祈禱與靈歌[130]自教會初期就已存在，五旬節後，便成了聖神彰顯自己的形式之一。初期的基督信徒廣泛地使用它們。聖保祿邀請信徒歌唱「**屬神的歌曲**[131]」，還制定了使用它們的法則[132]。

這種做法在歷史中不時地出現：例如十三世紀義大利的「阿肋路亞」運動[133]。聖人們也這樣做，如聖奧思定，聖加大利納・瑟納（St. Catalina da Siena），聖依納爵・羅耀拉（St. Ignacio de Loyola）……

隨著神恩復興運動向聖神的開放，我們看到它們重新被廣泛的使用。

聖奧思定描述它是一個「狂喜，我們自願放棄理解它，或以話語說出心中所唱的[134]」，因為這是從心中湧溢出來的。

皮爾・高山的經驗幫助我們有更好的理解。

聖神充滿的記號

如我們前面說過的，二月十三日，皮爾從圖旭返回時已經很晚了，他在巴黎地鐵車廂

130. 聖神推動我們的舌頭發出聲音，稱為舌音，如果舌音是有旋律的，就稱為靈歌，如果是話語，就稱為異語。
131. 《厄弗所人書》五章 19 節；《哥羅森人書》三章 16 節。
132. 《格林多前書》十四章 26–27 節。
133. 十三世紀時義大利民間的宗教運動，人們在路上、市場中唱著一些簡短的讚美詩歌。
134. 〈聖詠講道詞〉32 和 50。

和地鐵通道裡唱起歌來。喜樂從他的心中湧溢出來，他解釋說，他的舌頭動了起來，發出聲音，就是以沒有意思的詞語和音節歌唱。

在一張寫給卡發烈神父的草稿信上，我們發現下面的敘述：

我沒有想要獲得舌音的恩寵，但是在勒皮雄夫婦的陳述後，我明白我們應該祈求這項恩寵；它不是在聖神內復興的一個必須的跡象，但卻是我們是否領受聖神充滿的記號。當我與那些送我離開圖旭的朋友們告別後，我獨自一人在幾近空蕩的地鐵車廂裡，我試了一聲，然後就發生了……我應該指出的是，在此之前，我已然非常高興平安，差不多敢肯定，只要我張開口，就能這樣說話。事情就這樣發生了。

之後的幾天，我特別在意由我口中發出的聲音，以至於影響了我收斂心神……（皮爾於是懷疑起來。）後來我想，是我而非聖神，產生了這些詞語。（72–LM8）

他也講述了三個星期後（三月四日），在一次祈禱小組聚會時發生的事情。

我心想：「我唱的不是靈歌，我不確定從我口中發出的是舌音。」於是我說：「好吧！我就嘗試一下，看看自己唱的是否是舌音，看看自己唱出什麼？」結果……什麼也唱不出來！然而，當兄弟姊妹們為我覆手，懷著愛為我祈求，為使我能有舌音的恩賜時，我明白了這一切，要不然我就要放棄了。……過了一分半鐘，舌音出現了！……我很高興地說：「就是這樣[135]！」（77–II）

135. 在圖旭聚會後幾天，皮爾由於太關注自己是否能唱舌音，讓他無法好好祈禱，於是他認為之前在地鐵的經驗（當時出自口中的聲音）並不是來自聖神。直到眾兄弟姐妹為他祈禱而得到舌音的恩賜時，他明白了自己之前在地鐵的舌音經驗真的是來自聖神的恩賜。

愛的話語

稍後，皮爾根據他從聖神經驗中所領受的屬靈恩寵，向卡發烈神父寫出了這些美妙的話：

我發現愛的祈禱使我發出更接近「BA－BA」的聲音，也就是像小孩子試著叫爸爸、阿爸一樣的充滿愛的話語。舌音祈禱使我變得如此的喜樂，這使我想唱靈歌。總之，它使我每時每刻與天主合一，就像用〈耶穌禱文〉祈禱的體會一樣，但卻更加容易。

當我在地鐵裡可能分心時，我就刻意地這樣做，我幾乎肯定，這會讓我自然而然地進入與耶穌、與祂聖神的平安合一中。（72–LM8）

這就是皮爾的純樸與內心的自由，他藉著不同的機會，幫助那些渴望向舌音祈禱、以及靈歌敞開自己的人。

或許在了解他所說的內容以及講述的方式之後，我們會得到更多的幫助。

從心湧出的祈禱

皮爾使人們先放鬆下來，然後再次強調，舌音祈禱首先是「心的祈禱」，就像東正教隱修士常唸的〈耶穌禱文〉，或是玫瑰經……他說：

重要的是，你們愛上主，願意用內心受到啟示的歌曲讚美祂，無論是你們知道的歌曲，或是完全不了解的（歌曲）。你們了解得越少越好，免得你們用理智在祈禱！

當我們愛的時候，話語一點用也沒有，沒有用的，它們太渺小、太渺小了，它們無力表達我們想要說的，特別是當我們向天主說話的時候！

皮爾建議人們「想一想嬰孩耶穌」（幼小的耶穌）。我們不會對小孩子講論數學式的論證，或是政治演說，他說：

當你們咿咿呀呀地說話時，孩子們會聽懂，那麼，為什麼一個孩子不費力就能聽懂，而耶穌無法聽懂呢？瞧，是我們把事情變得複雜了。如果你們明白這點，就很簡單了。

事實上，一、兩個音節就足以開始，因為這是「孩子的話語」（啊嗚啊嗚，咦咕咦咕……）請你們開始這樣做，這是一種練習，為了使你們的嘴唇活動，使你們的舌頭、氣息和所有的發言器官都能為天主所用。

愛超越一切，無法表達

皮爾解釋：

當我唱歌的時候，是我在唱，不是聖神在唱。但是，在你唱歌的同時，如何能真正地讚美並愛上主呢？你們要想著上主，這非常重要。在你們心中，你應該渴望說：「上主，我愛祢。」如果你們說：「咦咕咦咕或啊嗚啊嗚」，那是在說：「我愛祢。」

片刻之後，聲音超越了你的思想，你會說：「這無法表達。」這是如此強烈，如此偉大，以致找不到詞語表達。你們沒有詞語，但你們心中有（愛的）感覺。

當你們唱「啊嗚啊嗚」，你們是如此深愛著，甚至沒有發覺你們已經不再唱「啊嗚啊嗚」了，而是正在唱上主啟發你們的歌曲。這時，由你們心中湧起了對上主的讚美。

聖神掌握了你們的歌曲，那時你們是在聖神的感動下歌唱的。

對那些探尋讚美價值的人，我這樣回答：「它超出了語彙，超出了你們的想像，超出了你們的才智；愛比一切都強烈。你們使用一種……像孩子一樣的語言：含糊不清的詞語會讓你們表達任何東西，但首先，你們表達的是一種情感。」這意味著，**我們不看、不聽自己，放棄想要理解我們所有的祈禱，並且克服強烈的自尊心……從而謙卑地做出愛的行動。**

「由赤子乳兒的口中，你取得完美的讚頌[136]。」

許多人發現，舌音祈禱可以為朝拜上主及個人的祈禱帶來幫助，特別是當我們的腦海裡浮現各式各樣使我們分心的想法時。低聲的（或高聲的，當我們獨自一人時）舌音祈禱可以平息理智，使人心向天主的臨在開放，為人帶來深刻的靜默。

舌音讚美，風暴中的穩定力

如我們前面所說，讚美也是屬靈爭戰的武器，因為它堅固我們的信德，使我們相信上主會勝利；它使我們在困難中仍保有喜樂。這尤其表現在舌音讚美中，它給我們一顆大膽的童心，這童心般的信心保護我們免於恐慌。皮爾總是以他慣有的獨特性，幽默的說明：

136. 《聖詠》八章3節被耶穌引用，見《瑪竇福音》廿一章16節。

我們上船了……真的，讓我們充滿喜樂吧！我們張開船帆，然後，像艾切卡雷[137]樞機說的那樣，有神恩的人站在主桅下面，然後以舌音祈禱、歌唱。在風暴中，他們唱著靈歌，一切都很順利！然後，風暴平靜了……

那麼，我們真的充滿喜樂。你們真的應該對自己說：「藉著使我們堅強的那一位，我們是勝利者。」（80–E50c）

在另一個場合，皮爾說：

你們知道，關於唱靈歌，人們會說「它毫無用處」……它很有用的，因為藉著它，我們與上天來往。與此同時，別人什麼也不明白，這點十分重要！

例如，在監獄，我們注意到，當獄卒要給犯人洗腦的時候，犯人們開始唱靈歌。獄卒怎麼也不能控制他們，因為這在「系統」之外。所以，唱靈歌是不能被控制的。（77–E27）

然而，我們難道不也因為害怕被旁人聽到、被人判斷，而不敢開口唱靈歌？皮爾喜歡講述令他感動的兩件事。

一個晚上，在初期第一個祈禱小組的聚會上（一九七二年八月），一個非常和諧的靈歌聲響起，美妙至極，且持續了幾分鐘。其中一名有即興音樂專長的女孩，以為這歌曲是精心準備過的，所以會這樣的成功！……讓她驚訝的是，事實並非這樣，而這件事成了後來她皈依的因素之一。

137. 艾切卡雷樞機（Mgr Roger Etchegaray）當時是馬賽（Marseille）的總主教，以及法國主教團主席。

皮爾也一直記得一九七五年聖神降臨節後的星期一，在聖伯多祿大殿裡等待聖父的那四十分鐘：

通常的情況下，可以聽到人們竊竊私語，人們的說話聲形成喧嘩聲。但是那天，人們在祈禱、在朝拜，非常奇妙。當他們開始唱靈歌時，梵蒂岡的工作人員感到相當驚訝：樂隊中的豎琴與靈歌彼此呼應著……最後，指揮引領樂器，開始為靈歌伴奏。真的是非常美妙！（77–I2）

美妙的和諧，在地若天

如此，當我們一起在讚美與祈禱中聆聽上主時，無需語言便能達到共識，一同開始唱靈歌。其散發出的和諧可以使人感覺到上主的臨在，感動每個人；我們也不用擔心旁邊的人。當然，每個人可以自由的張開口或是閉上口……

真的是這樣的，「天主居於祂人民的讚美中[138]！」

當我們大規模地讚美……當我們為數眾多時……當我們與兄弟姊妹們祈禱與讚美上主時，那就是我們感受到天主光榮的時刻。

我們覺得自己已經是在天堂了！美極了！……。

我不認為上主需要光榮；世上卻有如此多的人在尋求光榮！我明白了，這不是那種光榮。這是愛，這真是太美妙了。我們多麼高興在光榮中看見祂！祂曾因我們的痛苦而遭受貶抑……我們真的很高興！（79–E43）

138.《聖詠》廿二篇 4 節。

第十六章　聖神的恩賜——成爲兄弟姊妹

在我們剛剛祈求了聖神充滿之後，皮爾就強烈地經驗到一種兄弟友愛般的共融。對他而言，這是個令他感受強烈的恩寵，也將成為他生活以及福傳的基礎。他特別發現到，那些前來參加初期祈禱小組的人們，也有這相同的合一的恩寵。如此，皮爾個人所領受的恩寵，也廣泛地給予許多人……聖神不僅僅更新人的內心，而且也使他們聚集一起，團結合一。

藉著五旬節，祂使我們投入了彼此的互愛中。（76–E12）

聖神真的是父與子愛情的湧現；祂賜給那些祈求祂的人的禮物，就是祂自己——天主的愛，即天主聖三間彼此愛慕、熾熱的愛德。

如同聖三間的互愛共融

祂也是一種關係的恩賜。藉著聖神，天主願意在人類中見證，在祂存有深處，祂們三位之間的愛的共融。這個不可思議的實體，邀請世人在彼此間成為聖三的肖像。

「父啊，願他們合而為一，就如我們原為一體一樣。我在他們內，你在我內，使他們完全合而為一，為叫世界知道是你派遣了我，並且你愛了他們，如愛了我一樣⑬⑨。」

耶穌在受難前的這個祈禱猶如一項遺囑：一段向眾人說的重要的話，具有現實性。然而，除非藉著聖神的恩賜——即天主本身，我們是無法作出回應的。聖神的這項恩賜在五旬節時賜給了教會和世界，而且不停地在聖事中，在祂所引導的每一個生命中得以更新。這是一項促使人與人之間彼此共融的恩賜。

聖神賜予的這種共融的經驗經常被遺忘，然而它在廿世紀的神恩復興運動中格外地表現出來，並成為它的特徵之一（這時期各種團體⑭⓪如雨後春筍般的出現，可以為此作證）。五旬節恩寵的革新，參與了教會的共融。

對抗個人主義

皮爾很快地明白了，這是天主對當今嚴重的個人主義，以及快速拋棄基督信仰的社會所做出的回應。面對這樣的社會，他特別關心這個問題：基督徒如何在生活中彼此支持，並且積極的奉獻？因為他清楚地看到，我們是無法獨自站穩的，我們必須在一起，才能在面對不同的壓力及潮流時，在真理中保持自由……我們需要在一起互相幫忙，並且領受所需要的力量，好能盡可能廣泛地進行福傳活動與見證。

當然，有一些人會領受特殊的召叫，並根據這特別的神恩，承諾於一個團體中度團結

139.《若望福音》十七章 22–23 節。
140. 見本書第 77 頁，註 41。

親密的生活。然而，對每一個基督徒而言，祈禱、奉獻、在服務中合一、在愛德中共融，這樣的生活是可能而且必要的。

以堅定不移的信德與熱情，皮爾盡其所能地幫助人們認真對待聖神充滿這件事。他活出聖神充滿的精神，在領悟這項「兄弟友愛的恩寵」中不斷地成長，並且明瞭了「在一起」的真實意義：

天主需要重建祂的人民……上主需要我們是多數的，好能與我們在一起。祂對我們說：「如果兩個或三個人，因我的名字聚在一起[141]……」如果你們不是兩個或三個人聚在一起，這項特別的恩寵就不會賜給你們。我懇求你們，在信德中相信這一點，即便你們什麼也感覺不到。（76–E12）

必須在團體中成長

皮爾永遠不會忘記，兄弟共融的恩寵（或他所稱的「兄弟友愛的恩寵」）與一同祈求聖神充滿的經驗有直接的關係。他說：

聖神不需要透過我們進入一個靈魂中。這點，我們可以理解……但是，為什麼是我們和你們一起領受聖神充滿呢？這是因為我們應該以團體的形式領受聖神充滿。如果你不被團體支持，你不會成功的……（77–E25）

141. 參考《瑪竇福音》十八章20節。

他經常使用的「**團體**」一詞的意思是，由聖神而來的兄弟般的團結，祂召叫我們每個人在團體中前進。他向那些投身神恩復興運動的人們這樣說：「在神恩復興運動中，你們絕不能單獨一人；如果你們單獨一人，能有什麼用呢？」

然而，這並不只限定於神恩復興運動的成員，這同樣也是為其他人，為所有人預備的，他肯定地說：

> **我們不能獨自成聖**。**特別是在這混亂的世界中，我們是無法獨自前進的**。如果我們不是一起的，就會垮下來。這對靈魂是可怕的，特別是對那些堅強的靈魂、那些祈禱的靈魂，以及那些值得仰慕的靈魂。（77–E25）
>
> 我們應該前進，但我們無法獨自前進；我們轉來轉去，轉來轉去，轉來轉去……如果我們是一起的，我們就可以前進。（76–E23）我們更容易堅持下去。（77–E23）

因此，首先要相信的是，聖神確實在愛德中使人們團結起來。

謙卑，才能認出恩寵

皮爾對此深信不疑，並且帶著一如往常的喜樂與熱情堅信：

> 這是天主給我們的一項難以置信的恩寵。越是偉大的恩寵就越是謙卑的恩寵，所以我們應該以足夠的謙卑來領會。我所擔心的是，人們認不出這些恩寵，與它擦肩而過[142]……
>
> 這是如此的深刻，如此的重要，我們應該像小孩子一樣在喜樂中領受。一切都被賜予

142. 越是偉大的恩寵越具有謙卑的特質，可是因為謙卑的樣貌並不起眼，不容易被看出它的價值，所以皮爾才會說：「與它擦肩而過。」

了！……聖父以如此的喜樂將一切賜給了我們！

真的，我沒有什麼別的可以對你們說。這真的難以置信！但是，請你們真的相信這點！這不是幻想，這是事實。這對我們的時代非常重要。（76–E17）

皮爾身邊有些人決定要加入團體時，他對他們說了這些話。雖然如此，這些話同樣也是對所有基督徒說的，無論他們各自的情況或個人的聖召是怎樣。

別將自己與人隔離

那麼，我要如何認真地對待所託付給我的這個愛德寶藏呢？我要如何使它成長？我要如何與聖神、與兄弟們一起生活，並且為這愛德作證呢？我要如何更深地迎受聖神的恩賜，就像在五旬節那樣，在與他人的合一中將耶穌送給世界呢？

這裡，我們不重新談論個人祈禱以及朝拜聖體的重要性。就像在聖事中那樣，聖神將我們帶入基督灼熱的愛德中，並且轉化我們的心，教我們去愛。愛德也有不同的形式，在人與人之間建立一種愛的迴圈。後面幾部分會談到這些。

我們在此僅強調幾點，幫助我們避免陷於「孤獨」中，並採取一種向他人敞開的新姿態。因為，如果聖神使我們脫離孤立或冷漠，並將自己彼此交付給對方，那麼我們將不再把自己隔離！

皮爾相信，做為一個團體，我們應該以一起祈禱開始，之後有了「祈禱的精神」，然後我們便能互相幫助了。

同樣，他再三地建議每個人找到三個或四個知己，每週與他們一起祈禱，一起背負彼此的重擔。（76-E11）無論是安靜的朝拜（它將我們建造成為一個身體），或是自由的祈禱，我們會重新獲得力量，充滿聖神。我們一起進入祈禱的精神，然後我們可以簡單地分享與交流。

以祈禱的精神分享聖言

皮爾也邀請人們一起聆聽天主聖言：

我們分享聖言，但是如果沒有祈禱的精神，我們就會用（大腦）講一切：叭啦叭啦（高談闊論）。如果我們真的有祈禱精神，就會說出上主讓我們領會的事情。由於我們是出自內心的，並且在祈禱中講述，這些話就會深深地打動別人。一點一點的，這會使別人在祈禱中前進，這是有感染力的。（79-E37b）

當我們一起祈禱時，團體會越來越合一，並且深化。我們中也會產生更大的愛。你們看，聖神就是這樣。

任何地方都可以這樣做：堂區、祈禱小組、教理組、聚會中……。有一次，在巴萊毛尼亞的活動開幕中，他邀請所有參與者使祈禱變得更內心化，這是藉著個人祈禱，但同樣也透過小組祈禱、以及團隊的祈禱來達成的。你們可以一連好幾天聚在一起，從而深化你們真正一起度團體生活。沒有團體，就沒有神恩的復興。（76-E13）

遵循自己的聖召

一九七六年，許多生活團體出現在各地方，皮爾並不跟著這樣做，而是鼓勵人們在祈禱和基督徒生活中，要有具體的兄弟姊妹互相支持的經驗。另外，他也說：「**在團體生活的人並不比其他的人更好！重要的是應該遵循自己的聖召**——天主賜予我們的聖召，而不是為自己製造一個聖召。」（76–E10）

那麼，我們正在走向聖德。在這條成聖之路上，我們需要互相依靠。如果你依靠我，別人也依靠你……最後，我們一起向上爬得更高。真的是愛之聖神使我們團結在一起。如果我們借助一臂之力（兄弟姊妹的幫助），就能輕而易舉地達到目的！（76–E16）

不相干的人會聚在一起

兄弟友愛的恩寵是使我們成長的「愛的力量」。但是，我們能夠相信這種兄弟般的聯結有天主的力量嗎？聖神有足夠的德能，透過我們彼此的人性，幫助我們活出祂所賜予我們、並且召叫我們的生活：一個充滿才能的人性……但也是有限的、貧窮的、有罪的人性。

像天主愛我們那樣彼此相愛，這好像並不容易，但當祂把祂的愛給予我們後，就會變得非常容易了。聖神愛我們，我們藉著祂團結在一起，這樣就容易了！我向你們保證，我們體驗到這點的時候，是當我們剛開始這個小團體時，那時我們也不十分清楚，為什麼我們會在一起。有時候，我們想：「這人與我有什麼關係嗎？」之後，我們會說：「是聖神在工作，這真是令人難以置信啊！」（76–E17）

喜悅地看著兄弟姊妹們，皮爾總是喜歡說：「當人們看到我們如此不同，但又非常團結時，就會明白，這不是來自我們的……這完全是超然的。」他讚歎地說：「這是個恩賜！」又立刻補充說：「但是需要練習！」意思是，要繼續向聖神的恩寵敞開，並且藉著祂活出愛德。因為，皮爾說，這並不是做一件純人性的事情，像接待自己的朋友，嘮叨閒談，然後我們覺得很好。最重要的是，在我們的心中存有愛，要向上主祈禱。（79–E37a）

練習愛的功課

他強調：

讓人震驚的是，人們看到是上主使我們團結，這就好像是一個被綁在一起的花束，一旦花束鬆開了，所有的花全部都會掉下來，但是如果與聖神一起的話，全都牢固在一起……

那麼，在你們的小組中，這個人像我一樣有大鼻子，那個人是小鼻子等等……人們說：「嗯，我不知道這樣會不會有進展？」我們會回答：「會的，（會有進展的），但要與聖神一起。」

你們就這樣聚會，一年後你們說：「真奇怪，我們都很快樂，非常高興，這是怎麼回事呢？」這是因為上主在你們中間，上主的神在你們中間。我請求你們對此要深信不疑。（76–E12）

就這樣，我們逐漸發現，我們由別人，甚至由那些我們並不怎麼期待的人身上獲得益處！我們在聖神內開始讚歎，從而與他們建立了一種兄弟般的關係。我們學習徵求他們的意見，歡迎他們的靈感，學習接受與自己不同的觀念，接受自己的脆弱。我們開始聆聽、信任、需要別人，也互相幫助。這不是那麼容易，但我們這樣一起練習愛的功課。

將心比心，學會憐憫

有時候，我們對自己說：「他們真的麻煩到我，而我呢，一定同樣也讓他們感到麻煩！」於是，漸漸地，我們對別人有了同情心，對自己也有憐憫，也對為我們受苦的耶穌產生了憐憫心。（79–E37b）

這是一條謙卑與皈依的道路，在這條道路上，我們經由他人得到改變與進步。這不是說，要在人群中、在小組中自我消失，相反的，是為了使自己在愛與自由（這兩個是相輔相成的）中成長，從而參與、促進團體的合一。

皮爾舉例說：「如果我們了解服務與同情是相關聯的，那麼顯然的，我們真的一起進入了偉大的愛中，因為聖神使我們團結在一起。這會以一種非凡的方式激勵著我們。」（81–E56）

這是一種內在的活力，支撐著我們共同的使徒工作。我們互相扶持，彼此祈禱，從而保持我們的熱情。這樣在我們之間就形成了一個同情的網絡。

在不同的生活方式之間，每個人在各自恰當的位置，都可以有這樣的經驗。他們以自己的恩寵堅固對方，一種真實的合一就在他們中間建立起來。這樣的一個經驗特別是圍繞在皮爾身邊的團體成員想要尋求的。

這不是情感主義引起的主觀性，而真的是一種充滿活力的愛德，這愛德可以使人們完成獨自一人無法做到的事業。

超越自己，擁抱世界

兄弟友愛的恩寵是一種愛的力量，使我們生活在世界中，並面對世界的挑戰。這種愛的力量使我們超越自己，因著同情使我們擁抱世界：一個冷得格格作響的世界，需要愛的見證才能暖和起來。

> 你們應該聚集起來……首先以小組的形式。你們這樣做的時候不要想著自己，但要想著別人、想著世界。如果所有人都這樣做，它的發展速度將是驚人的……這樣做真的不是為了你們自己，或是為了你們個人渺小的恩寵。這有更深刻的意義：是為了拯救世界。（76–E12）

> 「就如你派遣我到世界上來，照樣我也派遣他們到世界上去。我不求你將他們從世界上撤去，只求你保護他們脫免邪惡。他們不屬於世界，就如我不屬於世界一樣。求你以真理祝聖他們，你的話就是真理[143]。」

143. 參考《若望福音》十七章15–17節。

我們在皮爾的一個小筆記本上發現了基督的這些話，書寫了三次。（這個小本子裡面沒有別的內容！）那時候，耶穌為聚在自己身邊的宗徒們祈求天父。今天，祂同樣繼續為那些願意一起跟隨祂的人祈求。

聚集一起才能對抗世俗

我們眾人都在世俗中掙扎著，「可怕的是，我們卻習以為常」，皮爾說。（81–E55a）

我們不能像五十年前善良的基督徒那樣簡單地生活。我們經驗到，基督徒必須生活在戰鬥中。我們應該與耶穌一起生活，以愛、慷慨和力量去生活。我們應該一起祈禱，祈求上主賜給我們力量。上主一定會給予我們的……我們應該聚集在一起才能變得強壯。

你們真的應該聚集起來，抵抗某種趨勢（就像魚總是慣於一起逆流前進）。如果我們一起戰鬥，事情可以完全改變。

為了能堅持住，在一起是很重要的；對福傳也是一樣……這真的是靈修的戰爭，它存在於各個層面，無論什麼地方，或什麼事情中。唯一能夠擺脫這個戰爭的方法就是：以小組的形式堅持住，並且進行福傳。（81–E55a）

多點愛，就少受罪

摩擦或意見分歧是無法避免的。然而，透過愛德的練習與互相寬恕，兄弟間的友愛得

以成長。我們這裡講述皮爾在一次避靜中寫下的個人見證：（73–L8）

怨恨的魔鬼終於離我而去。雖然它不再那樣強烈，但仍然在角落裡嘟囔著，並且妨礙我祈禱。我這樣對上主說：「您不會讓它在整個避靜中纏著我吧?!」上主似乎在等待我認真地求祂使我得到釋放，果然，事情順利解決。當我在公園裡祈禱時，魔鬼遠遠地跟著我，我有個靈感，轉身對牠說：「清楚地解釋你的原因吧！」藉著說出謙卑的話語、對別人充滿愛德的話語，以及在團體工作中服從耶穌的話語，三兩下的，我就使牠啞口無言了（我沒有任何損失）。

「瘋子」逃跑了，看牠什麼時候還敢再回來。然而，我發現，如果我之前少些驕傲，對兄弟們多些仁愛，多融合於耶穌的愛，這個大壞蛋就不會在這麼多天中折磨我了，因為我可以立刻回應它，像我這一天在公園裡所做的。

沒有例外的規定：不批評

讓我們留心這個時常被遺忘的前提，皮爾認為這是愛德聯繫中的重要部分：不要批評別人。

這是他在厄瑪奴耳團體成立初期所訂的第一個規定。皮爾明確地說：不要互相批評……即使是開玩笑（以開玩笑的名義批評）。他往往說，凡原則必有例外……但除了這個規定！這說明他對此點的重視程度。

我們應記得皮爾出生在一個漫畫家的家庭中，就像他之前寫過的[144]：

像我們出生在幽默世家的人，很容易會諷刺別人：堂兄弟姊妹之間，我們互相挖苦，用漫畫的手法描繪別人的面孔和癖好。這並不妨礙我們的友誼；反而會讓我們很快忘掉自己的敏感性。

但是當他與其他社會階層的人接觸時（特別是教會圈、勞工界以及各種青年團體），他發現這種俏皮方式會造成傷害。這樣表達的人過於高傲，並且有意無意的，以不同的形式進行批評：如「客氣的」嘲笑；以玩笑的方式給予諷刺或是負面意見；對某事或某人刻薄的評論、價值判斷……事實上，這是自以為是的表現，是一種虛假的優越性……而且，這一切傳到第三者後，會得以反覆蔓延，最後被誇大彎曲地回到當事者那裡。

皮爾看到，批評別人能如此地損害一切的關係，有時還會造成深刻且長期的創傷，導致對別人、對自己失去信心，沒有安全感、懷疑、不信任……也會由於根深蒂固的怨恨導致靈修上的障礙，關閉內心、封閉自我、與人隔離。這一切會阻礙兄弟的共融，就像一個毒藥，會扼殺愛。

此外，批評別人也會削弱使徒工作的效率，由於這樣，**我們將自己置身於外，我們會說：「這不會有進展的」，因為我們懷著局外人的心態……**（76–E17）我們覺得一起將工作做好與自己無關。

這是「厄瑪奴耳」團體開始頭兩年中唯一的規定——不批評，為了不在建樹愛的過程

144.《祂生活著》，第19期，第10頁。

中出現裂縫，並且保證愛德能夠成長。（《祂生活著》，第19期）三十年後的今天，這條規定對老團員依然具有真實性，對新的團員也是如此！

互相批評就無法友愛

不散佈判斷的話語，或不批評某事某人，向我們要求一個明確的決心，而且需要經常更新，因為我們的習慣可能已經根深蒂固。對許多人而言，這是一個真實的皈依。

我們總在互相評價，彼此批評。這樣，我們又怎能互相友愛呢？……如果我們是慈悲的，就不會說「啊，她真討厭！」而是說：「她也許有點讓人討厭，可是，畢竟，……」漸漸的，我們會變得慈悲。

這樣，我們就開始從我們驕傲的座位上下來了。

皮爾向那些在（祈禱）小組中遇到困難的人們說：

你們會對我說這很幼稚，因為你們自認為是完美的人，一切都很順利。那麼，如果這麼順利，你們的小組應該進展得很好啊！這是因為恰恰缺少了愛……這並非技術性的問題！如果沒有愛，就如同汽車沒有了油：你們可以做你們所喜歡的，但不會有什麼結果。

皮爾提議，為了「加點油」，我們需要一起投入愛德與同情的服務中：

如果你們去探訪病人，在這一週中為他們祈禱，你們就是與他一起背負著同一個重擔。那麼，這時候，你們就不會想某某女士帽子戴歪了，某某人對我說了這些……（79-E37a）

無論如何，一旦你們感覺有了分裂，你們就說：「好了，是另一個小魔鬼又來了」，就這樣。上主使人團結，另一位（魔鬼）則使人分裂。（79–E43）

皮爾憑著經驗，還強調了需要警惕的一面：閒聊。閒聊經常使人們缺少審慎……並且批評別人。因為我們說的有點多了，當我們說的有點多了的時候，確實就說多了，就會脫口說出一些事情：一些讓別人不舒服的事情！（80–E46）他也邀請人們在話語方面要自制。

試著找出別人的優點

這裡還有一個具體的勸告，使我們從批評別人過渡到愛德：

例如有人這樣說：

「我嘛，我很有判斷力，立刻就能看出不好的（方面）……」

我說：

「這很好！如果你能用在你身上，也會很好的[145]……如果你有這樣敏銳的精神，也許你可以看看別人有什麼優點。」

「不行！我只能看到缺點！」

「那麼，請試著找找看。」

如果我們真的尋找，向上主祈禱並且說：「上主，真的，讓我看看這個可憐的傢伙的

145. 意即將自己置於別人的位置上，皮爾有時會給這樣的建議。

優點吧！他沒有很多優點，但終究請幫助我找出來，至少一個！」上主會給你們顯示他的優點，使你們難以置信！最後，你們甚至會非常喜愛他，然後，忘記他那微不足道的缺點。你們知道，這是真的！上主使你們在這些事上前進，特別是當我們求祂的時候！於是，這樣會使你們對別人懷有愛德。（80–E46）

在別人身上看見耶穌

當我們擺脫批評的作為時，未說出口的判斷思想以及心中的抱怨聲，也會漸漸轉為善良的心；藉著我們的善心，耶穌傳遞給我們祂的希望以及祂慈愛的目光。這是個艱困的工作，並且需要時間。因此，人與人的關係在基督的愛德中得以真正的建立。

我們對上主說：「祢必須打開我的心！……這個人很討厭；他們讓我惱火……」漸漸的，上主在這個人身上顯示祂的面容，漸漸的，我們改變了自己。

為了幫助我們不自我判斷也不評論別人，皮爾告訴我們一個祕訣：

不要看我們自己，也不要看別人，或是覺得別人很出色，但要在每個人身上看見耶穌。在我們每一個人身上朝拜耶穌。這是非常奇妙的。這就是一切！（77–E27）（我們同時看到了皮爾富感染力的熱情。）

批判性不同於判斷

放棄判斷不表示抑制自己的才智，或是變得盲目！曾是電影評論家的皮爾深知這一點，他將「判斷」（a critical mind）與「批判性思考」（critical thinking）做了不同的區別。後者是考慮評估事物時有用的反省因素，使我們能正確的辨別，以及富於愛德。

他毫不猶豫地說：

重要的是要有批判性的思考。我說的不是「判斷」，而是「批判性思考」！人們經常混淆它們。批判性的思考可以使人敏銳地看出一切情感、感受和感覺……（也許不要有太多的感覺！），以及靈魂中的一切事……你們不要說：「我們知道他沒有那麼聖潔，別人也這樣那樣地說」……而應說：「他很好啊，他既慈悲又溫和，還很細膩；他真的非常好，我在他身上看見了天主！」

那麼……我們總是快樂的，因為我們在所有兄弟姊妹的身上看到了天主……在每位兄弟姊妹的身上真的都有上主特殊的恩寵。因此，看見兄弟姊妹們就是一份喜樂！（79–E43）

因此，批判性的思考開啟一扇通往愛德的大門，而判斷則使這扇門關閉。

被別人判斷時

那麼，如果你被別人判斷了呢？如果你是遭受判斷的受害者呢？皮爾也經歷過這樣的情況，他竭盡全力地藉著謙卑，與自己的情緒保持一定的距離，這樣能讓他變得開放……而且喜樂。然後，「在一切之上，請你們相愛，因為愛德遮蓋一切罪過[146]。」

他建議我們：

當你們遭受判斷時，你們要說：「這些都是祝福！真是好極了。」你們要記下別人對你的批評，然後說：「看！……我需要在這方面改變自己，還有那方面……」，然後你們會改變的。這是上主藉著別人在我們內做工。上主耶穌，真的請祢幫幫我們吧！我們是小孩子，祢是善師……祢是慈悲之愛，祢確實願意我們在這愛中成長。

團結一起，彼此負軛

我們讓皮爾來做總結，也讓他繼續說服我們：

為了留在喜樂中，應該幾個人聚在一起，互相擔負彼此的重擔，這樣「軛是柔和的，擔子是輕鬆的[147]」……

我要反覆說同樣的事：「你們要彼此相愛（我完全像聖若望那樣年老），你們要彼此相愛，那麼一切都會順利的。」

真的，讓我們彼此團結起來吧！（76–E11）

146. 參考《箴言》十章12節，以及《伯多祿前書》四章8節。
147. 參考《瑪竇福音》十一章30節。

專欄六

皮爾・高山對厄瑪奴耳團體成員的教導：成爲兄弟姊妹的恩寵

當你們進入[148]團體時，你們說：「上主，我將自己奉獻給祢。」在信德的行動中，我們將自己奉獻給祂，並將自己奉獻給兄弟姊妹們。每天我們要求自己互相給予，並且一起祈禱。（77–E23）

我們真的應該互相支持，並且相信團體的恩寵，因為，獨自一人，真的辦不到，但如果在一起，就能堅持得住：這真的是「厄瑪奴耳，天主與我們同在」。（79–E41）

團體首先是我們當中的一個愛的團體，一個精神友愛的團體。這才是要點，因為如果我們彼此之間沒有愛，那麼我們就是說謊的人[149]。如果我們不愛自己的近人，就不可能愛天主。這些你們都知道，永遠不要忘記。（79–E34）

在這個世界中，我們猶如逆著水流游泳，往往消耗殆盡。然而，當我們在團體中，我們就能互相鼓勵：「你今天有點累，我可以支持你一點。」隔天，他累了，你可以支援他，漸漸的，我們就在一起了。

148. 「進入」的含義是「向團體做出承諾」：當天是厄瑪奴耳團體成員首次做承諾的日子。
149. 參考《若望壹書》四章20節。

這是巨大的喜樂，因為我們知道上主建立團體是為了幫助我們，使我們能繼續堅持，從而擁有希望與喜樂。（80–E45）

成聖的源泉

最重要的是兄弟姊妹彼此互相依賴，這是一種「聖事」，也是成聖的源泉，就如聖十字若望所說的，兄弟們在一起，就像是海裡的石子，是為了互相碰撞，把彼此磨光。

這是個恩寵！……人們太複雜了；不認識上主的人，想要以人的角度來看待一切，然而上主是一位傑出的藝術家，祂藉著恩寵做一切事。像聖若望所說：「我們都領受了恩寵，而且恩寵上加恩寵[150]。」（80–E50a）

有時候人們會想：「我快要無法忍受了！某個兄弟或姊妹快要激怒我了。」我說：「如果只是快要開始，那還不錯！」……因此，我對你們說：「你們知道，兄弟姊妹們是很奇妙的！可以讓你們非常煩惱，但也可以對你們有所助益！」

這個「兄弟姊妹的聖事」不是什麼神學家製造的優美詞彙。不是的，但這是一個非常重要的名詞。在團體中，如果我們依靠兄弟姊妹們，如果我們謙卑地對他們說：「其實，我做不到」，別人會對我們說：「哦，我可憐的老弟，你做不到嗎？……我也做不到啊！」這樣，真的能為我們大家打氣！（80–E46）

有些重要的工作只有借助整個團體才得以完成。魔鬼就是想要你們個別做些小事，而

150.《若望福音》一章16節。

做不了大事。如果我們一起工作，如果我們真正地祈求上主，就能做出令人震驚的事，同時也能激起我們的熱情。（76–E17）

我們可能會遇到考驗和困境……上主希望我們自己能堅持住。但你們會說：「如果這個小小的『耶穌兄弟會』是分離的，又有何用呢？」對，但你們將會看到，你們不是分散的，你們會感覺到自己與三、四個可憐的人共融在一起……你們將要獲得力量，從聖神而來的力量，而你們將被改變……。

精神性的共融

當你們再次相聚時，你們會發現，上主使你們一起成長，因為祂工作並不受時間及地點的限制。（76–E12）

上主將安排好一切，並教導我們，從彼此分開後的那一刻起，應怎樣生活。當我們分開後，我們會在奇妙的共融中，因為我們會習慣這不是生理上的臨在，而是精神性的臨在。聖神使我們團結——沒有聖神，我們便不存在——且會繼續如此。（78–E31b）

我們與那些遠方的人們在愛中結合，聖神則在這愛的共融中工作著。（78–E50a）

雖做不同事，都是主派遣

「我無法管理我想做的每一件事。」這是真的……而這就是為什麼我們會在團體中！

如果我們在團體中，一人做這事，另一人做那事，大家一起，我們共同做事！這就是你們應該互相告訴別人的事。

因為……有一個人做飯，他說：「我想去福傳，但是我總跟蘿蔔及馬鈴薯打交道。給蘿蔔及馬鈴薯福傳可不是什麼愉快的事！」（皮爾解釋說，懷著愛心挑菜時，能將這份愛「傳遞給其他人」。）

在我們的團體中，這就是「厄瑪奴耳」：天主與我們同在，我們也與祂同在。這就是為什麼我們服務時，不論我們做什麼，我們都會說：「主耶穌，為了那些生重病的、受折磨的、以及所有絕望的人，我將這個奉獻給祢。」於是，一種無限的愛將傳入世界。（81–E56）

當人們外出福傳時，有的人會想：「他們真幸運，可以去旅行，而我們只能留在這裡……啊！總是同樣的人，同樣的事！」而我要說：「我可憐的孩子們，如果你們發現他們正在做聖方濟・沙勿略所做過的事，那麼，你們就正在做小德蘭所做的事，就是這樣簡單。她像他一樣是福傳主保！……效法小德蘭吧！這對那些外出福傳的人是需要的。」

你們應明白，我們形成一個整體：無論人們外出與否、留守與否，我們都被派遣了。奇妙的是，我們雖受派遣留在原處，卻受益無窮啊！（79–E36）

◀ 耶穌聖心朝聖地巴萊毛尼亞一隅（蘇建彰攝影）

【第四部分】
談愛德與福傳

第十七章　以「愛的小徑」實踐生活中的愛德

如果我們沒有彼此相愛，那麼，我們就是說謊者。你們都知道，如果我們不愛近人，就不可能愛天主，永遠不要忘記這點！（79–E34）

皮爾強烈地邀請人們「用行動和真理去愛[151]」，意思是說，要具體地、毫不延遲地自我給予。他非常強調這點。因為除了祈禱和培育，愛德更能體現並且深化與基督相遇的喜樂，以及聖神充滿的恩寵；愛德使我們心中的火持續燃燒，並且教我們以愛生活。就是藉著愛德，聖神逐步地轉化我們，除此，別無他法。

當人們說：「我們應該用行動和真理去愛」，這是千真萬確的！我們不能留在晚餐廳裡說「上主啊！上主啊！」，我們應該行動起來，用行動去愛，也用真理去愛。這是重要的。（79–E39a）

關於活出愛德、傳播愛德的方式，皮爾給每個人的建議不同：仁愛的小犧牲、憐憫的行動以及福傳。這些都是我們在朝拜聖體與祈禱中，由基督獲得的愛與同情的不同表現形式。它們相輔相成，彼此呼應，因此，任何想要限定它們的想法都是虛假的、無益的。此外，皮爾在講話中，也經常提到不同的愛德表現形式，及其之間的轉換。

151.《若望壹書》三章 18 節。

這些愛的形式都與我們有關，不論是誰，即使某種形式因個人性格和情況顯得更為明顯。

用愛做大小事

有時，我們認為自己必須是完美的，或是做出了值得稱讚的大事之後，才能真正地自我給予……

我們是如此的驕傲、如此的愚蠢，認為只有做了大事才能配得上別人，配得上上主。恰恰相反啊！（79–E43）

誠然，一些人在遠方做傳教士，一些人全職照顧病人，一些人舉辦大型福傳活動。在鼓勵這些大型計劃的同時，皮爾更不斷地強調簡單的愛德，一種適合於眾人的愛德，尤其適合於我們這些「可憐的傢伙」以及「小孩子」的愛德。他從不缺少創意，深知愛是有創造性的；他讓每個人發揮創造性，並且找到自己奉獻的方式。

我們每天在與耶穌的結合中，用愛去做一切事，這就是「藉著愛德」與祂一起愛，而且逐漸地在別人身上發現祂的臨在。

例如，一些體貼、忘我的但取悅別人的舉動，伴隨行動與話語的親切感，接待人的方式，對人的關心；一些小服務，訪問鄰居……這是指愛的工作：藉著一項自由去愛的決定，使基督得以彰顯。

出離自我，走向他人。如果我們這樣做……就是被愛火點燃了。（79–E37a）

愛德：源自祈禱的「愛的行動」

所有的行動，不管是細微的或是重要的，都遵循愛的基本定律，即：自由地給予。耶穌的愛是這些愛德行動的動力。我們為愛耶穌而做這些，並在祈禱中汲取祂的聖心之愛。這樣做的同時，我們的心被感動，並且充滿了祂的愛。

這裡是一個例子：

有一個住在隔壁的女士，身體不是很好，也沒有人照顧她，但人不是很友善。那麼，你們可以去看她啊！如果你們兩、三個人去看她，如果你們預先祈禱，說：「上主，請祢一定要打動她的心。」你們會驚訝（地看到），你們將怎樣被接待。如果你們這樣做，你們就真的有愛德的精神；你們的心會是火熱的，這時，你們將充滿喜樂，你們會渴望讚美，你們明白嗎？（79–E37a）

你們應該懷有愛德。你們向上主求，就會找到，愛德需要練習，並且需要在朝拜中生活出來。如果你們去見那位女士之前沒有祈禱……你們會講蠢話，說出恰恰不該說的話。……如果你們真的祈禱了，上主會在你們不察覺的時候，藉著你們講話。（77–E25）

如果你們去探望窮人，這不是慈善，而是愛德；這真的是上主的愛。你們要在朝拜聖體時祈禱，求上主賜給你們一顆憐憫的心。那麼，漸漸地，上主會打開你們的心，賜給你們辨別的恩賜。……

如果你們在做事之前先祈求上主說：「我應該去哪兒？聖神要引領我去哪兒？」那麼，你們將知道，上主會引領你們去某些地方，而不是按你們自己的心意。你們去到某個地方，是因為上主推動你們去那裡。……

然後，上主會告訴你們如何行事，逐漸地，你們會開始讓自己被祂引領。如果不是祂做工的話，就還只是屬人的（工作）。（79–E37a）

全心做你能做的

因為，這不是為了讓自己精疲力盡地胡亂做事，或是滿足我們的心血來潮，或是被慷慨迫使，或是被活躍的性格所迫使，甚至是為了積累分數！

所以，我們要隨從聖神的帶領，像皮爾說的那樣，「做你能做的，做你能做的一切事……但要全心去做」。藉著這點，他指出：絕對的承諾與自由在愛中是同時存在的，而衡量愛德的真正標準是人心中的給予。

如此，我們學習以自己本來的面貌奉獻自己，漸漸地在我們的日常生活以及工作中把愛加進來：我們雖然做得不是很好，但做得很喜樂，而且我們全心去做，當然也毫不遲疑。

皮爾經常強調說：「你們趕快些，我們不是急躁的人，但是時間緊迫。」（76–E11）如此，他讓我們每個人知道：愛不能等待，時間是緊迫的。

皮爾迫切渴望每個人在自我交付的同時，應該在關愛別人的事上，以及在上主愛的臨在中成長。的確，活出愛德需要慢慢來，況且魔鬼會設法讓我們沒有時間，不停地忙碌。（76–E11）

小德蘭：愛的榜樣

那麼，我們需要給什麼建議，好讓所有的人，不管是弱小或能幹的，生病或健康的，年輕或年長的，富有或貧窮的，能在愛德中成長，並且成為真正的、有生命的火炬呢？

皮爾有答案和方法，那就是小德蘭。

現代世界中有一位傑出的聖女，我們對她很熟悉，然而，我們是如此的熟悉，以至於不再注意她了，她就是里修的小德蘭。（82–E61）小德蘭真是我們的榜樣。她的生活看似平凡純樸，卻又充滿愛情，因為她藉著愛轉化了一切。（80–E45）

皮爾非常的欽佩她。他自己仿效小德蘭指出的愛德之路，而這愛德之路，也恰好回應了他內心急切的熱情。

這個小女孩總是忙碌的，她就是小德蘭。你們看，她才廿四歲，一點也不拖拖拉拉，就完全著火燃燒了。她真的是來教導我們這條小路的（並非有好多條路）：一條給我們這些弱小之人的簡單之路。

皮爾在他年輕時就已經意識到，小德蘭有一個使命，在我們這個時代是屬於先知性的，如今這得到了廣泛的肯定！

小德蘭之路：因愛而做

小德蘭的確是我們這個時代的先知，她渴望成為偉大的聖人，她說：「上主，我有很大的渴望，但我沒有力量……那麼，我就做些小小的犧牲。這些真的是非常小的犧牲：我撿起一個別針，撿起一張亂放的紙，我整理一個歪斜的桌布……」

皮爾予以解釋：「如果我們因愛而做，那就是愛德。意願很重要。」

此外，就是這些小犧牲能使我們重新回到天主的面前。我們說：「啊，耶穌！我要為了祢做這個、做那個。」（82–E62）

這樣，做個「小犧牲」，就是為了愛天主而自願做的小行動，並且將它奉獻給天主。也可以為了某個意向、煩惱或是衝突，因著愛而將這些奉獻給祂。逐漸的，我們在與耶穌結合中活出我們全部的生命，並且我們學習與祂一起藉著愛自我交付。

愛，從最小的犧牲開始

有時我們會說：「好的，上主，但是，我終究還是做不到，這讓我變得很緊張，我好累。」（82–E62）那麼小德蘭會說：「我是以小犧牲開始的。」這是非常小的犧牲，是你們所找到的最小的犧牲。一旦你們找到一個稍大些的，就說：「不行，這個還是太大了！」那麼，你們再接著找，選一個最小的。最小的是不會累人的！然後你們培養這個習慣！例如，你們避免嚼舌根，而是默想上主；或做一項小服務，如收拾了一條毯子或別的東西，

不讓任何人知道，因為這是為上主做的。有成千上萬像這樣的小事……（80–E46）

皮爾想要使我們相信：小德蘭非常簡單。她說：「請聽著，我是個小孩子。你們不要把生活複雜化了。讓我們簡單一點，那麼一切都會順利的。」（82–E61）他開玩笑的說：「小小的犧牲……真令人討厭，因為它們實在太小了，以至於沒有人會說自己做不到！」（81–E53）因此，在學習愛的同時，我們也在學習謙遜。

重要的是：要開始

萬事起頭難。這是習慣的問題！當我們開始做一些犧牲，就會繼續做下去。尤其是如果我們因愛而做。

但不是為了犧牲而做些小犧牲：因為我是個優秀的人，我是意志主義者，那麼我靠自己的力量做一切，如此我就是聖人，因為我試著做一切的事。

皮爾回憶，小德蘭筋疲力盡，無論她的意願如何都無法做任何事，但仍可以做些很小的犧牲。她就是這樣；這就是孩子般的精神。這不是裝傻，而是變得簡單，因著愛去做。（82–E62）

像往常一樣，皮爾透過玩笑說服人，告訴大家這事的深刻意義。

例如，公園裡有些亂放的紙。我對你們說：「請你們撿起一張紙！」於是，你們出去，每人都撿了些紙！但是我說：「要在別人沒有看見的時候撿紙！」是的！你們都知道，但是你們這樣做嗎？那麼請開始這樣做吧！開始吧！那麼你們將會不停地做小犧牲，你們也會覺得有做小犧牲的需要。（83–E68a）

一直做這樣的小事，將會讓你們置於上主的面前。這讓我們處於愛德的狀態下，處於關注上主的狀態中。（82–E62）

你們會說：「這很幼稚（簡單）！」那麼，既然這麼幼稚，這麼簡單，那就讓我們去做吧！（81–E53）

太容易，所以不可靠？

但是，這真的有效嗎？這難道不是一條打了折扣的道路嗎？對我們這些認真的人，它真的可靠嗎？皮爾預見到反對的意見，在它們尚未被表達出來前，他就已經做出了回應。

人們說：「哦！做犧牲毫無意義，因為這非常可笑，像以前的童子軍做善事一樣。到底，他們是些孩子啊！」恰好，他們是孩子，我們呢，也應該變成孩子，上主一直這樣對我們說[152]。我們應該認真地看待孩子們做的犧牲，通常，這些犧牲將他們引入聖德。那麼，我們應該效法他們的純樸、祈禱和小小的犧牲。（82–E61）

此外，應該注意到孩子們是如此的慷慨，他們真的以我們所沒有的誠實與慷慨來做犧牲。（81–E53）

因此，如果我們純樸且慷慨，這便是一條通往聖德的道路。人們所渴望的徹底的承諾，是具體顯現在愛人的決心以及自我的忠信。

152. 參考《瑪爾谷福音》十章 14–15 節。

事實上，我們怎樣才能是徹底的呢？藉著學習小德蘭，像她一樣的徹底，經常做最小的犧牲：犧牲自己的自尊；在說話前先聆聽別人；聆聽他人……關於這些，你們都能領會。真的很奇妙，這讓我們存留在上主內，並且履行我們的義務，而且把我們的義務做得更好。上主要求我們做某件事嗎？那好，我們要做好，而且為祂而做……這樣，上主要保守我們；保守我們在愛內，在祂的愛內。（78–E31c）

所以，愛是每時每刻的。就此意義，有天皮爾這樣說：「一切（我們的時間）都是重要的。我們——因著對上主的愛——精準地過著日子。」（79–E34）

這需要悔改：我們決定去愛，這愛不斷地更新；我們具體地活出來，這樣我們就會悔改。

小犧牲成就大渴望

小德蘭告訴我們：「我因著成百上千的小犧牲攫取了上主，如此，我一定會受到祂熱情的接待。」因為這些小犧牲是愛的犧牲，而愛能改變一切。**重要的不是我們所做的事，而是我們做事時所懷有的愛。**（82–E61）

因此，偉大的渴望與小小的愛德行動並不是對立的，相反的，藉著這些微小的行動，偉大的渴望可以獲得滿全。

每日平淡無奇的生活可以轉化為對上主的愛。小德蘭說：「我寧願每日平凡度過而非神魂超拔。」聖衣會裡既寒冷又陰沉，還有那些正在『修習全德』的修女們，你們清楚，這樣的平凡並不有趣！……小德蘭將一切轉化成愛，這是多麼棒啊！那麼，我們也應該轉化一切，在家庭生活中、辦公室、地鐵裡，各個地方……。如果我們這樣做（這是習慣問題！）這些小犧牲可以使上主臨在於我們內，逐漸的，我們就能持續不斷的祈禱了。

這是真實的祈禱，而不再是那種情緒性或感覺式的祈禱，或以自我為中心的祈禱了；它僅僅是愛的祈禱。我們越是這樣做，就越會讓自己燃燒起來。這真是不可思議，並且具有感染力！我感謝祢，上主！（81–E51）

我們也許記得皮爾在晚年時（一九八八年）說的話：

我們可以說：「我接受這個小犧牲」，這是瑪利亞的「是」。如果我們經常這樣說，我們的生活將會改變，而且，我們也將變得像小孩子一樣。

別人也許請求我們去做些服務：

這些小犧牲，也許是接受這裡或那裡的小服務……這會（在一個團體中或與我們周圍的人之間）產生愛、喜樂，以及真正的愛德。（82–E61）

爲耶穌而做就是愛

帶著善意的詼諧，皮爾喜樂而單純地激勵人心：

如果你們對自己的服務感到並不有趣時，你們會說：「我這麼聰明，而他們竟要我做這些！這不對吧！好吧，我承認這樣想真是不好，但這真的讓我感到不愉快！」但如果我們是為耶穌做……噢！為了耶穌，我們什麼都會做的！

是的，我們為耶穌做這事，也將它視為犧牲，做為奉獻，這真的是愛；如果我們將一切轉化為愛，那麼，一切就都是愛。這就是它的奇妙之處。（82–E62）

我們不僅可以接受那些不討人喜歡的服務，我們甚至可以選擇它們。

例如，每次當人們需要你們做事的時候，越是愚蠢的，越是令人厭煩的，你們越要說：「噢！我願意做！」……你們會逐漸看到，你們改變了。你們開始變得快樂；不再計較……因為你們拋棄了許多的自尊：這裡一些、那裡一些。

像那樣的小犧牲能改變你們。雖然看似愚蠢，但是很簡單，你們試了就會知道！（80–E46）

就像小德蘭說的，**我們為了愛所做的一切也會變成愛**。並不是我們所做的那些服務在上主心中顯得重要，而是我們懷著愛做這些事時的態度。（81–E58）

做與你習慣相反的事

我們可以選擇做我們不喜歡的事，這能教我們學會自制力。我們要帶著好心情與愛心，輕快地去做，還要反覆去做。例如：

我們說得有點多了，那麼，「當我不想說的時候，我要說。當我想說的時候，我不說。」看到了嗎，就是做與之相反的事！這不難……這樣，我們就不會說別人的壞話了！（80–E46）

或是像小德蘭一樣，我們決定在每次不愉快的時候保持微笑：「每次我感到不愉快的時候，我就微笑。」

皮爾建議：「你們向小德蘭學吧！她選擇令自己最煩擾的人，獻給這人最美的微笑；而她是快樂的」。（79–E43）他強調，這不是一種商業性的微笑，而是令人喜悅、超越本性的微笑。他加以注釋[153]說：「毫無疑問的，如果我們這樣做，對團體來說是件愉快的事！」（80–E46）

我們也可以因著愛，將自尊心所受到的創傷（我們很難忘記這些）轉化成克苦奉獻給祂。（80–E46）

因此，我們整個生命都可以成為更愛天主和更愛所有人（無一例外）的機會。

我們可以將一切獻給耶穌：所有我們遇到的事，愉快的事與不愉快的事。對於好事更是如此，因為，我們通常容易因為好事而變得混亂，從而遠離天主。（82–E62）

因為我們忘記了在祂的陪伴中活出這些，忘記用愛來生活……

準備一本愛德筆記本

皮爾也是個好老師，他提供一個非常簡單的方法，適合所有的人：準備一個小筆記本！你們應該將這些都記在「愛德小本子」上，一天結束時，你們會看到自己都做了些什麼。然後，你們繼續記錄，你們會越記越多。

針對厄瑪奴耳團體的成員，他補充說：「你們可以簡單地互相交流，這會促使他人效

153. 皮爾在他的手稿 C，14r 中寫下這些說明。

法，給人更多的想法。」（82–E61）皮爾同時也明確地說，我們可以互相分享這個本子上的東西，但不要給人看，因為這完全是個人的！

我們唯一的動機是真誠地去愛，並且越來越去愛。

你們做一些犧牲，在「愛德小本子」上寫著：「耶穌，我為祢做了這個」。這看起來有些愚蠢……但你們是為耶穌做的！如果你們是為耶穌做一切事，你們會發現，在一天或一週的結束時，你們真的做了不少。這樣可以鼓勵你們……。

（但有的時候）你們會發覺自己做的並不多！所以，你們看，一定要認清自己的情況；重要的是，任何時間，你們都要堅持，慢慢地，但要堅定。（82–E62）

這很簡單，但是我相信，我們可以這樣逐漸地進步，並且相互幫助。這使我們在不經意間，慢慢地在愛中成長。（82–E46）

藉著這些可以改變我們生活細膩度的愛德……我們謙遜地前進，我們說：「主耶穌，這些是我為你串起的愛情珍珠。」（82–E61）

當考驗來臨時……

的確，我們正面對著自己的軟弱和限度：有些事我們看不見，有些善意我們沒有實現，有些事我們想做卻不去做；有時，我們甚至不去傾聽那些短暫的內心邀請而予以拒絕……還有那總在不該出現時出現的自尊心！

皮爾預先告訴我們，當考驗時期來臨時，如果我們沒有藉著小犧牲準備過自己，也沒

有孩子般的愛、純樸以及謙卑，那麼，我們會遭遇到意想不到的事！（陷入魔鬼的誘惑）（82–E61）

但是，一段時期後，我們還是會想：「如果我稍微愛祂一些，自己就會好過一些。」當我們沒有力量時，我們向聖神說：「主，我做不到，求祢給我力量。」我們不停地祈求……於是就有了力量。（81–E53）

上主對我們說：「離了我，你們什麼也做不了。」正因為我們什麼也做不了，我們因此是平安的。然而，我們只能對耶穌說：「嗯，我只是一個小孩，像小德蘭說的那樣，我只做一些小小的犧牲：我要向你灑擲花朵[154]。」這不是為了裝傻，而是帶著孩子般的精神、愛的精神。（82–E61）

像孩子般信賴

小德蘭也像我們一樣會軟弱，但她從不洩氣，她說：「如果沒有做成某個犧牲，我不會生氣，我不會傷心地說：『好了，我又沒能成功！』我會忍受一點的不平安，然後下次試著做得更好些[155]。」皮爾總結說：「就像小孩子一樣；小孩子是不會生氣的！」（80–E46）

小德蘭說：「當我錯過一些原本可以做的小犧牲時，我會有些不平安，我對上主說：『瞧，我是個孩子，我總是兩手空空，我信賴你。』」小德蘭信賴上主。（81–E53）

就是這樣，謙卑地祈求上主賜予愛德，藉著小犧牲，向小德蘭學習，我們就會逐漸地

154. 見皮爾的手稿 C 4r 和 4v 。
155. 參考手稿 C 31r 。

在這條愛的道路——最美的道路上前進。

這樣，逐漸地，在毫不察覺中，我們過著充滿愛的生活，因為我們做許多的小犧牲。然後，你們會看見聖神要教導你們、建議你們的事……小犧牲不要求多，做每日可以接受的分量就夠了。日復一日，我們會逐漸明白上主要我們做的事。

當我們到天堂時，我們會充滿喜樂，小德蘭會親切地迎接我們，並且說：「你們領會了我的小祕密！你們看，這樣就成功了，電梯[156]沒有故障！」真是太不可思議了！（82–E61）

愛的小犧牲可以燃燒世界

愛德行動與小犧牲可以點燃我們心中的愛火，而且不會只停留在我們身上。它們有無法抑制的繁衍力，可以觸及更的多人。如此，它們成為福傳的珍貴工具。

當我們心中燃燒著熾熱的愛德之火時，將會有何等的光芒！我們將要如何改變他人呢！我們可以融化所有的心！（77–E27）

皮爾熱情地向一些青年說：

你們看，藉著我們心中的這份愛，我們能轉化我們的朋友、同學、親戚，逐漸地，從這人到那人，我們點燃了一個難以置信的大火！

這也正是耶穌說過的。祂曾經說：「我來是為把火投在地上，我是多麼切望它已經燃

156. 皮爾手稿 C 3r 寫著：「我要找那個能把我提升到耶穌前的電梯，因為我太小了，不能攀爬那通向完美的艱難樓梯……啊！，耶穌，把我提升到天上的電梯原來就是你的雙手！」（愛與小犧牲是進入這電梯的方法）

燒起來！」就是這樣。現今的世界冷得格格作響……這是因為人們沒有愛……他們沒有最重要的，他們不被愛，也不去愛。（82–E59c）

讓我們請求上主燃起我們對罪人、兄弟姊妹們的愛火吧！……請接受我的小犧牲，將它們放入祢的愛中，用祢的德能轉化它們，好使罪人皈依。（81–E51）

上主是恩寵的主人，但是祂仰賴我們所有人的犧牲。然後，祂按照自己的意願，將恩寵大方地分散到各個地方。（81–E58）

皮爾也說，我們應該加倍地祈禱與做些小犧牲，如此將會有更多人皈依，法國及歐洲將會改變……他在別處也說，整個世界也會改變！（82–E64）

第十八章　福傳，在各地傳播天主的愛火

我們領受這火的洗禮，並不是為了自己，而是為了將它傳給別人。愛就是為了能被傳播。我們不要扼止聖神！（皮爾一九七二年的個人筆記）

四十年來，皮爾試著向所有遇到的人講論耶穌，以及他藉著耶穌的愛所過的生活。經歷了五旬節的經驗之後，他拯救人靈的熱情，讓他在自己的餘生中絲毫沒有片刻的休息：「基督的愛催迫著我們[157]。」

「我若不傳福音，我就有禍了！」對我來說，在聖神內的洗禮[158]是一項對福傳使命的確認，使我後來能大膽地在世界中宣揚祂。（72-LM8）

皮爾說「這是一個確認」。聖神強有力的揭露了他內在的渴望，隨著與主日益親密的關係，這份渴望日漸加深。同時，聖神也是實現這一渴望的答案。的確，當你向聖神開放時，祂會推動你向身邊的人宣講天主的愛。這種現象在神恩復興運動初期尤為強烈。

157.《格林多人後書》五章 14 節。
158. 這是天主教神恩復興運動初期受新教影響時所使用的表達方式，但很快的，在法語國家中，就用「聖神充滿」一詞來取代。

我們需要傳福音

一九七四年，皮爾更加深刻地體認到「直接福傳」的重要性，特別是街頭福傳，就像來自天主的召叫一般，是每個基督徒根本的需要。福傳是所有人的事情，它不是一種選擇，或是屬於某些人的專長。因此，我們應該對此做出回應，如果可能的話，大家要一起做。

有一件事，皮爾多次回憶起，使他對福傳的必要性更加堅信不疑。

在一九七七年的一次訪談中，他說：

在維茲萊[159]聚會後，我們明白了要福傳。（在一個祈禱小組中）上主給了我們許多經文……祂不停地對我們說：「你們去福傳吧，不要帶錢囊。」於是所有人說：「是的，福傳很美好；這些都是比喻和理想。但這到底是什麼意思？喔！不！我們不要那樣去街頭福傳。」

我們現在（一九七七年）相信街頭福傳，因為這已經是事實了。但在起初，真的覺得是異常荒誕，有各式各樣的反應：「我有照顧祖母的義務；我需要照料這些事和那些事，還有我的小貓，還有我的工作……我有必要走上街頭去福傳嗎？」（77–13）

這個當時在巴黎最有活力且是最大的祈禱小組，如今卻慢慢地「像不結果子的無花果樹那樣，枯乾了[160]」，因為他們總在談論福傳，而沒有做。

皮爾說，這個小組沒能再重新啟動，這件事使他印象深刻，他覺得這對別的小組也是個提醒。（77–13）因為他明白了，街頭福傳為其他形式的福傳打開了大門。

159. 1974 年夏季，天主教神恩復興運動在這裡舉行了聚會，此地的主保聖人是瑪利亞．瑪達肋納，我們與她一起來到耶穌腳前，皈依……。
160. 參考《瑪竇福音》廿一章 19 節。

在街道上宣講福音

藉著街頭福傳，我們邁出了決定性的一步，敢於宣講天國。皮爾常說：「我們不能把街道留給邪教，而是我們——天主教徒應該去那裡。」於是，從一九七五年開始，他先是向幾個自願者建議，然後有規劃地讓不同的祈禱小組去做街頭福傳。

於是，在人行道、在廣場上，我們遇見各式各樣的人，被他們的苦惱以及精神的饑渴所觸動：我們由於憐憫他們而被觸動了。宣講福音、宣告天主之愛的好消息，於是變成了一種需要、一種愛的渴望……很快地，街頭福傳像朝拜聖體一樣，成為我們靈魂的生命氣息。

從那時起，皮爾不知疲倦地，在聖神的推動下，用有力的、充滿火的話語，帶領大家到街道上宣講上主的愛，到各個地方，各個領域中，使用一切的辦法。

上主揀選了我們，我們唯一能說的，就是像保祿一樣：「我若不傳福音，我就有禍了！」我是個「無用的僕人」，但是我應該傳福音！那並不是說：「太好了，祂揀選了我。」而是說：「好極了，祂揀選了我，而我真的應該保持忠信。」

我們都是可憐的傢伙，我們什麼都不是，而上主賜予我們一切。事實上，我們首先應該朝拜，要感恩，要相信，並且要明白，祂所交付於我們的是多麼的重要。我們應該這樣說：「上主啊！這份產業是給我們的，可是我什麼也沒有做啊！我真的應該用祢所給我的賺取最大的量。」（77–E27）

儘管他大部分時間都臥病在床，但仍舊提供許多點子（他有很多！）。他支持我們的主動性，鼓舞、激勵我們；他出主意、引導我們，也樂於聆聽我們的見證……他幫助大家一起自我奉獻。

如此，在天主教神恩復興運動中，皮爾成為街頭福傳的先驅；同樣地，他也幫助人們打開新穎大膽的福傳之路。

彼此取暖，只會腐爛

一九七五年[161]，在巴萊毛尼亞舉辦的第一屆活動上，他勉勵在場的人：

我們應該宣講上主，因為我們領受了五旬節的精神，能力與勇敢的精神。真的，你們要相信這點，你們要為彼此祈禱，以獲得此精神。因為，如果我們只乖乖地待在自己的團體裡取暖，我們就會腐爛。上主對我們中最早的一個祈禱小組這樣做了；這個小組枯乾了……為了（使五旬節的精神）得以繼續傳播，我們應該宣講它。就像聖保祿所說的：「我若不傳福音，我就有禍了！」……

這是嚴肅的，因為目前的情況真的很糟……我們真的應該醒來，就是在我們的小團體中，我們可以振作起來，同時祈求上主，求祂派遣我們，也賜給我們力量，去宣講祂的天國……

是我們要去福傳，如果你們不這樣做，你們就是沒有順從聖神。（75–E08）

我們應該向世界宣講天主的愛。祂的愛沒有被認識，而且受到了蔑視，我們應該宣講這份愛。（78–E29a）

161. 同年 12 月 8 日，教宗聖保祿六世頒佈了一個宗座勸諭：《在新世界中傳福音》（*Evangelii nuntiandi*）

恩寵需要分享出去

皮爾不知疲倦地試著說服和鼓舞每個人：

我們是天主的子民，宣講耶穌與我們有關。上主不會對我們說：「你不是神父，你不是執事」這樣的話……祂會對我們說：「我要你來，而你什麼也沒有做。」你們會彼此躲藏到別人的後面，祂會說：「你，過來，你做了什麼呢？」「呃，我……」你們看，到時不是很尷尬嗎？所以，真的要開始了！（80–E44）

上主賜予我們豐富的恩寵，我們真的應該注意到這些恩寵……如果外邦人領受了我們一半的恩寵，他們會自行鞭打[162]，會改變自己，從而拯救其他人。那麼審判之日時，他們要對我們說：「怎麼回事？你們領受了這些恩寵，沒有將它們分享出去，而是只留給自己嗎？你們都用它們做了些什麼？」真的，我們要對自己說：「上主，可憐我們吧！我們真是軟弱，但是，真的，請祢用祢的愛燃燒我們吧！」（81–E51）

皮爾曾多次提到這些。

不福傳，何以向上主交代？

有些人仍然清楚記得他的這些話：

人們將會面見上主。那時，會有許多人轉向我們，對我們說：「你們對我們講論上主的愛，講得不夠。你們沒有將人們所擁有的全部恩寵告訴我們。」（82–E65a）

162. 表示痛悔。

生活中總會有危險，但我們必須行動，必須繼續活下去。給我們喜樂與衝勁的愛將會努力拯救靈魂，這就是生活。我們在世上是為了拯救靈魂，我們要向上主有所交代。

皮爾回憶蘇哈樞機時，說他燃燒著福傳的愛火，皮爾說：「這促使我們超越法國，首先是歐洲，接著是非洲，然後是美洲。真的，讓我們把耶穌帶到世界各地吧！」（80–E50a）

他還說，「我們的義務是宣講耶穌，應該在各地福傳。這是一個普遍的職責。」（84–E74）

我們不是想在這裡陳列皮爾所做的一切，也不是要說今天我們做了多少的福傳（別人也做了這些）。這其中有許多的創舉，一個比一個好。我們只想敘述他強調的幾個方面，好能更好地瞭解他的靈修動力，以及他如何幫助人們克服障礙，著手福傳。我們嘗試用他自己的話予以說明。

愛，不能等

福傳是一項愛的必要條件，**而愛是不能等候的**。皮爾試著激勵每個人，使他們意識到時間的緊迫性。他自己也對時間的緊迫有著強烈的意識，這促使他要趕快行動，甚至感到焦急。

真理就是耶穌所說的：「我來是為把火投在地上，我是多麼切望它已經燃燒起來！」

因此很緊急，時間緊迫，應該行動。我們應該行動。（81–E56）

時間是短暫的，你們要趕快。（78–E31）我們的自由是用來做什麼的呢？我們也許還有兩、三年的自由。但我們應該在各地宣講耶穌。真的應該做些犧牲；真的應該因愛而生活。（80–E44）

我們害怕愛的革命

事實上，我們害怕。

人們唯一害怕的事，就是宣講耶穌……我們發覺「愛的革命」要比共產主義的信念，或是別的什麼更危險……在愛的革命中，如果我們投擲愛的手榴彈，我們會走得多遠呢？但人們害怕。（79–E37a）

各種理由都是藉口，事實上真正的原因是我們害怕，皮爾說，「我們怕死，而這害怕不是來自上主，而是來自魔鬼。魔鬼對我們的福傳感到憤怒，牠讓我們極度害怕。」這使我們完全停頓下來，讓我們尋找不去福傳的藉口。

因此，重要的是，我們要對自己說：「絕不要拖延到次日。」（84–E74）

能意識到愛的急迫性就能幫助我們超越害怕。

我們眾人總是害怕，總是膽怯，但是，如果我們克服了魔鬼給我們的害怕，我們就能超越，於是，我們就獲得新的力量，我們得到改變，變得喜樂了。最終，我們能宣講上主，

也會發現人們一直等待的，就是聽我們講述上主。（79–E35）

團體行動，彼此壯膽

以團體的方式在街頭進行福傳是很好的方式，有時甚至能夠克服頑強的阻力。

萬事起頭難。一位卅五歲的財務執行長說：「第一次可怕極了，我邁著沉重的腳步，希望發生某些事，好阻止我抵達要去的地方，然而，對我來說，那是一次火的洗禮（街頭福傳的經驗）！現在則簡單了，這是一份喜樂！」

一天，當皮爾建議大家到街道上時，他巧妙地安撫大家，並不催促他們：

願意去福傳的人，可以和整個福傳團隊出發。我說「福傳」，並不是說他們都必然會對所有人宣講，由於他們有一些害怕（我們都有些害怕），他們會來，在遠處觀看別人怎麼做；然後，他們或是逐漸地加入，或是不參與。這樣就已經幫助他們跨出第一步了。（76–E11）

祈禱才能改變世界

皮爾非常強調祈禱的重要地位，它能增強我們心中的聖神之火。正是聖神引導我們去宣傳愛德。

當你們祈禱時，你強烈的渴望使罪人皈依，也渴望福傳與宣講上主。這時，你們就是這樣被推動。（88–I）

如果我們祈求上主，如果我們懇求祂將火放入我們的靈魂，那麼，祂一定會這樣做的……如果我們有了這個火，我們就真的可以成為傳教士了。我們將會改變法國以及整個世界！（83–E70）

無論如何，如果我們沒有祈禱，福傳就不會有效果！如果我們祈禱了，人們就會改變，真的很奇妙。祈禱的力量是巨大的！人們都「知道」這一點，但是心裡卻不明白。（79–E37a）

由於你們的祈禱，人們的心敞開了，他們開始說話。例如，有些人很愛挑釁，並且開始對你大吼大叫，那麼，請你們祈禱。一會兒之後，他們坦承說：「哦，你知道嗎？我被一個天主教徒傷害過……」他們最後和盤托出。你們於是開始與他們交談。然而，這不是我們在說話，而是耶穌。

因為我們順從耶穌，所以耶穌把祂願意的人放在我們的路上。（79–E37a）

皮爾列舉「青少年挑戰者」[163]（Teen Challenge）福傳小組所做的見證為例。他們說：「如果我們（在街道上）宣講天主聖言，如果我們沒有祈禱，那麼就只是在講道，然而，如果我們之前做了祈禱，那麼聖神的利劍就會穿透，人們將會被改變。」（75–E08）

為了兄弟姊妹的皈依，我們請求上主用愛燃燒我們。因此，從現在開始，為了罪人的皈依，在我們生命中的每一天，都必須請求上主賜給我們熾熱的火。（81–E51）

163. 青少年挑戰者是從神恩復興運動發展出來的一個組織，他們的服務對象主要是年輕人、被社會遺棄的人以及吸毒者。

基督的首位見證者給福傳加持

聖神來扶助我們。然而，祂做的比這更多！因為基督這樣告訴祂的宗徒們：「祂必要為我作證，並且你們也要作證[164]。」

所以，基督的第一個見證者就是聖神。是祂要引導福傳，並且激勵我們。我們是軟弱的，但是我們與聖神一同作證，藉著祂的德能與愛火。我們相信祂的威能與臨在是不會讓我們失望的。

為了鼓勵每個人，皮爾經常強調聖神在福傳中的重要位置：

聖神是見證人，祂會告訴你們應該要說什麼……祂支持的是耶穌。顯然的，祂對我們很感興趣，因為我們也是見證人！事實上，如果我們相信祂，事情自然會成功。（79–E35）

聖神激勵我們作見證人，祂是基督的護慰者。聖神是耶穌的保衛者，所以維護耶穌的證人們並不會醜化聖神；因為我們是耶穌的證人，所以聖神賜給我們力量。

你們要讓聖神說話；是祂藉著聖言代替我們作證。為了做勝利者，應該與聖神聯合在一起。（80–E47a）

聖神願意藉由我們為耶穌作證，透過我們的聲音、我們的理性、我們的心、我們的歷史、我們的性格。我們的一切，甚至我們的膽怯或勇敢都可以用來做見證，前提是我們要相信，並將一切交給祂，祂就可以使用這一切。此外，我們還需要聽從祂的安排！所以，我們不

164.《若望福音》十五章26–27節。

必擔憂自己的軟弱，就像皮爾喜歡反覆說的：「我們很渺小，這真是太好了。」

他也鼓勵前來巴萊毛尼亞參加活動的人們：「請求耶穌讓我們變得簡單渺小，能為祂作證。祂會燃起我們心中的火，把祂的訊息帶到各處。」（75–E06）

我們看到福傳、愛德以及小犧牲在同情之火中緊密地聯繫著，這是它們唯一的根源。的確，我們需要聖神之火以宣講上主，然而，宣講的同時，這火也在我們內增長。

福傳者先被福音化

早在一九七二年，皮爾就在他的個人筆記中寫道：

我們講論上主，而這能使我們燃燒起來，並且淨化我們的罪過。如果愛遮掩罪過，那麼上主的愛又將如何呢！啊，如果我們真的去愛！……（72–M4）

當我們福傳時，我們領受的遠比自己所能給予的多更多。因為，我們的心不只會充滿喜樂，被火燃燒起來，而且，我們自己也被改變了。皮爾堅定地證明這點，許多人都有過這樣的經驗！

我們不僅要福傳，同時這也使我們自己被福音化。我們自己被改變了，被上主佔據了。我們不太確切地知道祂在哪裡，嗯……我們在自己的口中、在我們的心中找到了祂，我們被改變了……

如果你們轉向你們的兄弟姊妹，你們所有的問題都會變得簡單起來。（75–E08）

宗徒們沒有等到自己變得完美後，才去宣講耶穌！耶穌派遣五旬節的聖神給我們，這不是為了我們狹隘的內心安逸，也不是為了我們靈魂的狀況。祂將我們派遣給兄弟姊妹們……在兄弟姊妹們身上愛耶穌，我們就是對自己福傳，因為聖神在我們內，也由我們而來，因此首先皈依的人就是我們！（74–E02）

你們走出去福傳，回來時，你們卻被福音化了。你們的心被打開，看到街道上的人們，他們的痛苦、以及對上主的渴望；他們什麼也不知道，第一次聽到福音的消息。於是，現在你們的一個渴望就是福傳！（79–E37b）

時時刻刻都可就近福傳

我們因著福傳而產生對世界的同情，這使我們處於「福傳的狀態」。於是，我們學習把握時機、善用能力、考慮方法……因為聖神會拓寬我們的心，祂使我們以更廣的視野看待事情，同時，也賜予我們傳教士的靈活性。（79–E39a）

現今，我們更應該宣講耶穌，這變得越來越重要。宣講耶穌，並不總是在街道上，我們也要在自己的工作中，以及各個地方宣講耶穌。我們真的需要來自耶穌的活力。（76–E14）

這樣也避免了另一個藉口：「我們沒有時間，我們都很忙。」但這不是真的，我們有時間！我們可以就近在自己居住的地區福傳。我們下班回家後，就可以很容易地福傳。我們也可以在社區裡傳福音。總之，有許許多多福傳的方法。婦女們可以去拜訪商店的店家，去探望商店的收銀員或門房。至於在辦公室時，我們沒有必要去探望總經理，我們可以探望一般的人……所以，有無數個可以行動的機會。（84–E74）

皮爾曾經說過：

你真的必須在辦公室裡、工廠裡、任何你們所在的地方講論上主，你們要這樣做！你們很清楚，有時候祂對我們說：「向計程車司機傳福音吧！」我們回答：「啊！不行，不行」；但當我真的宣講耶穌時，這是上主在「駕駛」車子！

他聯想起小德蘭的例子：

小德蘭廿四歲時做了初學修女的導師，她說：「我一點也不擔心初學修女們會怎樣想……上主，我要安息在祢的心中，閉上眼睛，把祢放在我手中的東西，以我的小手傳遞給她們[165]。」

你們在信德中行走吧！這就是我想要對你們說的。這點很重要。（76–E12）

福傳記事本

皮爾借用自己熟知的、聖母軍中一個非常實用的辦法：記錄在小本子上，他稱這為使徒行動本，用於記錄我們決定要做的福傳行動，以及兌現了哪些；之後，我們可以互相作見證、互相激勵，而不是睡大覺：

這給你們行動的力量，因為你們與別人分享，看到別人的作為，於是你們會想：「我

165. 手稿 C 22r–22v。

也應該前進」。於是你們互相福傳！我們也可以記下所遇到的人的需要，以免自己很快就忘記了……

如果有些事情已經被我們記錄在本子上了，那麼這些就變得客觀了……這就是為什麼記錄很重要。我們擺脫自我，擺脫自己的想法、自己的幻想、自己的焦慮。我們記下精確的事項，這使我們甦醒！……我們也可以記下已經做了的事，以及沒有做的事。如果我們要等到自己覺得準備好才要行動的話，那麼，我們會等很久的。（81–E56）

皮爾總結說，我們並沒有被要求取得成功，我們是被要求「應該去做……」（81–E56）

愛的言行，就是福傳

皮爾從諸聖相通[166]的觀點來看待人們：每一個人，即便是生病或者無法行動，只要他與其他的人結合，就可以在福傳中找到自己的位置。因此福傳的果實並不只取決於我們（實際向人宣講福音的人）。

如此，有的人做得多，有的人少，但是，我們眾人都一起擔負著。看似做得少的人，其實在上主的計畫中做得更多，因為他們背負著其他人的重擔。我們非常需要這些人。（78–E29a）

我們是傳教士。好的，如果你可以，那麼你就外出，如果不行，就留下來，學習小德蘭的精神（在她身上成功了！）：小德蘭是福傳的主保！聖衣會裡的一個小女孩，竟然是

166. 諸聖相通（communion of Saints）是指所有教會成員，包括在光榮中的，經過煉獄的，及在世的教會成員，在天主聖三的生命與幸福上互相依賴，互通援助。參考《神學辭典》（台北，光啟，1996）。

福傳主保!!那麼，她都做了些什麼呢？她在聖衣會的生活並不是那麼有趣的啊！……但是，她將自己的每一個足跡都獻給傳教士……

當你做一些事，不論什麼事，改變一切的是愛。（77–E27）

爲愛奉獻病苦

病人尤其可以積極地參與。皮爾長期處在生病的情況，他說：這是同時的，他們（病人）祈禱，其他人福傳；他們了解自己的痛苦立刻得到了昇華：轉變為福傳。

你們在喜樂中背負著十字架。這喜樂是疼痛的，但的確是喜樂。與此同時，福傳到處都在進行著。於是你們說：「好吧，我在受苦，但我知道我是為了什麼受苦。」於是，這鼓舞著你，**也鼓舞著其他人！**（78–E29a）

不是我們使人皈依，而是上主使人皈依。那些受苦的靈魂藉著我們的行動，為人們的皈依奉獻了自己的生命，我們只是中間人。（83–E69）

耶穌的渴望

讓我們用皮爾・高山的話來概括這一章。

天主願意在我們如鐵石般的心上，換上祂熾熱的愛心，通傳給我們祂救靈的渴望，使他們從無神論、物質主義，以及享樂主義中釋放出來。為此，祂想用祂的愛打動我們的心，

刺透它、打碎它……

朝拜聖體是同情的根源，它推動我們去福傳。耶穌讓我們看到祂的心正在受苦，被罪惡，特別是人的冷漠所傷害。祂要我們憑藉祂給我們的一切方法，向所有人宣講祂聖心的良善與慈愛，宣講祂多麼渴望每一個人都回到祂那裡、放下自己的驕傲，讓自己的心說話並且生活。

上主渴望從我們貧瘠的生活中點燃熾熱的火，為使我們一起獻身為祂服務，致力於祂國度的成長。（80–E47）

我聽見吾主的聲音說：「我將派遣誰呢？誰肯為我們去呢？」我回答說：「我在這裡，請派遣我！[167]」

167. 《依撒意亞先知》六章 8 節。

專欄七

聖神的愛火燃燒瑪麗．閨雅修女：跨越修道院的圍牆，擁抱世人

皮爾閱讀許多關於瑪麗．閨雅修女的敘述，這些在他心中必定留下了深刻印象，因為皮爾經常提起這位修女。

三十四、五歲時，我似乎進入了等待的狀態[168]。

那是一種使徒精神的流露，那只能是耶穌基督的聖神，祂佔領了我的精神……。我的身體雖在修道院裡，而我與耶穌之神相結合的精神卻不能被關起來。耶穌的聖神，精神性地將我帶到印度、日本、美洲、東方、西方、加拿大、休倫族（北美印第安人的一種），以及一切有靈魂居住的土地上，他們都屬於耶穌基督。

藉著內在的確信，我看到魔鬼從耶穌基督——我們的神聖導師以及君王那裡，奪取並且戰勝了這些可憐的靈魂，而這些靈魂都是由祂珍貴的寶血所贖回的。

……我變得深深地與他們聯結，我受不了了，我擁抱著所有這些可憐的靈魂，我將他們抱在胸前，呈現給永生之父，對祂說：「現在是時候為我的淨配伸張正義了。」我履行

168. 這是關於瑪麗．閨雅修女於 1635 年的神視，當時她剛進入吳甦樂（Ursulines）修女會第三年。這段敘述記載於 1654 年的 *Relation autobiographique*，三十九章。

向祂的承諾，將所有的國家賜給祂做為產業，祂用自己的血為一切亡者的罪過做了贖罪……儘管祂為所有人死了，但不是所有人都活著，即這些我抱在胸前向祂呈現的靈魂；我要向耶穌基督請求，接納這些屬於祂的靈魂。

我的神魂漫步在遼闊的世界上，伴隨著福音的工人，我與他們緊緊地聯合在一起……我覺得自己與他們是一體的……我的神魂不停地催促永生之父拯救這些上百萬的靈魂們。使我行動的恩寵之神以極大的膽量帶走了我……我對此毫無辦法。「天父啊！您為何耽擱了呢？我心愛的人流血犧牲已經很久了。」我對祂說，我願意為了我的淨配效勞。「您要遵守諾言，天父啊！您向祂預許了所有的民族。」

……估據我的聖神使我向永生之父說：「我神聖的淨配做君王的確是公正的；我有足夠的學問向所有民族講述這點；請賜給我一個足夠強大的聲音，讓世界盡頭的人們都能聽見，向他們宣講我神聖的淨配值得為王，並且應該被所有的心靈喜愛。」

……至於我，我的神魂到了一群不認識我淨配的靈魂中間，因此，他們並不向祂致敬。我替他們致敬。我擁抱了他們，我願意將他們聚集在可敬的上主及君王的寶血中。

我從不離開永生之父，願意為上主效勞，我好似祂的辯護者一樣，使祂能得到應有的產業。

第十九章　同情，讓天主的愛火增長

皮爾經常談論同情[169]（compassion，字面意思為「與…一起受苦」），不僅僅因為同情是進入他生命中心的一把鑰匙，更是他希望傳達的核心。

我們將皮爾視為朝拜者，這是真確的。人們也會說他是一位懷有同情心的人；可見，朝拜與同情二者間關係之密切。

皮爾十九歲時，因著經驗到基督的愛，他的生命發生了巨大的變化。由於長時期在朝拜聖體與彌撒聖祭的親密中向基督的愛敞開自己，他猶如被「注入」了這份愛，這份愛變成了「他的」，並且轉化了他。從此，他與基督一起走向別人，與祂一起愛他們，並在他們身上認出祂的臨在。

同情是什麼？

當我們被天主對人溫柔的慈愛所碰觸時，便產生了同情。

我們對上主說：「祢要打開我的心……」逐漸地，上主在他人身上顯出自己的容貌。（79–E37a）

169. 見本書第 95 頁，註 54。

當我們在別人身上認出、看到上主時，是如此的喜樂、奇妙！（78–E31c）

天主溫柔的慈愛以特殊的方式關懷那些受苦的人。天主為那些遠離自己和受苦的人感到痛苦。天主同情他們，並透過基督的降生來到他們中間。基督，天主自己，降生成人，為了分擔人的一切生活，並且承擔人類的不幸和痛苦，甚至，祂交付了自己的生命直到盡頭，使人得到復原與安慰，使人得到拯救，發現自己是被愛的。

對皮爾來說，「同情」應該從耶穌在福音中對我們說的話來理解：「**祂一見到群眾，就對他們動了憐憫的心，因為他們困苦流離，像沒有牧人的羊**[170]。」

基督的同情中，有天主對人的慈愛，即基督人性中所流露出的感受；有天父希望拯救所有人的慈悲的表現；以及耶穌以祂自己為愛的恩賜。

我們所有人都被召叫跟隨耶穌，效法祂的同情。

不只是人性的，更是恩寵

我們多少有一點敏感、有一點慷慨……而同情並非只是人性的感受或情感，即使感受與情感也是同情的部分。皮爾邀請我們，**祈求這份同情，因為我們不總是懷有這份同情的恩寵，這是一項天主賜予的恩寵。**（78–E31c）

「**上主，我請求祢**」，皮爾經常這樣祈求，「**不要讓我的心如此堅硬**」。

170. 《瑪竇福音》九章36節及《瑪爾谷福音》六章34節。

同情是在朝拜聖體中，由天主領受的恩賜。透過接觸人們的不幸，或是自己生活中痛苦的事件，我們的心被這些脆弱所觸動。這些事對心靈造成的創傷是一條通向同情的道路，特別是如果我們體驗到上主、朋友或是偶遇的人的安慰與支持時。我們也在接受祂對我們的慈悲與寬恕時，領受這份同情。

> 可是，我們應該求上主賜予這份深刻的同情，使天主的恩寵能充滿我們、佔有我們、轉化我們，否則，我們就只是停留在表面而已。（76–E10）

當我們祈求同情時，它會以特殊的方式使我們與耶穌結合。正是在與祂的結合中，我們迎接那些有需要的人，並且走向他們。

那麼，懷著一顆溫和開放的心，我們也能給予別人這份同情：因著愛，奉獻自己，為給予安慰而甘於受苦。同情會繼續地成長，並協助我們的愛德與福傳工作。

由此可見，皮爾對人的同情源自他與耶穌的結合，以及在朝拜中，從天主而來的對他的同情。一天，他極罕見地吐露說：

> 今天早晨，我心中感到耶穌在這裡，在我們身邊受苦。在我們生活中，如果家裡有一個病重的人或一個受苦的人，我們不會擺一張嚴肅的臉，我們的態度不會是這樣的……顯然，我們也會跟這個受苦者一起受苦……這樣的經驗（與耶穌一起受苦）會改變我們的生活。（78–E31c）

這項恩寵會在我們不斷使用它時，持續地成長。

主動憐憫他人

事實上，我們不可以是被動的！我們被催促要做出愛的決定，變成「主動的」同情。我們受苦，但是我們要為他們而行動、與他們一起行動：

真的應該走向別人，並且明白，所有因著不幸而走向我們的人，其實是耶穌自己。因此，我們要透過兄弟姊妹們走向祂。（76–E11）

所以，當我們具體地走向兄弟姊妹們時，特別是走近那些在身體上、精神上和心靈上受苦的兄弟姊妹時，同情將得以成長，並在我們內真正地「成形」，形成「一顆憐憫之心」。

當我們與苦難、貧窮、痛苦、黑暗接觸時，我們看到受苦的兄弟姊妹時，我們的心就會被同情深深地、真實地、具體地觸動；我們在愛德中祈求天主幫助這些兄弟，因為我們確實被愛火燃燒，也就是這個時候，我們實實在在地生活在愛德中。（80–E50a）

這顆被同情感動的心是一個恩賜，一項神恩。它不是我們製造出來的，而是上主將它賜給我們的，因為當祂看到我們照顧窮人，照顧受苦的人時（這些人是離祂聖心最近的人），祂深受感動。

如果你渴望與耶穌相遇，在哪裡可以見到祂呢？在病人身上，因為祂這樣說：「你們是為我做的」，那時候，你會感到幸福！……

末日時，我們將在愛的方面接受審判。（79–E37a）

心被刺透，才懂得憐憫

我們具體地練習同情，同時也要繼續在祈禱中祈求它，由它的泉源—基督聖心—汲取，在那裡，耶穌也教給我們「與……一起受苦」的具體意義，從而認識它真正是什麼：它是一個裂傷，是心的灼傷，是被基督聖心——同情的火爐——點燃的愛火。

因此，讓我們祈求擁有一顆因愛而燃燒的心吧！如此，我們就會對兄弟姊妹們另眼看待。上主會引領我們走向我們不曾想過或不曾看到的人，因為這是上主在引領我們。上主真的顯示給我們，祂在某人身上受苦，或與某人一起受苦。

於是我們會說：「上主，我怎麼如此眼盲，以至於沒有看到我身邊應該照顧的這個人呢？」在一些小地方，人們之間的關係很近，互相認識，也真的可以看到誰需要幫助。那麼，真的，讓我們給予同情吧，因為這是給我們的一項恩寵，受益的是我們，施恩的是他們。當我們幫助別人的同時，他們其實豐富了我們，使我們可以「居住在這愛中」。（78–E31c）

我們真的要有這顆（被刺透的）心，並且不停地對上主說：「請拯救世界吧！」如果我們真的有同情的靈魂，有上主賜給我們的被刺透的心，那時，我們才會變得有效率。

你們知道，那位正直的亞爾斯（Ars）本堂神父[171]曾說：「不是因為我們向人們宣講了或是鼓舞了他們，如果我們還沒有為他們受苦，這不會有什麼用的。」……

那麼，如果我們不是真的擁有這顆被刺透的心，我們就還沒有抓住重點。當我們到了天上，上主要對我們說：「我可憐的老好人啊，你焦躁不安地做了一些表面的事情，而實

171. 聖若翰・維雅納（St. John Vianney，1786–1859）神父，一生踐行祈禱與克己，甚至為教友作補贖，並用心準備每篇講道詞，使得原本信仰冷淡的鄉村小堂變得熱心起來，吸引無數的人前來。

際上，是他人的祈禱，為你求得了你自認為是憑自己獲得的一切。」這等於零，你們懂嗎？那麼，這真的很重要。同樣的，這也是快樂的！（76–E11）

「無感」時，怎麼辦？

但是，有的時候，我們沒有任何感受，也沒有走向別人的渴望。這時，仍舊要藉著祈禱與天主結合，這樣可以讓我們忠實地保持愛人的決心。皮爾總是引領我們在信德中走向自我交付，尤其藉著小德蘭的例子來鼓勵我們：

小德蘭坐在一位垂死的修女旁邊，那時，她感到自己一點同情心也沒有。她的心很乾枯、乾枯、乾枯。她的心表面上是枯寒的，什麼也「感受」不到。然而，小德蘭希望她好，並且能愛她。她這樣說：「好吧！我就是現在這個樣子，我就這樣留在她的身邊。」她一點也不為自己的「無感」感到苦惱。她處於神枯期嗎？是的，那麼她有感受嗎？她總是平靜的，她向天主謝恩。因為她說：「我信賴祂，祂是我的一切，我盡力做自己所能做的。」（79–E34）

單純地依賴上主、渴望去愛，這樣我們的心將得到改變。上主會親自支援我們，祂的同情以及對聖神的順從同時在我們內成長。

如果你們有同情的神恩，如果你們真的嘗試愛別人，那麼，上主會打開你們的心，向他人的愛敞開；藉著打開你們的心，使你們的心向上主的神敞開。那時，你們就能聽到。

（79–E37b）

當我們開始照顧病人，開始有同情心了，我們就會逐漸得到改變。上主的力量真的存在，真的有來自上主的降福……。

耶穌曾說：「你們常有窮人和你們在一起[172]。」窮人即是那些病人、那些精神病院的人們、那些焦慮的人、那些我們認為荒謬而不去照顧的人……如果真的，你們願意和鄰居去探望病人，那麼，逐漸地，你們的心會融化，會充滿愛。你們將聽到聖神的感動，你們將會聽從上主。（79–E37a）

跟隨聖神，只做僕人

如果我們讓聖神帶領，祂會親自採取行動的。在我們的福傳行動中祂為基督作證，同樣的，當我們出於同情而行動時，祂透過我們把基督給予別人：

因為，你們非常清楚，當一個人生病時，如果所得到的僅僅是似有若無的關心，那麼，這種做作的體貼其實會完全害了病人。這就好比，當我們與聖神工作時，我們想要做事……行動、行動、為了行動而行動；這時，一切都混亂了……你們懂了嗎？要跟隨聖神，在聖神內做事！（79–E37b）

總會有受苦的人、病人、不幸的人，以及傷心的人，那麼，我們要祈禱，我們去探望一個或兩個人時，我們是出於同情而行動，我們懷有同情的精神。但這不是屬於人性的同情！（79–E37a）

172. 參考《若望福音》十二章8節。

如果有的時候太困難了，聖神會扶助我們的軟弱，使我們超越自己的能力。例如：

> 當我們見到一個有癌症的人、一個有癌症的孩子等等……，我們完全地被壓垮了。我們心想：「這真可怕！我受不了了」，然而，如果我們想著自己什麼也做不了，是上主為我們眾人而死，祂認識我們所有人，為我們受苦，我們是些無用的僕人，於是我們像孩子一樣地向祂說：「祢知道，某人正在痛苦中，祢能為他做些什麼嗎？」
>
> 我們做的只是簡單的事。總而言之，我們不要因這些痛苦受到創傷。我們平靜地在心中承受這些痛苦，將它們獻給耶穌。對祂說：「耶穌，祢知道一切，祢能做一切；看，祢愛的人生病了。」就這樣做，然後我們回去。我們做了些事情，但是我們沒有荒廢時間，或是被壓垮。（79–E37a）

不只同情病人

但是，如果我行動困難，也做不了什麼大事呢?對皮爾來說，活出同情總是有可能的，因為它是容易做到的。

例如：同情不僅僅是針對病人，同樣也適用於我們之間。我們身邊的人，總有人讓我感到不順眼，這教給我們一個同情的愛德，真正的愛。這使我們的心融化……還有那些令我們惱火的人們，以及那些我們想要評論判斷的人們……我們要逐漸地在我們的小組裡懷有這份慈悲，互相寬恕。（79–E37a）

轉禱和小犧牲也是同情

如果我們睡前這樣祈禱說：「主啊，今晚我將在柔軟的床上休息，我願為那些沒有屋舍、沒有衣物，不得不睡在陰冷石板上的人們祈禱，上主，請祢賜給他們力量，讓他們不要太過痛苦。」我們就是在幫助他們。

這正是上主曾說過的：「我赤身露體，你們給了我穿的。」這也可以是在精神方面，不單單是人性方面：「我在監裡，你們來探望了我。」我們可以藉著祈禱探望他們，雖然我們不能去，如果我們真的為他們祈禱……。

你們真的應該開始祈禱，這樣當我們到了天上的時候，上主才不至於會對我們說：「我赤身露體，在監裡受苦時，你為我做了什麼呢？」「主啊，我們什麼時候見你受苦了？」「當我的兄弟們受苦的時候[173]。」

這很重要，因為這是具體的事情，而非幻想。我們是彼此相關聯的，我們能夠為他們祈禱；我們能夠祈禱，並為他們受一些苦：這並非大的犧牲，而是小小的。（81–E53）

你們會對我說，讓我們受苦、拯救靈魂，而且為此高興起來真的不容易！但是，這不是出自我們，而是來自天主，是藉著愛德賜予我們的。真的要有這樣巨大的、堅定的信德，祈求天主增加我們的信德，也賜給我們這份同情之愛。（79–E39a）

如此，**源自朝拜聖體的同情是我們內在的愛火，是與受苦耶穌結合的愛的痛苦，使我們與受苦的人離得更近**，不論他們在哪裡。聖神推動我們具體地減輕他們的痛苦，無論是

173. 參考《瑪竇福音》廿五章37節。

身體上的、道德上的、精神上的、還是心理上的；我們按照我們的性格與能力去做。

同情是愛德的根本

所有形式的愛德都是同情的不同表現。皮爾強調，所有形式的愛德扎根於同情中，並由同情結合這一切。因此，是同情督促我們奉獻小犧牲，為別人轉求。兄弟間的愛德本身也與同情相聯繫著：

為了讓彼此之間能以愛德相待，皮爾說，請你們走向不幸的人，走向最窮的人，走向最需要的人。（79–E37a）

同情推動我們去福傳，去面對人們精神上的苦難，使人們不再住在黑暗中，而聽到真理。（80–E50a）

「上主，請看看城市裡這些不認識祢的人，他們活著卻不認識祢！」於是，某人感到被推動，去宣講耶穌的名字。（79–E37a）

我們懷著同情這樣做。

將自己奉獻給慈悲之愛

某些靈魂像小德蘭一樣，領受召叫為走得更遠：將自己的一切，完全地交付於上主的慈悲之愛。這是對前來拯救我們的天主之愛的回應，不論我們處於何種境地。那麼，就像孩子一樣的感謝祂，我們單純而喜樂地投進天主的雙臂和祂的心中，我們完全地、堅定地信賴祂。

我們是弱小者。上主不要求我們做什麼大事。他們（從前的人們）將自己做為祭品奉獻給天主的公義，而我們將自己奉獻給慈悲之愛，就這樣。耶穌為此更加高興，因為祂說：「至少，他們沒有驕傲[174]。」（77–E23）

小德蘭說過：「我將自己做為祭品奉獻給慈悲之愛。」「祭品」這個詞讓所有人害怕。她沒有說「獻給天主的公義」（過去，一些人將自己做為祭品奉獻給天主的公義，為賠補世界上一切的罪惡），而說：「對於所有的這些，我太渺小了，我將自己做為祭品奉獻給慈悲之愛。」

慈悲之愛中沒有危險，我們不用害怕慈悲之愛！祂所能做的，就是讓我們有激烈的愛情，以至於最終與祂一起燃燒，這會淨化我們，使我們與祂的痛苦結合，從而也能淨化世界上的一些罪過。

那麼，更確切地說，我們應該能在這條路上前進。我相信，我們真的可以在信賴中前進……瑪利亞也是這樣告訴我們的。（79–E39a）

所以，我們可以完全信賴地將自己交託於慈悲之愛……我們祈求上主，為了兄弟姊妹們的皈依，讓我們因愛而燃燒。

174. 在重視天主公義的背景下，我們的奉獻強調應相稱於對天主的尊敬。而小德蘭說：「我們所有的善行在祢眼前都是有汙點，是不相稱的」。但是慈悲的天主會悅納我們這些卑微、有瑕疵的奉獻。天主的悅納不是因著我們的功勞，這樣我們也就不會犯驕傲。

皮爾鼓勵青年人：

那些在心中默默祈求上主的人，他們為受苦者以及照顧別人者祈禱，他們改變了，他們改變了自己的心，贏得了永生。他們棄絕了自己，卻獲得了生命……因為他們感到耶穌為他們而死，他們真的願意為別人而死，為拯救世界。這真的很深刻……很真實。這不容易，但是很振奮人心，我們可以一起這樣做。（82–59c）

同情的典範是瑪利亞，只有瑪利亞可以教導我們。我們會在下一章談論這點。

第廿章　向瑪利亞學習同情

皮爾喜歡稱瑪利亞為「同情之母」，因為不轉向瑪利亞，我們如何能變得有同情心呢？

瑪利亞就是同情。她真的是同情，因為《聖經》上說，聖子受苦時，母親站在祂的身旁，她也在受苦。

瑪利亞是基督的首位門徒，就跟在十字架下一樣，她繼續從她聖子永遠打開的聖心中，為我們汲取愛、傳送愛。耶穌的同情塑造了她做為母親的心；她藉著這份同情顯示出母性的慈愛。**這是母性的奧蹟。真的，她是在痛苦中孕育我們，**皮爾說。（81–E58）

因此，她母性的奧蹟存在於自己與耶穌之心共融的奧祕中。正是這裡，在這項親密共融奧蹟的開始，顯露了皮爾與瑪利亞之間關係的本質：**透過聖若望歐德**[175]**，我明白了，只有一顆心，就是「耶穌和瑪利亞」的心。**（88–I）

向瑪利亞祈求

皮爾懷著強烈的渴望，願意瑪利亞將我們帶入她與耶穌的親密中，並且教給我們信賴和同情：

175. 聖若望歐德（St Jean Eudes，1601–1680）一生提倡敬禮耶穌聖心及聖母聖心，並編纂一本敬禮耶穌聖心的書籍。

（為了擁有）同情的精神，我們應該有一顆被刺透的心……我們不能憑自己得到它，而是真的應該祈求瑪利亞，讓我們有一顆被穿透的心。（76–E11）

重要的是……要祈求位於十字架下的瑪利亞，她不停地與祂一起受苦。她教導我們分享別人的痛苦。

皮爾給我們一個實際的做法：

同情，就是我們做的小犧牲，就是我們為了成聖、為了靈魂的皈依所做的小犧牲。（81–E58）

我們從瑪利亞那裡學到的同情推動我們與她一起，毫不遲疑地在福傳中實踐具體的愛德。

自幼受瑪利亞保護

皮爾能如此確信地講論瑪利亞的同情，以及她的母性，是因為他有過親身的體驗。瑪利亞的同情與母性，兩者緊緊相連。

幼年時，他就見證了母親對童貞瑪利亞特別的熱愛，「她將愛傳給了皮爾」，他的玩伴依撒伯爾·杜孟如此說。皮爾晚年時回憶，自己的母親總是以玫瑰經祈禱，她有一顆孩子般的心靈，即便繁忙時也一樣；她將剛出生的皮爾獻給了聖母（這常見於當時的信友中）。

> 我可以說，聖母一直都保護著我。我身上一直帶著初領聖體時得到的，一枚銀質的聖母顯靈聖牌。瑪利亞就這樣地保護著我。（86–I）

他能感覺到瑪利亞的保護。然而，他與基督相遇後——即「他的皈依」，他領受了對基督聖心的熱愛，不再理解聖母了，因為似乎沒有這種需要。他的神師卻對他說：「你皈依了，也領受了基督聖心，聖母會一點一點地來到你的生活中。」事實的確是這樣的，皮爾繼續說，她一點一點地、輕柔地進入了我的心。

皮爾的這種經驗並不罕見。事實上，瑪利亞審慎、謙卑，她無比地讚歎、尊重既是她的兒子又是她的天主的聖子，所以在祂面前常常隱沒。我們可以在利普莎（l'Ile Bouchard，一九四七年）的一次聖母顯現中說明這點[176]。一天，在明恭聖體時，聖體被請出來後，瑪利亞立刻從孩子們的眼前消失。聖體回去後，她又重新出現了。

在皮爾的生命中也是這樣的。她逐漸地「重新出現」，但卻以有力的、決定性的方式出現。當他被一名德國軍官追趕，有死亡的危險時，他清楚地聽到心中有一句話，並且非常確定是瑪利亞說的：「平靜下來吧，你得救了[177]。」

瑪利亞撫慰般的臨在，以及她在皮爾危難時所給的具體而有效的保護，這些都給皮爾留下極其深刻的印象，並且激起了他在兒時對她的信賴。三十五年後，他向摯友們回憶了一個兒時的記憶：

> 真的，瑪利亞極其幫助我們……我記得小時候，我非常信任我的母親，我需要做個闌尾炎手術。我弟弟之前做過這個手術，但是手術很不成功……幾個月後，我也要做這個手

176. 聖母於 1947 年在法國利普沙顯現給小孩子，告訴他們要為國家以及家庭祈禱。
177. 見第一部分，第二章，第 60 頁。

術，真的不是開玩笑的！「沒事的，這不是很嚴重！」人們無法這樣說服我（他的弟弟就是因為手術失敗去世的）。最後，媽媽獲得了許可，在我被麻醉的時候，她進入手術室，拉住我的手。

於是，我平靜了下來，手術後，她對我說：「你的血壓一點異常也沒有，你一直都很放鬆。」我說：「當然，因為你說過，我不會痛的，所以，我有了信心！」

就是這樣的：與瑪利亞一起，我們有信心，她真的是我們的母親，所以，一切都很簡單[178]。（79–E39a）（78–E31b）

從那時起，瑪利亞就始終默默伴隨著皮爾的生活。皮爾在她的陪伴中生活。

他非常簡明地寫道（《祂生活著》，第8期）：「大家都知道，瑪利亞是生活的，而且離我們很近。她以審慎但又確鑿無聲的臨在顯示自己，因此，她啟迪人心，啟示生命，我們可以與她直接交談。她教我們認識耶穌與天父的道路，以及祂們的愛；她教我們祈禱的道路，以及在日常生活中發現天主。」

我們知道皮爾的結核病得到了痊癒，有人猜想這是否發生在露德（Lourdes）。某些跡象讓我們這樣認為，然而我們並不確定，也不知道是怎樣發生的，因為皮爾一直對此守口如瓶……。無論如何，每年夏季，他都會去露德住一段時間……不單單是為了去「協助福傳善會」探訪他的朋友依撒伯爾．杜孟，或是去拜訪在歐容本篤修女院[179]（l'abbaye Bénédictine d'Ozon）的表妹思嘉。

178. 皮爾想起小時候因為信任媽媽而得到平安的經驗，他對聖母的信賴就像對媽媽一樣。他用這個經驗說明他和聖母的關係。
179. 此修女院位於露德東部 40 公里處。

成爲瑪利亞的胎兒

有了聖神充滿的經驗之後，他以孩子的姿態，以嶄新的信賴轉向了她。於是，祂開始有意識地依賴瑪利亞，從而進入一種與她親密的關係中。

下面的話略微說明了他如何越來越平靜地，將自己的生命完全隱藏在瑪利亞內。這是他在一九八八年，去世前三年說的話：

藉著聖神，我們都屬於耶穌和瑪利亞，我們成了瑪利亞的小孩。我們領受了孩子般的信賴，將自己交付於瑪利亞之手。因為瑪利亞像母親一般地接受我們，她將我們當作自己的兒子，那樣地接受我們……。

我們應該成為瑪利亞腹中的胎兒。我們在瑪利亞的腹中，靠她的血液存活。

皮爾總是謹慎低調。有一天，一個吉普賽弟兄進了他的房間，他剛剛在基督新教五旬節教派皈依，之後發現了瑪利亞，因此帶著許多疑惑，與皮爾熱烈地交談。皮爾充滿喜樂地聆聽著，這是通常他在此種精神共融時刻，會表現出的特點。最後，他只說了：「……是的，是這樣……還有更多的……。」

他以小孩子的精神生活，但與此同時，他為許多人的皈依與培育，同樣也為厄瑪奴耳團體的發展，表現出非凡的活力與豐富的創造性。

隱沒在瑪利亞背後

皮爾從聖母的心汲取了同情，並使所有人都得到拯救的渴望，這份渴望在瑪利亞心中是不會停止的。瑪利亞將以她傳教士般的心——使徒的心——伴隨、支持他，並且幫助他在一切事上受聖神的引導。

皮爾願意他身邊的朋友與瑪利亞有親密來往的生活。他試著引領他們與瑪利亞有生活的關係，但他不是以大型演講來推廣。事實上，他很少談論瑪利亞，僅限於給一些意見或勸告。他與瑪利亞的親密關係被他的沉默隱藏了，當別人談論瑪利亞時，他會高興地顫抖，眼裡帶著一絲光亮，或是歡呼讚歎。

例如，某人帶著一個問題、一個困難或一個請求來找他時，他總在靜靜聆聽後只說幾句話，然後常常這樣結束（這也是談話最重要的時刻）：**我們一起交付給聖母吧！**然後，他極其自然地開始唸「萬福瑪利亞……」，沒有任何其他評論。這就是他隱沒在瑪利亞後面的方式，讓我們學習向她講話，並且相信她在天主心中代禱的力量。不止這些，他向瑪利亞講話時的純樸，顯出她是活著的，她離我們很近，而且臨在於談話中，皮爾常請示她。因此，瑪利亞的謙卑得到了彰顯……

人們可以這樣極為簡單地學習轉向瑪利亞，這也為許多人打開了通向她的道路。確實，皮爾那種使人無法生氣的純樸，可以讓最深刻的事物變得容易理解，並且與日常生活相結合，這使我們渴望弄清楚他是怎樣生活的……因為我們感覺到，在他自我隱退的背後有些重要的東西，微微開啟著一項奧蹟……然而，他讓聖神親自予以啟發。**這非常簡單，皮爾常常這樣說。**

與瑪利亞走成聖之路

到底皮爾如何幫助人們與瑪利亞一起走成聖的道路呢？

皮爾不督促人們做「敬禮」。事實上，他從未建議過任何一種敬禮，包括忠實的厄瑪奴耳團體成員每天早晨所誦唸的「聖蒙福之《向聖母奉獻禱詞》」。這些奉獻詞是幾個弟兄在「愛德之家」或別的地方發現的，皮爾只是予以表示贊成，並沒有要求團員們一定要照做。之後，每天早晨唸這個奉獻詞時，都會使皮爾感到高興，他簡單地、發自內心地誦唸它（事實上，他很久以前就知道這個奉獻詞了）。同樣，他也非常喜歡在飯前唱三鐘經[180]。他鼓勵大家這樣做。有一天，一個人提議唱三鐘經時，皮爾歡呼地贊同：**讓我們唱出禱詞〈主之天神[181]〉吧！真的，這將我們推向瑪利亞！瑪利亞在這裡……。**（77–E27）

把瑪利亞接到家裡

皮爾非常喜歡若望宗徒，親切地稱他為「小若望」。皮爾邀請人們效法他靠近耶穌與瑪利亞。是他，若望，在最後晚餐中，將頭放在耶穌的胸前，聽到了聖心的跳動，並且獲得了啟示的最大祕密：「天主是愛」。皮爾說：

180. 三鐘經是默想天使報喜與耶穌基督降生成人奧蹟的經文，它包括三節《聖經》，且每節後加唸一遍聖母經。直到今日，許多教堂仍以敲鐘提示，每日早、午、晚祈禱。
181. 根據愛爾蘭文藝復興風格曲調所唱的三鐘經，第一句的禱詞是「主之天神……」。

上主要求我們成為簡單的。若望就很簡單，你們看到了，若望跟隨了耶穌，一直到最後！他在十字架下。他沒有與士兵發生衝突，他沒有被隔離。他在耶穌的旁邊，也在祂母親的旁邊。若望的祕密就是祂的母親，即耶穌的母親。他——耶穌喜愛的門徒——跟隨了瑪利亞，他看見了士兵用長矛刺透了祂的聖心……於是耶穌把自己的母親交給了若望。（80–E50c）

若望的福音中這樣記載著：「耶穌看見母親，又看見祂所愛的門徒站在旁邊，就對母親說：『女人，看，你的兒子！然後又對那門徒說：『看，你的母親！』就從那時起，那門徒把她接到自己家裡[182]。」

變成小孩子，不離開母親

上主對我們說：「如果你們不變成小孩子，你們便進不了天國。」那麼，我們只能變成小孩子！小孩子怎麼做？他們聽母親的話。那麼，我們的母親是上主賜予的……如果我們聽她的話，許多事情都會變得簡單了……。

我們不是軟弱無力的人，我們是小孩子，我們相信，對天主來說，一切都是可能的，然而前提是，我們要接受祂的帶領，聆聽上主、聆聽瑪利亞。這樣，對我們而言，一切都將是可能的！（79–E36）

真的，瑪利亞極其幫助我們……與瑪利亞在一起，我們真的充滿信心。如果我們像小孩子一樣完全地信賴，那麼會毫無問題的！（78–E31b）

182.《若望福音》十九章26–27節。

像小孩子一樣完全地信賴，不離開母親，學習依靠她生活。皮爾這樣邀請我們，藉著依賴基督的話去實行。

像瑪利亞一樣勞動

一天，他在不經意中透露了一項個人的祕密，說明小孩子的態度能將人引入何等的親密關係中。瑪利亞是生命中必須的！的確是這樣……是必須的。（78–E31b）

通常是那些很貧窮、很簡單的人，有這份維持生命所需的愛。她們如此的被聖母所吸引，她們如此的與她一起生活，因她生活，像她一樣地生活。當聖母在那兒時，不令我們感到尷尬的最好方法，就是跟她做一樣的事。否則，我們會覺得拘束、尷尬。如果我們完全全地像她一樣行動，那麼，會很簡單的。（78–E31c）

因此，我們可以在任何情況中尋求她的說明。例如，當我們擔憂的時候，我們停下來，說：「萬福瑪利亞」；對瑪利亞說：「請聽，真的，請你幫助我，我無能為力了。」（79–E34）

然而，每日的生活單調一致，皮爾卻喜歡指出瑪利亞平凡生活的特徵，如此拉近了我們與她的關係，因為她可以理解我們的生活。皮爾以他的幽默使瑪利亞顯得親切：

瑪利亞不是一個趾甲修得美美的公主，她特別「努力地幹活兒」。她幫助可憐的若瑟搬運木頭……她真的在幫忙。而且，你們也知道，（在納匝肋）生活是喧鬧的……總之，那種生活的確沒有什麼吸引力，或是怎麼樣的「虔誠」。然而，他們生活在愛與平安中，生活在完全的收斂心神中。

那不是個容易的生活。他們的生活是貧窮的，身體的勞務使得這一切更加困難。那麼我們呢，與此相比，簡直是過豪華的生活！（79–E34）

就如我們說過的，我們的生活節奏，應該是耶穌聖心與瑪利亞聖心的節奏。這樣，當我們放鬆時，我們會充滿喜樂，非常輕鬆，同時又是虔敬的。（79–E36）

母親在這裡！

瑪利亞的榜樣鼓勵我們留在愛中，留在祈禱中，留在我們認為毫不重要或困難的生活中。與瑪利亞一起，一切都變得容易了。沒有她，我們會變得冷酷無情，會想用自己的意志完成一切，但這是沒有用的。（88–E78）是她教我們與耶穌一起生活。

當我們在困境中，我們可以依靠瑪利亞的臨在與慈愛。瑪利亞對我們說：「我來與你們在一起，我將帶領你們走向十字架，但我會與你們在一起；我將與你們在一起。」皮爾補充說：這就是「在這裡」的事實。（78–E31b）事實上，這不正是我們對母親的全部期待嗎？（希望母親在這裡……）

你們都有過面對困境的經驗：上主在這裡，祂來了，還有瑪利亞。瑪利亞真的在這裡。

與耶穌和瑪利亞一起，我們什麼都不用害怕！這真的是不同尋常！（78–E31b）

瑪利亞不停地支持著我們。她清楚一切的痛苦；她願意堅固我們、安慰我們、幫助我們。（88–I）

當祈禱變得困難了，她支撐我們，幫助我們進入由祈禱而來的同情中。

我們可以對自己說：「我沒有能力面對世界上的一切痛苦，但是我可以像瑪利亞一樣將它們交給上主。」皮爾解釋自己如何效法她：這就是為什麼瑪利亞對我們很重要，因為她是謙卑的典範，是純潔與謙卑的典範。做她所做的，能使我們接近上主，她會告訴我們怎樣能接近祂……。（80–E46）

她以母愛全力保護

生活中會有各種屬靈爭戰：內在的、外在的，有我們造成的，或是對我們不利的事件，甚至也有魔鬼的攻擊。皮爾鼓勵我們在基督勝利的信德中，毫不畏懼地面對這些。他也邀請我們呼求瑪利亞的幫助，因為她總是願意隨時保護我們，並且以她母愛的全部力量保衛我們。

此外，依靠她的同時，也可以使我們避免誘惑而依賴自己的能力。（我們喜樂，我們不擔憂）因為我們知道上主與我們在一起，瑪利亞在這裡保護著我們。這樣，你們還要什麼呢？（80–E44）

面對衝動、野心時，我們唯一保護自己的方法就是求靠瑪利亞：

瑪利亞！瑪利亞就是謙卑本身，就是純潔本身。那麼，如果我們求瑪利亞，她就會幫助我們。我們還是應該求她的！於是，我們隱藏在瑪利亞的外氅下，毫髮無傷地穿梭於這個世界中。（83–E68a）

依靠她，無所畏懼

謙卑使她與耶穌親密無間，並且在聖心中具有威能。同時，這也給予她做為真正戰士的力量，從而保衛我們。如果魔鬼想要攻擊我，我只有一種對峙方法，就是瑪利亞。（84–E74）

如果我們祈求聖神，那麼我們將一定是勝利者，經由瑪利亞成為勝利者。人們會說：「瑪利亞在這其中做什麼呢？已經有父、子和聖神了，我們需要瑪利亞做什麼呢？」人們忘記了魔鬼的存在……天主揀選了一個孩子，一個受造物中最謙卑的，同時由於自己的謙卑，成為最出色的一個受造物；天主使她成為天地的皇后，並且制服受造物中的敗類——魔鬼。她與天使一起，然而天使卻受瑪利亞領導！

所以，如果我們向瑪利亞和天主聖三祈禱，如果我們依靠瑪利亞，就會無所畏懼。因為，藉著她的母性恩寵，她會極其細膩地、以母親的心來照顧我們。（80–E44）

與其擔憂迫害，不如求靠瑪利亞

皮爾毫不猶豫地說：「如果我們有信德，瑪利亞是一支備戰的軍隊。」（88–I）他願意傳達自己的仰慕之情：**瑪利亞是一個不同尋常的人；魔鬼對她極度地恐慌害怕。**（81–E55a）她只需將眉頭稍微皺一下，就會把魔鬼趕跑。皮爾為此狂喜不已，歡欣鼓舞。

我們應該向世界宣講天主的愛，這愛不為人知，被人忽視。我們應該宣講它。這時，我們會有屬靈的爭戰，因為魔鬼會憤怒地反抗我們。但是，瑪利亞將保護我們。所以，我們一點也不用害怕。（78–E29a）

我們肯定會遭到迫害，幾年後，迫害肯定會來的。如果我們焦慮不安地說：「我的天主，我怎麼辦呢？」倒不如說：「瑪利亞會來，她會照料一切的。」（79–E39a）

等待迫害來臨之前，我們越加需要在全世界開始作戰。這真的是一場與大龍的戰爭，女人與紅龍的戰爭[184]：瑪利亞與大龍在作戰，在世界各地與牠作戰。（79–E35）

同樣，瑪利亞會應付魔鬼的攻擊；瑪利亞能應付，而且應付得很好。我們則應該特別照料靈性的成長。（83–E67）

聖母的兩個瞻禮日

皮爾的一生也是處於兩個聖母的節日之間，我們不可能回避這個事實而結束這一章。他出生於八月十五日，聖母升天瞻禮，而於三月廿五日，聖母領報瞻禮日回歸父家[184]。

183. 參考《若望默示錄》十二章。
184. 這兩個日期對皮爾創立的厄瑪奴耳團體有著特殊的意義。第一個日期（聖母升天日）顯示了，被基督的死亡和復活所贖回的人類的美妙，已經在瑪利亞身上得以實現。第二個日期提醒我們，應以瑪利亞為典範行走當走的道路：與她一起迎接天主聖言的降生——厄瑪奴耳，藉著毫不保留的「是」交付在「聖神的庇蔭」下。

皮爾非常喜歡聖母領報瞻禮，即天主聖子降生成人、瑪利亞成為母親的那一天，他藉著每日的三鐘經提醒人們。他去世的那一天，一九九一年的三月廿五日正逢聖週一，是邁向復活節聖週的第一天。所以，瑪利亞的瞻禮慶日被延期了：瑪利亞在救恩奧蹟前隱沒了。

就是那一天，皮爾隱藏在她內，最終且永遠地回到了他相信的「那一位」那裡，他曾經從不間斷地宣講了祂的愛與救恩。他是在瑪利亞內度過那個復活節（逾越節），是他自己的逾越節，也是自己深愛、忠信服務的教會的逾越節。

我們怎能不想起他私下寫的這些話呢？

噢，瑪利亞，我明白你的心，也明白你聖子的心。
真是神奇啊！降生成人的天主有一位母親！
瑪利亞，請教我謙卑。
你是「謙卑」的凱旋者。
沒有謙卑，我們怎能靠近耶穌呢？

◀ 巴萊毛尼亞顯現堂。壁畫描繪耶穌聖心顯現給聖女瑪加利大的故事。（蘇建彰攝影）

【第五部分】
談謙卑與信德

第廿一章　沒有謙卑，怎能靠近耶穌？

瑪利亞，請教我謙卑。
你是「謙卑」的凱旋者。
沒有謙卑，我們怎能靠近耶穌呢？

皮爾透過瑪利亞獨一無二的方式，驚歎地凝視著謙卑。**你是「謙卑」的凱旋者！……四十年來，他試著跟隨謙卑的耶穌。然而現在，從他內心深處顯露出效法瑪利亞的渴望，為能更好地接近耶穌。因為在瑪利亞的謙卑中，他認出了一條通往基督的道路，與瑪利亞一起，自然就會成功！**（76–E11）

學習謙卑的這份召叫開啟了他的心，並且繼續回盪著，使他在生活中，更加隱藏自己，更加地自我捨棄。**這不是一項拿來使用的恩賜，而是一項不斷皈依的恩寵**；這不僅成為皮爾的一個主要特徵，也是他引導別人走上這條道路的一項神恩。我（瑪婷）記得當我與他討論的時候，有時覺得自己必須要下幾個臺階（放下身段），才能真正地面對他。

越是可憐，越不可思議

皮爾不斷地看到自己的軟弱與貧窮，也正是在這個貧窮的凹陷中，他接受了上主的愛，以及祂的慈悲。皮爾談論自己時，說：

祂（上主）總是使用可憐的傢伙來幫祂。至少這樣，祂知道人們不會自以為是，被顯示的其實是祂。我不是針對你們說的，而是說我自己！這是多麼珍貴的寶藏啊！這些溫柔與愛情的寶藏啊！（79–E39a）

內心的貧窮變成喜樂的源泉，因為它是幫助我們依賴上主的愛、發現謙卑的方法。因此，這就是為什麼皮爾會說：「讓我們真正了解到，**最重要的是謙卑、是貧窮，是能夠意識到自己的軟弱**。」（77–E23）

上主無償的愛是我們的光榮。我們應該成為可憐的傢伙。我們越是可憐，就越不可思議。因為這樣，我們可以得到謙卑、變得謙卑。聖西盧安說過，我們只能在謙卑中獲得聖神。真的，聖神是奇妙的……聖西盧安一生都在祈求聖神（這是上主說過的，聖神是唯一確定會被應允的祈求！）那麼，讓我們努力謙卑吧！（79–E43）

謙卑與迎接聖神是一致的。**只有在謙卑中才能真正地迎接聖神，祂是窮人之父；也只有聖神才能夠讓我們更深刻地領會謙卑**。我們透過其中一個領受另一個。

耶穌的謙卑

我們說過，聖神充滿的經驗重新給予皮爾一顆孩子般的心靈。孩子是謙卑的，因為孩子什麼也沒有，不會自以為是，孩子高興地被愛，也等待這愛能給予的一切，包括那些不可能的。**孩子的財富在於：確信無疑地知道會由愛得到一切。**

從此以後，皮爾不再滯留在他的貧窮上了，而是不停地讚歎天父無限的慈愛，並且樂於全心信賴地依附祂。

如此，對於耶穌的謙卑，他有了嶄新的認識。**耶穌的謙卑，根本上是孩子般的謙卑**，祂以孩子的口吻說：「我因父而生活[185]」，也說：「凡父所有的一切，都是我的[186]。」

皮爾繼續向「良善心謙的耶穌」學習。從此，他嘗試藉著默觀天父之子的耶穌來學習。因為，耶穌正是這樣活出祂降生成人的謙卑、祂的生活以及苦難。皮爾也這樣地效法祂，與祂一起進入「神嬰」小道（**the path of spiritual childhood**），這與小德蘭相吻合。這是一條喜樂之路，因為它是純樸與愛。「這是一份持久的喜樂！」皮爾說，這也是一條真正自由的道路。他的生命就是確證。

讓自己變成小小孩

如果我們渴望並且接受聖神賜給我們孩子般的心，這樣就能在基督的謙卑中前進。皮爾希望眾人都能獲得孩子般的心。讓我們聽聽他在一次祈禱聚會結束時說的話：

185. 《若望福音》六章 57 節。
186. 《若望福音》十六章 15 節。

耶穌，感謝祢像小孩子一樣地臨在我們中間。請教導我們，讓我們變成簡單的小孩子，因為我們若是小孩子，一切都會變得簡單。但是，我們無法靠自己辦到，只有祢能改變我們，我們為此向祢祈求。（73–E01）

皮爾以鮮活而具說服力的方式說話，他的話適用於任何人：

「厄瑪奴耳」的意思是「天主與我們同在」，我不止一次地說過。天主與我們同在，祂是個小孩子，小小孩。那麼，如果我們很大，我們在祂旁邊就會顯得很滑稽。我們越是渺小（由於魔鬼很胖，很臃腫），就越是驅逐牠的最好辦法，因此把自己變得小小的，那麼，牠就不能進入我們內了。這樣，就沒有問題了！（76–E11）

正直與謙卑的人明瞭天主的國（我不知道我們是否很謙卑，但是一定要努力），而不是那些有影響力、有勢力、有能力的人……（77–E22）

由於最有恩寵的其實是最卑微的，所以應該懷著足夠的謙卑去領會它們……要像小孩子一樣，喜樂地領受這些恩寵，這是如此的深刻、如此的重要！（76–E17）

皮爾由經驗得知，在謙卑中藏有與耶穌共融、肖似耶穌的祕密。耶穌已經準備好將它賜給我們了。謙卑與溫和是相連的，反過來說，驕傲與心硬並存。

獲得平安的祕訣

對皮爾來說，謙卑是基礎。他經常強調這個主題：

重要的是心……耶穌向我們講論祂的聖心，這顆如此愛了世人的心：「祕訣就在於此：你們跟我學吧！因為我是良善心謙的，這樣你們必要找得你們靈魂的安息[187]。」如果某一天，你們不在平安中，你們該想想：「我真的非常溫和嗎？我在祈禱中祈求溫和了嗎？我是否真的祈求上主，讓祂賜給我聖神，讓我變得溫和，溫和地接受耶穌的愛？」我們無法靠自己辦到，但與祂一起時，就可以辦到。這樣，我們就能重新找回平安，找回上主賜予的平安，而不是世界給予的平安。我們要反覆地講這些！耶穌，真的，賜給我們這個溫和的祕訣吧！（77–E27）

皮爾繼續練習著謙卑，在不經意間，憑著經驗，他留下了一些具體建議，幫助我們在這條道路上前進。以下是他所說的幾個重點。

對謙卑要有渴望

對上主而言，首要的是「因著我們的貧窮與無力感」所產生的內心渴望。聖方濟・沙雷正是這樣，他曾經鼓勵一位加爾默羅聖衣會的院長要懷有信心，這個院長當時正擔憂自己無法勝任會務：

「如果您謙卑，就能保持忠信。」聖方濟・沙雷說。

「那麼，我能保持忠信嗎？」

「能，如果您願意。」

「是的，我願意。」

187.《瑪竇福音》十一章29節。

「那麼您就是忠信的。」
「但是我感覺自己並不忠信啊！」
「這樣更好，這能幫助您更肯定地保持忠信。」

相信天主的愛沒有條件

首先重要的是，我們要認出、並且接受天主之愛的無償性。這會是一個永遠沒有答案的問題：祂為什麼讓我認識祂？祂為什麼選擇了我？

上主，天父，祂愛我們，祂選擇了我們，因此祂愛我們，這是一個奧祕。我們應該相信這點。這樣可以真正的使我們保持謙卑。因為這不是由於我們的功績。我們什麼也沒有做……事實上，我們首先應該朝拜、感謝，我們應該相信、明瞭祂所交給我們的一切都是重要的。我們應該說：「上主，這個產業是我們的！但，上主，真的，我什麼也沒有做，我真的應該用你給我的來賺取更多。」（77–E27）這對所有的基督徒都適用！

天主無條件的愛，使我們心中湧出讚歎與讚美。然而，讚美使我們向謙卑敞開，因為讚美能使我們真實的面對天主：我們在天主的尊威面前是貧窮的人。

在聖體聖事中求得謙卑

在聖體聖事中，耶穌變得如此之小，如此地接近我們，因此這裡是一個祈求、認識謙卑的獨特之地。

我們真的應該擁有巨大的愛德和謙卑。是上主要將它們賜給我們。為此，我們應該在聖體櫃前，在聖體聖事中祈求。我真的可以深深地感受到這一點。（79–E38）

上主，請教我們變得謙卑，變得良善心謙。「**良善心謙的耶穌，請使我的心肖似祢的聖心。」這就是我們的召叫！**所有的這一切都在朝拜聖體的恩寵中開始。（82–E65a）

選擇最好的路

迎接上主的愛，防止我們的自以為是。我們逐漸地學會，接受任何事都不取決於我們；我們放棄想要安排一切，以及由自己全盤決定的想法。

重要的不是我們選擇走哪條路，而是要走上主指示給我們的路，因為祂是「道路、真理和生命」。這就是謙卑，真的是這樣。**謙卑就是真理**。

處於真理中，即是行走上主給予我們的路……不要總是想，像楊森主義那樣，認為最困難的路才是最好的路。**最好的路就是上主要求你們走的路**，這就是與天主的共融。（77–E23）

如此，我們與上主在一起，聆聽祂，從而就能認出，並且接受應該走的、屬於我們的路。聖女貞德（Jeanne d' Arc）的一句名言可為此做最好的總結：「天主為我預備了道路。」

謙卑，才是聰明

像貞德一樣，皮爾並不是要我們放棄所有的願望、計畫、或決策能力，這與他的思想背道而馳。他要求人們聆聽上主和聖神，使自己成為脆弱的。向人表達「你對這事怎麼想呢？」這就是謙卑。同樣的，聽取別人的勸告、以及與自己不同的看法，能夠讓我們避免自得意滿。有多少次，我們寧願關閉自己的耳朵，不讓任何人干涉「我們的」計畫呢？然而，皮爾斷言，**我們越是謙卑，就越是聰明！**（77–E27）

皮爾懂得自我嘲笑，並且練習帶著愉快與讚美的心情，接受意外情況。他喜歡說：「謙卑讓我們繞過障礙，而不撞入其中。」

「將你們的一切掛慮都託給祂[188]」。謙卑打開一條通往天主、走向別人的信任之路。你們非常清楚謙卑的意思，講白了，**謙卑就是無須掛慮**。真的，謙卑之人是不掛慮的人，因為他是孩子，知道有一位天父，祂（這位天父）是全能的，並且愛著他。天主是一切，祂是全能的，祂愛我。這樣，我們就安心了！（77–E27）

最奇特的電梯

皮爾以愉快的心情與輕鬆的態度，邀請我們用謙卑的小行動勾勒我們的日常生活，通常是利用一些機會或情況來實行。

你們要有謙卑的行動，因著這些謙卑的行動，逐漸地，你們就會得到謙卑。於是，你們就可以抵達天堂了！（77–E27）

例如，他喜歡提醒大家，寧願選擇一些謙卑的服務，而不選擇那些抬高自身價值的服務；他邀請大家不要站在第一排，而是讓別人站在自己前面，為別人受到稱讚而高興，讚

188.《伯多祿前書》五章 7 節。

賞他們的才能，不要讓自己顯得突出；當自己沒有得到別人的感謝，或是接待時，安靜地接受……。每個人都可以找到適合自己的小行動。

我相信最奇特的電梯就是謙卑。那麼，為了得到謙卑，應該要有謙卑的行動。當有謙卑的行動時，常常會有屈辱伴隨，我們的自尊心會受到打擊，那麼，就從最小的行動開始吧！因為在這方面，我們都很敏感。至少，我是針對自己說的，不是指你們。（80–E46）

屈辱是珍貴的寶石

像往常一樣，藉著幽默，他使情況得以緩和：

你們放心吧！如果你們謙卑的時候被當成笨蛋或是傻瓜，無論如何，你們可以說：「上主，我把這些都獻給你，但放心，很快的，我一定會得到回報！」上主將會極其親切地給予你報酬，無須你上了天堂才能得到。所以放心吧！聖女伯爾納德說過：「我們需要受到許多的屈辱，才能得到一點謙卑。有時，屈辱會少些，謙卑會多些，這取決於每個人，事實上，這是一個寶藏。」（79–E43）

皮爾的這個看法與李伯曼神父說的相吻合：「十字架是金，屈辱是珍珠，是珍貴的寶石。」（LS，333）

基督越是被貶抑，我們越是受屈辱，就越是在光榮中：我們真的是在上主的光榮中。如果我們真的相信這點，那麼，我們就是勝利者，沒有被擊敗。如果我們被戰勝，是由於我們願意，願意向失敗讓步。如果我們不願意被戰勝，那麼，就不會被戰勝，因為上主在這裡，祂支持你們。祂是了不起的人！（79–E43）

成爲窮人，向人求助

有許多機會可以讓我們練習謙卑。例如，當我們處於困難時，皮爾建議，要毫不猶豫地打電話給別人，就做這樣的一個小行動！有些人總願意幫助別人，但是他們從不願意被別人幫助；他們願意送禮物，但是不願意接受禮物。所以，有必要成為窮人，也對自己的朋友說：「這不對勁，你要幫我打打氣。」當他幫你打氣的同時，自己也得到了勇氣[189]。（76–E12）

你們向耶穌提出你們所有的問題，祂怎麼回答呢？祂回答說：「成為良善心謙的吧！做你能做到的。」（77–E27）

當人與人之間產生了不理解和衝突時，這裡有一個特別有效的勸告。如聖伯多祿所說的：「大家都該穿上謙卑作服裝，彼此侍候，因為天主拒絕驕傲人，卻賞賜恩寵於謙遜人[190]。」皮爾得出結論，說：「你們看，應該總是謙卑的。謙卑不是那麼容易的！」（80–E55b）

獲得謙卑的良機

謙卑的小行動，以及由事件或人為造成的意外屈辱，都是我們走近謙卑具體而微小的方式。如果我們在自己的軟弱中，仍然保持對天父慈愛的信賴，那麼，差錯、軟弱，以及罪也是很好的機會。

我們知道天主愛我們，祂的愛情不會改變，即使我們做了錯事，祂仍舊愛我們。這太好了，但我們若謙卑下來，祂會將我們修復得更好，勝過犯罪之前的我們。與祂在一起真的很奇妙，我們能得到謙卑。

189. 意思是，這能重新給予他力量。
190. 《伯多祿前書》五章 5 節。

重要的是，在祂面前成為窮人，真的。我們總是由於自己的自尊心受到傷害而耿耿於懷。我們因為犯了罪而感到難過，是因為這給耶穌帶來痛苦呢，還是我們的自尊心在說：「該死，我又犯罪」？到頭來，我們所尋求的總是自己……

讓我們簡單地祈求上主，使我們成為小孩。（79–E34）

你們不要只顧刮淨自己的罪，或是對抗它們，或是沖淡它們。你們可以注視上主，對祂說：「顯然地，我做了錯事……上主，請祢幫幫我，我會重新開始」；這給我們增加了一點謙卑，於是我們又再次向前！

如果在每一次犯罪中，你們都學習到謙卑……我向你們保證，你們很快就不會犯罪了，因為魔鬼非常害怕謙卑。

如果你們認可這些，你們就得救了！如果你們每一次犯罪時，都學習謙卑，自然而然地，你們每一次都會贏！**謙卑是德性之后！**（76–E16e）

失敗是另一種成功

我們不要為失敗感到吃驚，而要為失敗感到高興。因為我們可以這樣想：「這讓我更加謙卑一些！」這樣，就是一種成功了！（79–E34）

皮爾轉述了由小德蘭得到的闡釋：「我試著做我能做的。我在許多事上失敗了，一事無成。我會非常高興、兩手空空地來到上主面前。因為，祂要藉著自己的慈悲填滿一切。

這是一個更大的慈悲，因為祂要為我填滿一切。」

所以你們看，我們應該對人懷有愛德，心中懷有平安，並且自認為是弱小卑微的。這很簡單，但卻會讓我們非常放鬆。（79–E1）

藉著謙卑，我們進入了耶穌聖心的同情，它是為世界充滿愛的熾熱火爐。

真的，上主的道路就是良善心謙的耶穌……如果我們變得良善心謙了，我們就得救了，也能夠拯救那些我們應該拯救的人了。阿們！

此外，**如果我們是良善心謙的，祂就能柔和地刺透我們的心**。這是一條奇妙的路，祂會奇妙地引領我們……**會給予我們活水的江河**。毫無疑問的，我們應該改變，使它湧出來！我們會有同情的活水。它會洗淨我們的一切，將我們帶到水火交融的激流中。我們將被引領，直到永生。我確實說了：「直到永生！」

這很簡單。但是，一定不要自以為是！

皮爾被愛的奧蹟所吸引，而謙卑是入口，他歡呼說：

謙卑就是真理。是的，這樣，我們就得救了，我們是簡單的，我們是小孩子，我們什麼也做不了，我們只是良善心謙。上主要刺透我們的心：這一切會顯示出來。我們都被佔滿了、充滿了、浸沒了、轉化了……（77–E27）

那麼，讓我們為獲得謙卑而祈禱吧！

第廿二章　用信德的眼光看待一切

皮爾始終懷有信德，他的講話中穿插著對信德的邀請。毋庸置疑，信德是他整個生命的基石。因此，我們與他交往時，能感受到他像岩石般的穩固，使人有安全感。

在他晚年時，人們希望他透露自己所享有的偉大恩寵，他卻簡單地回答說：「**我試著保持忠信，僅此而已。**」（88-I）除了他那不引人注意的品格外，這顯示了信德對他的重要性。

單單注視祂

我們都記得，皮爾接受做祈禱小組的總負責人時，心中所領受的「前進，前進」那句話。這要求他注視先於他行動的那一位——上主，唯獨注視祂。十五年後，他這樣說（88-I）：

我越是前進（上主就越說）：「前進、前進，我會照料一切」……厄瑪奴耳的歷史就是這樣的：上主這樣說了，我就跟隨祂，結果一切進展順利。這是可靠的，因為是祂在領導。

這句話從不間斷地伴隨著他，並且持久地引導他懷有信德。對皮爾來說，反覆地向兄弟們說「前進」，表示時刻邀請他們轉向天主，他也帶著活力與信心，影響兄弟們服從信德地依靠祂。因為，皮爾的信德真實地成為一項神恩。

認識皮爾的人們，都對他堅定純樸的信德留下了深刻的印象：一種客觀的信德，沒有裝飾，沒有空話，但又體現於日常生活。這信德也一點一點地刻入了皮爾的生命中。他同時也說：「我們充滿喜樂，因為我們在信德中生活。」（77–E23）他的喜樂是喜樂的信德，因為他對上主的愛，以及對祂的忠實確信無疑。這是可以被看到的！

不論在祈禱中、福傳中、困境中，還是同情的練習，以及平凡的生活中，皮爾總是依靠在他身旁的、基督之愛的臨在。他相信天主以威能和愛在貧窮中顯示自己。他邀請人們相信耶穌應該給予我們一切……包括祂戰勝罪惡，這勝利也是我們的。皮爾相信聖神的恩賜——兄弟友愛的恩賜、團體的恩賜，他相信這些都是天主愛的表現。

超性的天線

他的行動與信德是一致的，而且鼓勵他身邊的人：應該前進，總是前進……（上主說）：「我走在你們前面，我做你們的後盾[191]。」

同樣，與他來往的時候，我們總是被鼓勵要有信德：「為什麼要猶豫呢？」

信德是超性之德，他經常向青年們說，它是由上主直接給予的，跟我們的意願毫無關係。就像是上主給予我們的天線，超性的天線[192]，使我們能夠「接收」到恩寵。（76–E18）

然而，即使剛開始時，有無「意願」無關緊要，然而之後為了接受信德的恩賜，相信啟示的真理以及相信天主，個人的意願就是必須的了。

191 參考《依撒意亞》五二章12節。
192. 引用卡發烈神父的熟語。

感性經驗需奠基於信德

如果我們祈求上主，上主就會賜給我們超性的信德……但是皮爾補充說：「祈禱（跟耶穌相處）的經驗是必須的；如果我們從來沒有與天主交往過，又怎能與祂一起生活呢？」（75–E09）

經驗是必須的，在那個時代，很多人在教會中經驗到天主的愛，尤其在神恩復興運動中更是這樣。皮爾看到感性在其中佔有重要的位置。他是最先讚歎聖神作為的人，讚歎福傳中的果實和見證，讚歎每個人的才能和所使用的神恩。他像小孩子一樣喜樂熱情地歡呼說：「這太好了！」

與此同時，他警惕我們不要停留在情感的反應上，也不要去尋找它們：重要的是基督，要滿懷信賴地跟隨祂，這份信賴藉著讚歎得以鞏固。我總是盡可能地減少那些不可思議的事，而只是簡單地做事。（效法小德蘭）（88–I）

他試著調整這個情感成分，不是像昔日一樣抑制它，而是給予它恰當的位置：即服務於信德，支援信德，而不是取代信德。「感性應該以信德作為依據」，他說。（88–E78）

常有的危險是，如果我們不完全是屬靈的，我們很容易把感覺當成信仰，導致隨意地歪曲事物，因為我們對道理的了解還不夠深。（79–E37b）

所以，務必要不停地回到信德的客觀性上。因為，信德的客觀性是建立在天主聖言上。

以聖言及教會的智慧分辨

我們的信德不是主觀的（例如：我這樣感覺，就有這樣的信德）。你們應說：「上主對我說的都很好，但是我仍然要思考，這些是否與教會給予的客觀啟示相符[193]。」如果不是這樣，就會使人走向各個不同的方向……你們就被分散了。人們就不能互相理解，於是就像巴貝爾塔，各說各話。（76–E19）

因此，皮爾強調，應該藉著與天主聖言的來往，以及《聖經》中的經文（天主在其中自我顯現）使彼此得到建樹。他提議舉辦課程、基礎避靜、週末培育，以便人們學習閱讀《聖經》，並且在基督徒生活中憑藉教會的智慧進行分辨。以此為宗旨，他創辦了「上班族大學」，或稱為若望保祿二世國際中心，希望藉此直接、或是透過錄音資料的傳播，觸及更多的人群。

他建議每個人記下觸動自己心靈的《聖經》章句，並且熟記。於是，許多人養成了有「聖言本」[194]的習慣。每當他們中的幾個人聚在一起時，就能分享使他們生活的聖言：他們將聖言互相給予對方。這樣，我們就是建立在信德上，建立在天主聖言上。

信德也需要練習

天主聖言與教會訓導能夠堅固信德，並使之客觀化，然而信德也需要透過具體的練習使它變得更穩固。

首先，要在我們的生活中認出天主的臨在。皮爾邀請我們回憶天主的臨在，並且為此感恩。

193. 個人主觀的靈感，和教會的客觀訓導，兩者應該要一致，因為是同一聖神的作為。這是辨別的原則。
194. 這樣看來有許多小筆記本（成聖本、聖言本、愛德本、福傳本），其實，可以將這些合併成一個小本子。

我想要向你們說明的是，你們要在信德中行走。啊！這是很重要的。當你們聚在一起的時候，你們要學習在信德中行事。絕對重要的是，你們會一起學習到，上主會在一切小事情上幫助你們。藉著你們的小見證，以及你們朋友的小見證，你們將在小事情上經驗到這一點。逐漸地，你們會找到真正可以信賴的那個「朋友」，因為你們會發現，祂從來沒有拋棄過你們。

這會逐漸地成長，當遇到重要的事情時，你們也會像處理其他事一樣來處理。你們知道……「要像做小事一樣地做大事，像做大事一樣地做小事[195]。」這點很重要，要在信德中行事。然而，我們是在團體中這樣用信德。（76–E12）

皮爾指出，幾個人在一起有多麼重要，我們可以在信德中互相激勵，好使我們能夠前進。事實上，皮爾想教導大家，用信德的眼光去看待生活中的一切。**應該在信德中看待一切**，（79–E43）意思是說，根據他的勸告，學習「不要從心理方面，而是從靈性方面對待事物」。這裡，我們要提醒一下讚美的重要。在讚美中，藉著信德的行動，我們宣告天主的威能，以及祂持久的愛，這使我們**與生活的天主建立了關係**。讚美是有效力的：當我們內心狀況好時，信德能藉讚美得以成長；當我們內心狀況沒那麼好時，信德會得以更新。並且，歌唱天主之愛時，我們的信德還有望德都會成長。我們不能不想起瑪利亞，她保存於心中的〈謝主曲〉，支持了她的信德與望德，直到十字架下，她仍然懷著自由，且充滿熱愛地「承行主旨」。

195. 皮爾的意思是，如果我們常常在小事上經驗到天主，那麼我們就會知道祂常常與我們同在，就會有信心，這樣當大事來臨時，我們就可以用這種態度來面對。

信望愛彼此相連，互相堅定

皮爾所說的信德，總是可以在生命與愛的互動中發現到。當我們練習去信賴時，信德就會成長，因為二者緊密相關。

信德需要被實踐。我們應該從日常生活的小事情上開始練習向上主祈禱。當我們看到實現了，我們的信賴就會增長。之後，上主會向我們要求更大的事，我們的信賴也會變大。信賴就是希望的德行（望德）；信德與望德將我們引向愛德之火。（80–E47a）

另一次，他說：「信賴是望德之女，這是可以理解的，因為你必須要有信德；你要相信我們必須要有愛。我們必須去愛，這樣我們就會相信上主所給予我們的。」（76–E19）

所以，三超德之間彼此相連，並且互相堅定。信德支撐著望德與愛德；同樣的，望德與愛德對活潑的信德而言也是必不可少的。

皮爾說：

望德不是傻呼呼的樂觀主義，我們非常清楚，原罪之後，一切都很糟糕，而且要這樣繼續到末日。末日的時候，上主要說：「人子來臨時，能在世上找到信德嗎[196]？」祂也說：「許多人的愛情必要冷淡[197]。」這證明情況並不樂觀。但是，我們生活在望德中，因為我們知道上主復活了，祂在我們心中，祂與我們每天在一起。所以，我們生活在這個希望中。它也是一項超性之德，因為即使有惡與罪，天主的承諾仍然要實現……。

重要的是，我們無論如何都相信天主存在，我們應該依靠祂。如果我們被告知應該依靠

196. 《路加福音》十八章 8 節。
197. 《瑪竇福音》廿四章 12 節。

祂，那麼，我們就應該愛祂。但不是我們能愛祂，而是祂要教我們如何愛祂。（75–E09）

如果我們將一切轉化成愛，那麼，一切都將變成愛。這是非常奇妙的。人們不信，是因為信德不夠大。這就是為什麼有時候我們的心是分裂的……（82–E62）

通往內在自由的道路

皮爾曾勸告說：「學習在信德中聆聽上主，並且履行祂要我們做的事。」有一天，皮爾這樣勉勵青年：

如果我們接通電線（超德），就能聽到上主向我們講話——會有雜音，會有諸多微不足道的事情——然而同時，上主在這裡，我們可以聽見祂。但只是聽見還不夠，還要聽從並且實行祂對我們說的。祂對我們說：「改變你的心」，更確切的是：「把你的心給我，我要改變它。」（82–E59c）

因信德生活就是對上主說：「祢要求我們做這些事，那麼好吧，我們就做祢要求的事。」（79–E36）

如此，我們試著聆聽上主，注視著祂前進……如此，我們就不會停止於個人瞬間的願望，或是被別人的判斷所驚嚇。這是一條自由之路。皮爾就是很好的例子。他有時在討論中，以極大的內在自由質問弟兄們：「我們想要取悅誰呢？」

例如，有一天，皮爾要把《祂生活著》雜誌的校樣稿送到印刷廠。臨到之前，他在一間咖啡吧停留，進行最後一次校對，而且決定要修改一篇文章，那時交稿的期限已經晚了兩天，陪他去的那個人向他指出這一點，皮爾說：「我會親自去見印刷廠經理，你知道我已經習慣被人們當作傻瓜了，但是，你更應該知道，我們是寧願與印刷廠經理搞好關係呢，還是做出一本對許多人真正有益的雜誌？我們想要取悅誰呢？」

這個問題也是給我們的，當我們在很多不同的情況中需要做決定的時候。

最好的交易：優先選擇上主

也正是他對信德的服從，徹底地服從於基督，以及他的謙卑，將他帶入了這種內在的自由。因為他沒有被自己的感覺所左右，而是被自己所見、所悟的正確性指導著。只有這是重要的，但這卻毫不妨礙他聽取建議……

上主始終對我們說：「服侍我吧！那麼我將會服侍你。」這真是絕好的交易！（76–E12）

這是對天主的完全信賴（自我交付），而非放棄自己的責任。

工作中也是這樣。我們不能既服從天主，又服從人。那麼，最簡單的是，選擇上主……因為人的想法不是天主的想法。我們可以在工作中安靜地祈禱說：「上主，祢要我怎樣在服從你的旨意與工作之間協調呢？」逐漸的，你們會看到事情是如何地開始改變，你們懂得如何與老闆說話了……但你必須要有信德！（79–E36）

有一天皮爾喜樂堅信地說：

與上主在一起的精彩之處是，我們總是贏家！如果成功了，我們很高興；如果沒有成功，我們會更加高興。天主子女的自由就是這般奇妙啊！（78–E31b）

這就是皮爾的真實生活，他也渴望將我們引入這樣的生活。

「因為他依戀我，我必拯救他[198]。」

考驗是信德增長的良機

在困難的時候，皮爾邀請人們要持久地轉向上主，像小德蘭一樣。她在祈禱中體會了徹底的貧窮（皮爾抄下了這段敘述）：

「上主」，她說，「我有偉大的願望，但我沒有力量，而祢，祢有力量。於是，我留在角落裡，看著太陽，一動也不動，即使我不動，我認為上主也會做一切的。但是，我懷著信德，始終看著那個方向。當昏暗的雲層讓我看不到太陽時，我仍然以信德的眼光看著那個方向，我說：『祢是我的上主，祢是我所愛慕的星體，我要繼續地朝拜祢[199]。』」

的確，我們的信德會在困難中受到考驗。其實，困難是讓我們在信賴中成長的機會，從而與上主有更親密的關係。

例如在福傳中：

當進展不順利的時候，我們（在信德中）說：「上主，祢可以使這些石頭變成麵包！」祂會應付的！上主在這裡，為我們服務，我們應該使用祂。這很正常，因為祂真的愛我們。為此，我們的信德應該越來越強。這樣，我們就能使別人皈依了！（79–E39a）

198.《聖詠》九十一篇 14 節。
199. 參考皮爾的手稿 B 5r。

弱小者的力量是聖神

皮爾評論說：「上主願意我們有強烈的信德，以及卑微的能力，好使我們唯獨依靠祂。」（80–E47）

在我們的時代裡……只有跟隨耶穌，我們才能堅持得住；只有懷著信德，以及我們向天主求得的強有力恩寵。因為在困難的年代、艱難的歲月裡，上主會賜予特殊的保護恩寵和力量……你們應該一起祈禱，祈求上主給予我們力量。上主極其樂意將它賜給我們。（81–E55a）

透過我們的意志，信德的操練當然能在靈魂及人性方面建樹我們。然而，也是藉著我們對天主的信賴、自我捨棄，我們才能領受這個「力量的恩賜」，這是天主本身的力量，是聖神的力量。弱小者的力量是聖神，皮爾說。（81–E51）

皮爾晚年時清晰地表達了這點：

在我們的自我交付中，上主賜予了力量，這（自我交付）就是力量的祕密。（88–E78）

耶穌只要求我們要有好的意願、我們的謙卑，以及信德。讓我們簡單地相信這點吧！（80–E47）

爲什麼要害怕、懷疑？

當我們面臨害怕時，他勉勵我們在此特別時刻要堅定地依靠天主的臨在。耶穌說過每天與我們在一起，他的話是真實的。祂是每個人的厄瑪奴耳，任何時候「天主都與我們同在」。

如果上主是源頭，如果祂是生命，如果所有的生命都在祂內，那麼，我們也在祂內分享著生命……祂是我們的一切。那麼，如果我們有一切的話，怎麼會什麼都沒有了呢？真是荒謬！

因此，害怕與焦慮絕對是可笑的想法，因為祂是一切。如果我們有信德，如果祂是我們的一切，那麼，什麼也不會發生在我們身上。只有祂願意的事才能發生在我們身上，祂是慈善的，所以我們可以說：「天主是一切，祂能做一切事，祂愛我。」你們還想要更多的什麼嗎？如果我們互相這樣告訴對方，我們就會相互影響，甚至會相互詢問：「我們為什麼這樣害怕呢？」

如果我們真的被愛著，那麼，我們有什麼需要害怕的呢？

小德蘭真正領悟了這點。皮爾講述，當她生病受苦的時候，是如何使用當前的現況，簡單地回應那位以奇特方式鼓勵她的「可愛」護士：

「你所遭受的真是令人覺得可怕……」

「沒有啊，好天主給的一點也不可怕。」

「你不認為明天會受更多苦嗎？」（皮爾評論說：「這真是可愛！」）

「沒有。你明白嗎？明天是明天。我獨自一人，從來都做不了什麼。我今天受苦，上主賜給了我所需要的；明天，祂會賜給我別的。」

這看似英勇，然而實際上卻非常簡單；我們應該明白這點……所以，我們應該全心、全靈、全意讓天主在我們內工作……如果我們使我們的意志與願望朝向祂，那麼，我們就在祂內，祂就會照料我們的，這是必然的。（79–E35）

懷著渴望超越任何焦慮的信念，皮爾甚至說：

我們不應該害怕殉道……應該把它放在腦子裡，好好地植入腦子裡。我們的上主真的是勝利者。我們始終大聲宣揚祂復活了，祂是勝利者，我們被救贖了。那麼，讓我們來證明這點吧！（79–E35）

對峙懷疑的良方

懷疑與焦慮緊密相連，因為情緒使它們互相成形，並向想像力開啟大門。這二者甚至彼此強化。

皮爾生性敏感不安。透過堅定地操練信德，他學會了不被自己的情緒所控制，並且中止了想像力的飄忽不定。皮爾相當的實際，因此他肯定地說：「為有信德的人，一切都是可能的[200]。」他完全像個孩子一樣，這樣的生活著。

200. 參考《瑪爾谷福音》九章23節。

讓皮爾來為我們描述一下懷疑如何騷擾我們，尤其是在一個重要時刻之後（如避靜之後）：

我們回到自己的生活……懷疑會重新襲來，於是，我們的腦子又重新開始思考了……真的是「思考」！如果我們的腦子真的是在思考，問題倒是不大！但是……有一些發動機在空轉，它發出可怕的聲音，卻什麼進展也沒有。就是這樣的：你們的思想混亂，令人暈頭轉向。（77–E27）

面對魔鬼不斷耳語所帶來的懷疑，或是伴隨批評而來的懷疑，我們的策略很簡單：我們轉向上主，再次告訴祂我們信賴祂。我們信德的行動是由身邊有信德的人來支持。我們彼此支持。皮爾說：「我們與祂一起，處於喜樂平安中，我們注視上主，我們注視天父。我們信賴天主。」

我們的一個朋友馬上就要皈依了，可是他卻猶豫不定，說出許多他的懷疑與異議。他被卡住了，無法前進。有一天，皮爾最後回答他：「聽著，不要懷疑你的信德，而相信你所懷疑的，相反的，應該懷疑你所懷疑的，相信你的信德！」這句話對他產生了徹底的效應，這個人得到了釋放，最終可以真正地皈依。

最大的誘惑

不過，懷疑如果能騷擾我們個人的話，有時也會騷擾我們的兄弟、我們的團體，以及我們所投身的小組：使徒小組、工作小組、研究小組……如此，我們幾個人聚在一起時所懷有的信德也會受到考驗。皮爾清楚這點，但也不將它誇大。

我們真的屬於上主，祂願意帶領我們這個小小的羊群……那麼，我們應該對此深信不疑。對我們重要的是，要絕對地相信。因此，最大的誘惑是與信德相對抗的誘惑[201]……當你們一個人時，你們就會受到攻擊。你們不要猶豫應不應該打電話……合一真的很重要：不僅僅從我們之間的愛德方面而言，特別是關於上主耶穌的，從信德方面來說。真的，我們要堅定地相信祂揀選了我們，並且要我們做事。我們懂得越少，就越會高興，因為我們生活在信德中，於是我們對祂說：「上主，我相信祢，我知道祢是忠信的，祢帶領我們，而且祢需要我們。」（78–E31b）

一天，皮爾這樣質問一個抱怨自己祈禱小組的人：「如果你不是真的相信，你怎麼能期望別人相信呢？」（77–E25）

他邀請人們相信祈禱的非凡力量，因為，他說，藉著信德，世界才能得到改變。（81–E56）

上主說：「凡信從我的，從他的心中要流出活水的江河[202]。」因此，信德是有威能的，它的目的是愛德。聖保祿說：「以愛德行事的信德[203]。」同樣，信德的傳播來自愛德。

那麼，如果我們祈求上主，如果我們哀求祂把火放入我們的靈魂，祂會做的……我認為應該有愛德，也應該有信德，因為信德能擴大愛德。我們應該相信，因為我們是向聖神求信德，聖神不能拒絕我們，相反的，祂只有一個想法，就是讓我們被這愛、被這火所充滿。（83–E70）

「我們認識了，且相信了天主對我們所懷的愛[204]。」

201. 就是有了「要不要相信」、「萬一…」、「如果…」等懷疑等念頭。
202. 《若望福音》七章 38 節。
203. 《迦拉達人書》五章 6 節。
204. 《若望壹書》四章 16 節。

第廿三章　我們在教會中

在不同的章節裡面，我們看到了皮爾的思想，如何深刻地位於教會內。結束這部作品之前，讓我們特別關注一下這方面吧！

我們記得，皮爾在皈依後不久，由於樂卡耶神父的幫忙，他「認識了教會的智慧，並且從那時起」，皮爾說，「我始終愛著教會」。（86–I）

他從來沒有質疑過對教會的熱愛。藉著聖事生活，特別是聖體聖事，藉著他對《聖經》、對教會史的認識；同樣也藉著與平信徒的聯繫、與神父的聯繫，以及與蘇哈樞機歷時五年的交往，他對教會的愛變得更深刻了。

皮爾領受了一項恩寵，這恩寵將他帶到了教會（生命）的中心。他在教會內生活，就像在瑪利亞內生活一樣。他很少談論教會，如同很少談論瑪利亞，但卻很親密地生活在她內。

他對教會的奧蹟有著深刻、開闊的看法；他也明白教會在現實中的困境。那個年代，他為人們放棄祈禱而受苦，為離開聖職的神父們受苦，為教會缺少某些明確立場而受苦。因為他愛教會，並且為之受苦，所以他更加渴望為教會的更新而工作，並為教會向天主祈禱。

今天的教會冷淡了。唯一可以使教會改變與復甦的，就是愛，耶穌聖心的愛。我們需要在朝拜聖體中，在全心依賴的祈禱中向天主祈求。（77–E26）

朝拜聖體在當時的法國教會中，實質上已經消失了，然而，皮爾朝拜聖體，並且由基督的心中領受祂對這個世界的同情。

雖不完美，卻是基督的淨配

皮爾默默地將所有接近他的人，引向基督和祂的愛。他使這些人的心向基督徒的聖事生活、祈禱生活，以及他們的恩寵敞開。如此，他引導人們敬愛教會。

我們中沒有人，甚至在厄瑪奴耳團體皈依的人中，也沒有一個會對我們說：「啊！我重新找到了耶穌，但是我不願意進入教會，所以，我要離開。」沒有人說過這樣的話，因為發現耶穌的同時，也發現了教會。這是由內在發現的：這是聖潔的教會，基督的淨配。人們明白了這點。那麼，其它在人性方面的，如果不是太好，他不會在乎的，因為他明白了最重要的。就是這樣。（76–E11）

他在別處也說：

他們很清楚有些地方不太對，然而他們諒解。他們感到困擾，但是他們在教會內，他們不排斥教會，他們不能拒絕她，因為他們不能拒絕自己。啊！這真是奇妙！

皮爾補充說：「這是一個奧蹟，因為上主啟示自己的同時，也顯示了自己的奧體。這真是奇妙！」（77–I3）

因此，一九八八年當他被問到如何看待厄瑪奴耳團體在教會中的位置時，他簡單地回答說：「我們在教會內。」（88–I）

我們到處都能發現，皮爾給予身邊的人，特別是年輕人，許多的洞見與建議。以下是其中值得我們記憶的。

愛教會並且忠於她

對於那些可笑的、稀奇的事情，皮爾會付之一笑，但是他對教會的承諾與盼望則遠遠超過了這些。因此，當我們與他接觸時，任何負面的、或是挑釁的反應也會被驅散。

真的把愛放在第一位……但首先應該先愛教會。有些天主教徒總是批評一切。他們很高興到基督新教教會那裡，因為他們說：「我終於解脫了，可以說自己想說的了：『教會這樣……，教會那樣……。』」（79–E37a）

關於教會，我們從沒有過問題。因為我們一直忠於教會。大體上，神恩復興運動是好的，因為他們不會總是批評，而是相當寬容。（77–I3）

皮爾也相當意識到，教會也處於屬靈爭戰中。他邀請人們在祈禱中，在我們所生活的一切中，分擔教會的屬靈爭戰：

我們應該支持我們的教宗（時為若望保祿二世）。他在勇敢地作戰……我們真的應該支持他。正是藉著我們的服從，藉著我們的服務精神，藉著我們對彼此的愛，我們可以贏得勝利，因為基督藉著我們贏得勝利。

因愛服從，找到寶藏

創造性與服從是並行的，因為創造性可以在喜樂、積極的服從中變得大膽。

我們會說：「我不明白……」，明白了再服從，所有人都能做到，然而在不明白的時候服從，才是真正的美德……這在人性方面很重要，但在屬靈方面更重要。

我們可以消極地（傻傻笨笨地）行事與服從，或是積極地服從。我們可以因著信賴而行事與服從。

當一個家庭相處融洽時，我們樂於服從，不是因為必須服從，而是因為愛。（79–E35）

我們不是一成不變或是消極的，我們可以既積極而又有創造性。那麼，我們能做什麼呢？從哪裡進步呢？會有什麼挑戰和機會呢？……

事實上，皮爾激勵大家一起積極地自我奉獻，無論所處的環境如何。

我們絕不可能明白一切，但是我們相信。因此，服從不但不會使我們消沉，反而會結出果實。我們服從，而且還找到了教會的寶藏。當我們服從教會，我們便有了教會要給每一個靈魂的所有寶藏……我們有了教會的一切祈禱、所有加爾默羅聖衣會修女的祈禱，以及所有日夜受苦者的祈禱。（79–E35）

教會的本質是聖體聖事

聖體聖事讓皮爾深刻地認識了教會的奧蹟。

我們唯有透過對聖體的默觀與朝拜才能獲得保護。一切有影響力的修會都重視聖體聖事、朝拜聖體，以及對教宗與瑪利亞的服從。

這是教會的恩寵，是普遍性的恩寵。上主使我們在祂教會的心中成長，祂從教會的本質——聖體聖事——來堅定我們。（80–E47）

讓我們用皮爾熱情的話語來結束，這是他在一個教堂徹夜朝拜聖體後說的：

全教區所有的神父都來了，與我們一起朝拜聖體，那麼，這是有感染力的：火要從一個教區傳到另一個教區。最後，巴黎將會夜間朝拜，白天工作！……所以，我會期待你們去邀請所有教區的神父與教友來祈禱：「你們來吧，這非常有感染力！」（81–E53）

他對聖體聖事中基督的德能深信不疑，他也將這傳遞給別人。

專欄八

法國耶穌聖心朝聖地：巴萊毛尼亞

皮爾．高山在一九五〇年去過巴萊毛尼亞（Paray–le–Monial），對顯現堂（Chapelle de Visitation）和當地的大教堂印象深刻。

一九七四年，在維茲萊[205]舉行神恩復興聚會之後，他直覺到上主召叫我們走向祂的聖心。我們大多數人，尤其是青年們，從來都沒有聽說過這個地方。三個世紀之前，耶穌在巴萊毛尼亞將自己的聖心顯現給一名往見會（Visitandine）的修女瑪加利大，藉著她將自己的聖心啟示給世人，並且要求耶穌會士將這些祕密傳播到全世界[206]。

一九七五年[207]，在巴萊毛尼亞的兩次聚會之後，他和兄弟們更加堅信，他的預感是正確的。之後不久，皮爾見到了瑪德．羅賓，告訴她巴萊毛尼亞成了厄瑪奴耳團體和耶穌兄弟會的所在地（中心）。「是的，心臟，」她回答說。皮爾經常提起這句話。

205. 維茲萊山崗（colline de Vézelay）在文學與歷史中久負盛名。中世紀時，這裡是聖女瑪利亞．瑪達肋納的朝聖地，因為這裡有她的聖髑。這裡的地勢風景和羅馬式大教堂都非常著名。
206. 瑪加利大（Marguerite–Marie Alacoque，1647–1690），往見會修女，耶穌曾在 1673–1675 年間顯現給她十八次之多，要她做耶穌聖心的使徒，傳揚耶穌聖心的愛情。聖女的神視得到耶穌會士高隆卞神父（Fr. Claude de la Colombiere）的肯定，隨後並協助聖女傳揚耶穌聖心，於 1992 年被列入聖品。
207. 1975 年正逢耶穌在巴萊毛尼亞顯現三百週年紀念，但不被人知。之後，管理朝聖地的神父回憶說：「沒有人回覆我們對於慶祝這個節日的邀請……但是神恩復興與你們（厄瑪奴耳團體）來到了這裡。」

耶穌聖心朝聖地的復興

巴萊毛尼亞曾經被人們遺忘，如今，越來越多來自世界各地的朝聖者前來參加聚會。巴萊毛尼亞的復興主要是源自於皮爾，以至於一九八二年艾切卡雷樞機會說：「巴萊毛尼亞的聚會是法國教會的重大事件之一。」

除了提供培育與禮儀之外，人們在這裡也發現到朝拜聖體——持久地朝拜聖體，特別是在顯現堂的徹夜朝拜；藉著朝拜，每個人領受到上主的慈悲之愛。永遠向我們敞開的耶穌聖心，彰顯了祂無限的聖愛，這愛不停地溢出，像一條噴湧而出、萬古常新的江河。每年都有成千上萬的人們體驗到聖心之愛。

皮爾提到這段歷史：

好些人對我說：「你們為什麼留在這裡？」我應該告訴你們，一九七四年，我們去了維茲萊。維茲萊很好，有聖女瑪達肋納，有皈依。我們在上主的腳前，我們皈依了。但之後，我想：「我們皈依了，在上主的腳前很好；但是，可能有一個更好的地方：祂的聖心[208]。」於是我說：「好吧，我們應該去巴萊毛尼亞了。無論如何，那裡還有一座非常漂亮的大教堂，我們也可以去那裡……」（82-E65a）

在巴萊毛尼亞的第一次聚會中（一九七五年），皮爾說：

人們常常提到耶穌被刺透的聖心，然而，我願意你們記住，事實上這與五旬節緊密相

208. 參考《聖女加大利納的對話錄》（*Il dialogo:della divina provvidenza*）：上主說：「第一階段是在祂的腳前，第二階段是在祂的心上」。

連。當伯多祿藉著聖神的德能，出去開始說話時，他說：「天主已把你們所釘死的這位耶穌，立為主，立為默西亞了。」他們一聽見這些話，就心中刺痛[209]。

這就是為什麼我們來這裡，擁有一顆像那樣被刺痛的心，我們感到懊悔，但卻不是簡單的外在皈依。因為，像聖若望一樣，我們棲息在上主的心上，傾聽這愛的祕密。我們在這裡是為了聆聽祂。（75–E06）

於是，我們去了巴萊[210]，而且很成功，甚至是太成功了，以至於我們都不知道該安排人們住在哪兒了。

這些問題總會在我腦子裡出現：「我們有絕對的必要留在巴萊嗎？這裡真的是一個特別的地方嗎？為什麼？」

在這裡祈求神恩中的神恩

皮爾明白上主親切地、堅決地要求我們留在巴萊：

上主對我們說：「我是貧窮的，我生活在貧窮中，你們自己想辦法解決問題，留在這裡。」於是，我說：「這裡沒有聚會場所、沒有旅店，什麼也沒有，太簡單了吧?!事實上，情況就是這樣！」（82–E65a）

巴萊的恩寵真的是被刺透的聖心之愛的恩寵。那裡也有平安的恩寵。（79–E37b）

我們在巴萊毛尼亞，在耶穌聖心旁，真的就是在這裡，我們應該祈求神恩中的神恩：愛德。願上主在這裡真的燃燒我們的心。（79–E38）

209.《宗徒大事錄》二章 36–37 節。
210. 厄瑪奴耳團體華人地區團員常將巴萊毛尼亞簡稱為巴萊。

最重要的是聖心。我們到了巴萊，我們知道它是什麼。我們知道耶穌聖心的一部分，知道祂如何述說如此深愛世人的聖心。祂對我們說：「祕訣就是跟我學習（這才是訓誨），你們跟我學吧！因為我是良善心謙的，這樣你們必要找得你們靈魂的安息。」（在一個非洲法語國家的小組會議中的談話）（77–E27）

讓冷漠的世界增溫

我們可以來這裡，在朝拜聖體中（與上主心與心的交流）重新獲得力量……但在巴萊，我們也特別為皈依祈禱。因為，現在的世界逐漸冷淡，耶穌來是為了給我們增添溫暖。

祂曾經說：「世界末日的時候，你們相信世上還會有信德嗎？」祂也說：「心必要冷淡，愛必要冷淡。」感謝耶穌聖心，我們必定能夠逐漸地改變人們。這不僅僅在法國和外國，也會在全世界發生，例如在拉丁美洲，那裡的人們保留著對聖心的熱愛，以及深刻的敬禮。那麼，我們真的也能做跟他們一樣的事。（82–E65a）

「巴萊太好了……不管怎麼樣，你們有幾千人啊！」但是我覺得還有其他天主的子民：有很簡單的人、非常貧窮的人、還有面臨很多困難和許多問題的人，上主也愛他們。祂說：「我不是來召義人，而是來召罪人[211]」，而且「這顆心如此的愛著世人[212]」，祂渴望愛他們，而且願意他們更加明白祂的愛。

……而且，人們單單來巴萊是不夠的，還應該悔改，並且繼續被關心。如果我們可以把每一期講述巴萊恩寵的雜誌寄給他們，支持他們的心，我相信這樣才能真正地幫助他們。

211. 《瑪竇福音》九章 13 節。
212. 耶穌對聖女瑪加利大說的話。

（當時，皮爾正打算大規模地發行一本雜誌）（82–E65a）

這真的是上主聖心的渴望，祂渴望我們來到祂身邊，發現這些恩寵，並且讓祂轉化我們……尤其在這個愛德逐漸凋零的年代。「愛情冷淡了」，這正是家庭的悲劇……我們真的需要重新獲得這份愛。那麼，再沒有什麼比向上主的聖心祈求更好、更有效的了，因為上主的聖心是愛德的烈火，我們向耶穌聖心祈求上主賜予我們這份愛。（83–E67）

神祕的影響力

在巴萊毛尼亞，從上主被刺透的心中總是不斷地湧出聖神的愛火，這便是巴萊毛尼亞具有神祕影響力的原因。「在末日，愛情必要冷淡」，上主說，這就是為什麼耶穌聖心——愛德的火爐——重新被賜給了家庭，為能更新他們，用祂的愛燃燒他們。耶穌聖心賜給了家庭，以及所有人……。（83–E66）

我曾經說過，人們覺得巴萊毛尼亞將會成為祈禱與朝拜的中心。

我告訴你們，真的要祈禱，要祈求上主拯救世界……巴萊是世界的中心。應該明白祂（上主）在這個行動中給予的力量與德能，甚至於要在世界上光芒四射……將會有成群的人們來到上主的聖心中取暖（重新振作）。

因此，讓我們祈禱、朝拜、感恩吧！但是，我們尤其要祈求擁有謙遜的心。（82–E65a）

跋

這部作品已接近了尾聲，我們嘗試著讓皮爾說話，向讀者介紹他的思想，尤其是他與天主的密契經驗。

他去世後，在他的物品中發現了一個空白的記事本……但在這個本子上，有一頁寫著字，毫無疑問的，皮爾忘了它。這段文字可能寫於一九七七年，我們在這裡予以刊出，因為我們認為它可以概括我們對皮爾的理解。

耶穌聖心——包含了智慧與知識的所有寶藏。
我們去投奔誰呢？祢有永生的聖言。
良善心謙的耶穌，
滿溢慈愛與同情的耶穌，
我來與祢相聚，我高興地安息在祢內——我信賴祢，
我知道我所相信的那一位是誰。
需要多久才能與祢團聚？

啊！耶穌！幫助我在每一天都遇到祢，每一天都長時間地向祢祈禱。
我應該怎樣宣講祢的聖名？
請在每一刻告訴我應該是怎樣的人，以及怎樣地行事。
噢！瑪利亞！我了解你的心和你聖子的心。
真是不可思議，降生成人的天主有一位母親。
瑪利亞！請教給我謙卑，你是謙卑的凱旋者。
沒有謙卑，我們怎能靠近耶穌呢？
啊！聖西盧安！請幫助我。

所有這本書中所記載的，顯然是不完全的，但最為突出的是皮爾話語的純樸性，以及他教誨的謙卑性，使人們與上主一起度有活力的、喜樂的生活……他延續了小德蘭的路線，使人們在不知不覺中，走上了一條深奧的道路。

皮爾從首批天主教神恩復興運動中，獲得了聖神充滿的奇妙動向。藉著他所經驗一切，他協助神恩復興運動進入教會的中心，並且發揚了降生奧蹟以及神恩復興的寶藏。

他從教會的寶藏中所攫取的，對於今日的我們仍然有用，而且，他使這寶藏平易近人，其中特別包含了對朝拜聖體的重新重視、更具參與性的禮儀、直接的福傳，以及重新認識到我們是一個讚美的民族。

我們在這裡給予大家的，是皮爾沒有修改過也沒有出版過的內容。今天所出版、來自錄音資料的不完整文稿，更像是皮爾謙卑的一種反映。然而！在這些不完整、重覆的，及其思想不盡完美的交流中，顯露出一種愛的衝力，鼓舞著我們在這無限的愛情中覺醒。

皮爾曾經渴望能有一顆像救主一樣的、被刺透的心。願透過這些篇幅，猶如從救主心中一樣，為許多人湧出活水的江河。

謹向所有幫助我完成這本書的人們表示衷心的感謝。特別是：
邀請我進行此書整理的 Dominique Vermersch；
感謝 Laure Morice 的信任與無比的耐心；
感謝 Catherine Mauvisseau 的幫助；
感謝 Blandine, Dominique, Maxime, Ghislaine, Florence, Michel, Laurent 和 Christel 的審閱；
感謝 Christine Sakharov 的協助以及排版；
感謝厄瑪奴耳團體的檔案員 Elisabeth Baranger 為我提供的資料；
當然也有我的丈夫 Hervé Marie Catta，感謝他每日的支持。
我也真心地感謝那些為此項工作大量祈禱的人們。這工作真的是屬於他們的。
謝謝！

▲ 皮爾為了讓青年們有聚會的場地，買了一艘停在塞納河上的平底船——罌粟號（1974 年）。

▲ 1976 年罌粟號整修後，更名為「大伯爾山駁船」（攝於 1993 年）。

▲ 本書作者瑪婷與皮爾（1973 年聖神降臨節）。

▲ 薩維爾與碧瑾夫婦將他們在美國神恩復興運動的經驗與法國教會分享（全家福，攝於 1975 年）。

▲ 厄瑪奴耳祈禱組成為「團體」的關鍵：三週避靜（1976 年 9 月）。左為當時未婚的瑪婷・拉菲特。

▲ 國際神恩團體聚會（1975 年聖神降臨節，羅馬）。

▲▼　厄瑪奴耳團體的週末聚會（1978 年 6 月）。

▲ 香榭大道的街頭福傳（1981 年 5 月）。

▲ 香榭大道的街頭福傳（1981 年 5 月）。

▶ 辭退團體負責人後的皮爾，繼續參加巴萊毛尼亞的活動（1985 年 9 月）。

◀ 1986 年 10 月 5 日，教宗聖若望保祿二世拜訪巴萊毛尼亞，他對皮爾說：「謝謝你創立了厄瑪奴耳團體。」

▲ 孫能斯樞機主教（右）與皮爾（在巴萊毛尼亞）。

◀ 皮爾的葬禮（1991 年 3 月 28 日），在巴萊毛尼亞。抬扶棺木者為厄瑪奴耳團體的神父。

財團法人天主教善牧社會福利基金會
GOOD SHEPHERD SOCIAL WELFARE SERVICES

電子發票捐善牧，發揮愛心好輕鬆

您的愛心發票捐，可以幫助

受暴婦幼　得到安全庇護

未婚媽媽　得到安心照顧

中輟學生　得到教育幫助

遭性侵少女　得到身心保護

棄嬰棄虐兒　得到認養看顧

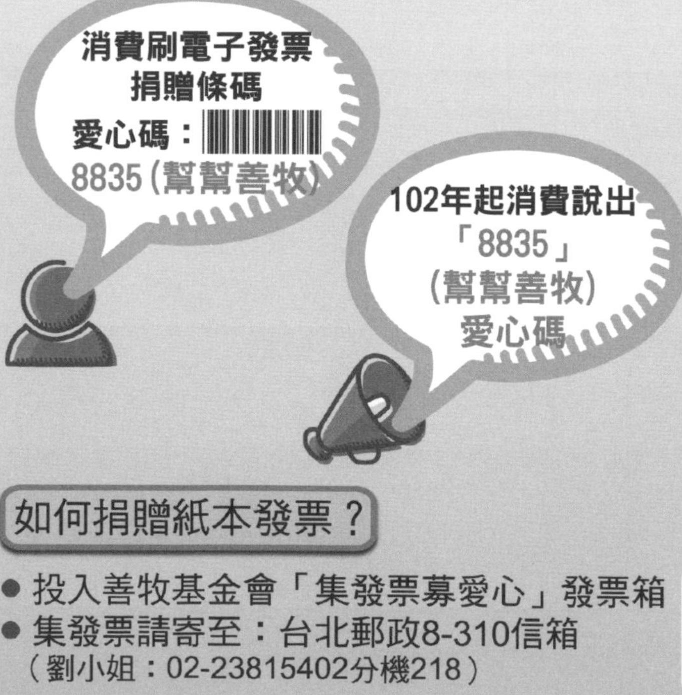

當您消費時，而店家是使用電子發票，您只要告知店家說要將發票捐贈出去，或事先告訴店家你要指定捐贈的社福機構善牧基金會8835，電子發票平台就會自動歸戶這些捐贈發票，並代為對獎及獎金匯款喲！

消費後也能捐贈喔！

如何捐贈紙本發票？

- 投入善牧基金會「集發票募愛心」發票箱
- 集發票請寄至：台北郵政8-310信箱
（劉小姐：02-23815402分機218）

諮詢專線：(02)2381-5402
劃撥帳號：18224011
戶名：天主教善牧基金會